DAS GROSSE BUCH DER
RUSSISCHEN KÜCHE

Leopold Stocker Verlag

Graz – Stuttgart

Inhalt

VORWORT/EINLEITUNG 7

Kleine Geschichte der russischen Küche . . 8

Kleine Geschichte der russischen Küche
9. bis 11. Jahrhundert. 8
    Exkurs: Getreide, Mehl, Teig (Brotsorten) . . . 9
    Brotkwass – Chlébnyj kwas. 10
    Exkurs: Milch und Sauermilch 10
    Exkurs: Sahne und Quark 11

Kleine Geschichte der russischen Küche
12. bis 13. Jahrhundert 12

Kleine Geschichte der russischen Küche
14. bis 17. Jahrhundert 12
    Exkurs: Grützen 13
    Exkurs: Kartoffel 14

Kleine Geschichte der russischen Küche
18. bis Anfang 19. Jahrhundert 15
    Exkurs: Rübe und Rettich 15
    Exkurs: Rote Bete, Karotte, Kohl 17

Kleine Geschichte der russischen Küche
19. Jahrhundert. 18
    Exkurs: Tomate 18
    Exkurs: Gurke 19

Kleine Geschichte der russischen Küche
20. Jahrhundert. 20
    Exkurs: Rhabarber, Sellerie, Sauerampfer . . 21
    Exkurs: Früchte und Beeren 22

Küchengerät und Geschirr 24
    Exkurs: Pilze 25
    Exkurs: Innereien 26
    Exkurs: Hühnerei. 26
    Exkurs: Wachtelei 27
    Exkurs: Krebs 28
    Exkurs: Störkaviar 29
    Exkurs: Fisch 30

BELIEBTE RUSSISCHE GERICHTE 33

Sterlet* in Gelee – *Stérljadj saliwnája*. . 34

Pfannkuchen mit Ossetra* und Kaviar –
Bliný ss ossjetrínoj i ikrój 36

Sauerkraut-Tagessuppe mit kleinen offenen
Pasteten – *Schtschi ssútotschnyje
s rasstjegájtschikami* 38

Gemischte Soljanka mit verschiedenen
Fleischsorten –
Ssoljánka sbórnaja mjasnája 40

Kalte Kwasssuppe mit Fleisch –
Okróschka mjasnája 41

Rote-Beete-Suppe – *Borschtsch* 42

Nudelteigtaschen mit Kartoffeln und Pilzen –
Waréniki s kartófeljem i gribámi 43

Gefüllte Kartoffel „Bastschühchen" –
Kartófelj farschirówannyj „Lapotótschki" 44

Kohlrouladen mit Fleisch und Reis –
Golubzý s mjássom i ríssom. 46

Gefüllter Hecht –
Schtschúka arschirówannaja 48

Moskauer Teigtaschen –
Pelméni Moskówskije 50

Gebratene Gans mit Äpfeln –
Gusj, sapjetschónnyj s jáblokami 52

Rebhuhn, gebraten mit Gewürzen –
Kuropátka, schárennaja s prjánostjami . . 53

Hühnerpastete – *Kúrnik* 54

Mehrschichtiger Kissel –
Kissélj mnogoslójnyj 56

Pfannkuchen mit Beeren –
Blíntschiki s jágodami. 57

Gurjew-Grießbrei – *Káscha gúrjewskaja* . 58

Altrussische Pfefferkuchen –
Prjániki starorússkije 60

Krausgebäck – *Chwórost*. 62

Geflochtener Apfelstrudel –
Jáblotschnaja pletjónka 63

Kräutertee – *Tschaj trawjanój* 64

Moosbeeren-Kwass – *Kwas kljúkwennyj* 65

TRADITIONELLE SPEISEN DER RUSSISCHEN KÜCHE 67

Vorspeisen 68

Weißkohlsalat –
Ssalát is bjelokotschánnoj kapústy . . . 68

Grüner Salat mit Ei –
Ssalát seljónyj s jajzóm 69

Salat „Schöner Sommer" –
Ssalát „Ljéto krásnoje" 70
    Exkurs: Apfelessig 70

Gemüsesalat mit Hering –
Winegrjét s séldju 72

„Pilzkaviar" – *Ikrá gribnája* 73

Schichtsalat mit Hühnerfleisch –
Ssalát slojónyj s kúrizej 74
    Exkurs: Walnuss 74

Vorspeise mit Hering – *Sakúska is séldji* . . 76

Gekochter Sjomga-Lachs* mit Beilagen –
Sjómga otwarnája s garnírom 77

Vorspeise mit Krebsen – *Sakúska is rákow* 78

Tafelvorspeise (Rindfleisch mit Salzgurken) –
Sakúska „Sastólnaja". 79

Sülze – *Stúdjenj* 80
    Exkurs: Lorbeerblatt 80

Hausgemachter Kochschinken –
Buschenína domáschnjaja 82

Leberrolle mit Petersilie –
Petschónotschnyj ruljét s petrúschkoj. . . 83

Gefülltes Hähnchen –
Kúriza farschirówannaja 84

Eier, gefüllt mit Leberpaste –
Jájza, farschirówannyje paschtjétom . . . 85

Suppen 86

„Reiche" Kohlsuppe – *Schtschi „bogátyje"* 86
    Exkurs: Schwarze Pfefferkörner 86

Grüne Gemüsesuppe mit Brennnessel –
Schtschi seljónyje s krapíwoj 88

Hausgemachter Rassolnik –
Rassólnik domáschnij. 89

Pilzsuppe – *Pochljóbka gribnája* 90

Erbsensuppe mit Räucherfleisch –
Ssup goróchowyj s koptschónostjami. . . 91

Milchsuppe mit Gemüse –
Ssup molótschnyj ss owoschtschámi . . . 92
    Exkurs: Tafelbutter, Butterschmalz. 92

Hausgemachte Nudelsuppe mit Hühnerfleisch
und Pilzen – *Ssup-lapschá domáschnjaja
ss kúrizej i gribámi* 94

Karottenpüreesuppe –
Ssup-pjuré is morkówi 95

Fleischbouillon mit kleinen Pasteten –
Buljón mjasnój s piroschkámi 96

Kalte Kwasssuppe mit Gemüse und Fisch –
Botwínja 97

Rote-Bete-Suppe – *Swjekólnik* 98
    Exkurs: Dill 98

Heidelbeersuppe – *Ssup is tscherníki* . . 100

Kirschsuppe mit Nudelteigtaschen –
Ssup is wíschen s warénikami 101

Hauptgerichte 102

Gurken, gefüllt mit Fleisch –
Ogurzý, farschirówannyje mjássom . . . 102
    Exkurs: Knoblauch 102

Kartoffelauflauf nach Bauernart –
Kartófelnaja sapjekánka po-derewjénski 104

Kürbiskuchen – *Sapjekánka is týkwy* . . 105

Gefüllter Weißkohl –
Kotschán farschirówannyj 106

Rahmpilze – *Gribý w smjetánje*. 107

Pilzknödel mit Sahnesoße – *Kljócki
gribnýje sso smjetánnym ssóussom* . . 108
    Exkurs: Petersilie 108

Buchweizenschichtkuchen –
Slojónyj grétschnik 110

Hirsekuchen – *Pschónnyj karawáj* 111
Fisch in Senfsoße –
   Rýba w gortschítschnom ssóusje 112
Fisch in Gurkensalzlake – *Rýba w rassólje* 113
Fisch, gedünstet mit Gemüse –
   Rýba, tuschónnaja ss owoschtschámi . 114
Überbackener Karpfen –
   Karp sapetschónnyj 115
Glasiertes Schweinefleisch –
   Swinína glasirówannaja 116
   Exkurs: Gewürznelke 116
Gefüllte Fischfrikadellen – *Tjelnóje* ... 118
Gefülltes Schweinefleisch –
   Swinína farschirówannaja 119
Schweinefleisch auf Kartoffelpuffern –
   Swinína na dránikach. 120
Rindfleisch, gefüllt mit Pilzen und Nüssen –
   Gowjádina, farschirówannaja
   gribámi i oréchami 121
Rinderfrikadellen – *Gowjádina rubljónaja* 122
   Exkurs: Meerrettichwurzel 122
Rindschmorfleisch nach russischer Art –
   Gowjádina tuschónaja po-rússki ... 124
Rindfleisch mit Sauerkraut –
   Gowjádina s kapústoj. 125
Gebratenes Gemüse und Fleisch im Topf –
   ~~Sch~~arkóje w gorschótschkje 126
Zunge mit Pilzsoße –
   Jasýk pod gribným ssóussom. 127
Geschmortes Fleisch – *Mjásso duchowóje* 128
   Exkurs: Zwiebel 128
Hähnchen im Topf –
   Kúriza w gorschótschkje 130
Frikadellen aus Geflügelfleisch –
   Kotljéty is ptízy 131
Kaninchen in Weißwein mit Gemüse –
   Królik w bjélom winjé ss owoschtschámi 132
   Exkurs: Salz. 132
Wachteln in Sahnesoße mit Käseknödeln –
   Perepjelá w smjetánje
   s ssýrnymi knjéljami 134
Regenbogenrolle – *Ruljét „Ráduga"* ... 135
Quarkauflauf – *Sapjekánka twor~~osch~~naja* 136
Eierauflauf mit gerösteten Brotwürfeln –
   Drátschóna s grenkami 137

Desserts 138
Aprikosenpudding mit Karamell –
   Dessért s karamélju. 138
   Exkurs: Zucker. 138

Beeren mit Schlagsahne –
   Jágody sso slíwkami 140
Hagebutten-Kissel –
   Kissélj is schipównika 141
Kompott aus getrocknetem Obst –
   Kompót is suchofrúktow 142
Dessert aus Beeren –
   Dessért jágodnyj 143
Quarkcreme mit Erdbeeren –
   Krjem twor~~osch~~nyj s klubníkoj 144
Moosbeerenschaumspeise –
   Muss kljúkwjennyj 145
Mohndessert – *Dessért mákowyj* 146
   Exkurs: Getrocknete Aprikosen – *Kuragá* . 146
Gekochte Milchcreme –
   Krjem sawarnój. 148
Pfannkuchensäckchen mit Äpfeln und Rosinen –
   Meschótschki s jáblokami i isjúmom .. 149
Grießauflauf mit Beeren –
   Sapjekánka mánnaja s jágodami ... 150
Bratäpfel mit getrocknetem Obst –
   Jábloki, sapetschónnyje s suchofrúktami 151

Gebackenes 152
Kürbiskringel – *Búbliki týkwjennyje* ... 152
   Exkurs: Kürbis 152
Pastete mit Sjomga-Lachs* und Reis –
   Kulebjáka s sjómgoj i ríssom 154
Pastete mit Innereien – *Piróg s líwerom* . 155
Apfelkrapfen – *Oládji*. 156
Sahneteilchen – *Schanj~~esch~~ki* 157
Bauschkrapfen – *Oládji dútyje* 158
Kuchen mit Roter Bete und Moosbeeren –
   Piróg sso swjókloj i kljúkwoj 159
Punschnapfkuchen – *Bába rómowaja* .. 160
Sauerampferkuchen –
   Piróg sso schtschaweljóm 162
Kuchen „Einträchtige Familie" –
   Piróg „Drú~~sch~~naja sjemjéjka". 163
Apfelkuchen – *Jáblotschnyj piróg* 164
Walderdbeerkuchen – *Piróg klubnítschnyj* 165
Himbeerpastetchen – *Piro~~sch~~kí s malínoj* 166
Teilchen mit Marmelade –
   Watrúschki s warénjem. 167
Himbeertorte – *Tort „Malínowyj"* 168
   Exkurs: Himbeere 168
Windbeutel mit Kirschcreme –
   Sawarnýje piró~~sch~~nyje
   s wischnjówym krjémom 170

Äpfel in Quarkteig –
   Jábloki w twor~~osch~~nom tjéstje..... 171
Kuchen mit Nüssen und getrocknetem Obst –
   Piró~~sch~~nyje ss oréchami i ssuchofrúktami 172
Honiglebkuchen – *Prjániki mjedówyje* .. 173

GERICHTE DER ORTHODOXEN KÜCHE 175

Die orthodoxe Küche. 176
   Exkurs: Honig 177
Salat mit marinierten Pilzen –
   Ssalát s marinówannymi gribámi 178
„Gemüsekaviar" – *Owoschtschnája ikrá* . 179
Gemüse in Gelee – ~~Sch~~elé owoschtschnóje 180
Hähnchen, pikant – *Kúriza pikántnaja* ... 181
Buckellachs mit Kaviarsoße –
   Gorbúscha ss ikórnym ssóussom 182
   Exkurs: Lachskaviar. 182
Fischsuppe – *Uchá*. 184
Gefüllte Rote Bete –
   Swjókla farschirówannaja 185
Kartoffelauflauf – *Kartófelnaja sapjekánka* 186
Pelmeni mit Kohl und Pilzen –
   Pelméni s kapústoj i gribámi. 187
Fisch nach nordrussischer Art –
   Rýba po-sjéwernomu. 188
Hammelkeule – *Ókorok baránij* 189
Rinderroulade mit Pilzen –
   Ruljét is gowjádiny s gribámi 190
„Fisch"-Pastete – *Piróg „Rýbka"*. 192
Pfannkuchenpastete – *Blíntschatyj piróg* . 193
Fastenkuchen mit Mohn –
   Póstnyj piróg s mákom. 194
Gefülltes Weihnachtsgebäck – *Koljádki*. . 195
Hochzeitsbrotkuchen – *Karawáj swádjebnyj* 196
Weihnachtskuchen –
   Kjeks „Ro~~sch~~djéstwjenskij" 198
Piroggen für den Schwiegersohn –
   Kossowikí – pirogí dlja sjátja 199
Hefeteig-„Lerchen" – ~~Sch~~áworonki 200
Osterkuchen – *Kulítsch* 201
Osterquarktorte – *Pás'cha* 202
Lebkuchen – *Kowrí~~sch~~ka* 204
Karottenschaumspeise – *Muss morkównyj* 205

REZEPT- UND SACHREGISTER 206

VORWORT

Kleine Geschichte der russischen Küche

Das Kochen ist eine der ältesten Künste seit Menschengedenken. Das ist auch begreiflich: Denn indem er erlernte, Essen zuzubereiten, wurde der Mensch erst im eigentlichen Sinne Mensch, ja, die gesamte Weltgeschichte baut schwerlich auf hungrigem Magen auf – schließlich wurde jedes Großereignis unweigerlich mit einem vorzüglichen Festmahl gekrönt: mit am Spieß gegrilltem Fleisch, gefülltem Wildbret, Fisch in Soße und erlesenen Getränken. Der Tisch wurde reichlich gedeckt zur Ehre der Sieger und zum Gnadenerweis gegenüber den Besiegten, bei der Geburt und beim Tode eines Menschen.

Im Übrigen rufen liebevoll zubereitete Gerichte auch in unserem Alltag die leidenschaftlichsten und zärtlichsten Gefühle hervor; die Zubereitung der Nahrung und das Servieren bei Tisch waren von jeher ein „besonderes Ritual".

„Man ist das, was man isst" – mit dieser gängig gewordenen Formel kann man behaupten, dass die Verschiedenartigkeit der Völker in der Vielfalt ihrer kulinarischen Vorlieben begründet liegt. Unter diesem Blickwinkel lässt sich auch mit Leichtigkeit feststellen, dass die Küche jedes Landes nicht nur eine ansehnliche Sammlung von Kochrezepten darstellt, sondern auch Geschichte, Traditionen und Bräuche abbildet, wonach über Zeiten, Sitten und Lebensweisen mit gleichem Erfolg geurteilt werden kann wie nach den großen Werken der Kunst und Literatur.

Die russische Küche durchlief eine lange Entwicklung, die durch mehrere einschneidende Etappen gekennzeichnet ist, von denen jede eine unauslöschliche Spur hinterlassen hat.

9. bis 11. Jahrhundert

In diesen Zeitabschnitt fällt die Vereinigung der [ost-]slawischen Stämme zu einer altrussischen Völkerschaft. Es bildete sich der altrussische Staat auf dem Gebiet der *Rússkaja semljá* [der „russischen Erde"] mit seiner Hauptstadt Kiew.

Dieses „russische Land" nahm eine riesige Fläche vom Unterlauf der Donau bis hin zur Rigaer Bucht

und bis zum Ladoga-See ein. Mit der Taufe der Kiewer Rus im Jahre 988 und der Annahme des orthodoxen Christentums als einheitlicher Staatsreligion wurden sich die ostslawischen Stämme ihrer ethnischen Zusammengehörigkeit bewusst und schlossen sich im gemeinsamen Kampf für die Unteilbarkeit und Unabhängigkeit ihres Landes zusammen. Der Begriff „Vaterland" kam auf, es bildeten sich eine einheitliche [alt-]russische Sprache[1] und Kultur, eigene Lebensgewohnheiten und schließlich auch gemeinsame Bräuche bei der Ernährung heraus. So wurde es möglich, von einer „russischen Küche" als Teil der Volkskultur zu sprechen.

Die unermesslichen Weiten des russischen Landes und die unendlich vielfältigen Naturgegebenheiten und klimatischen Verhältnisse bedingten eine breite Auswahl an Lebensmitteln, in welcher sich Produkte der Land- und Viehwirtschaft mit solchen des Gemüseanbaus und des Fischfangs harmonisch verbanden. Unterstützend kamen bei der Ernährung des russischen Volkes die Jagd und das Sammeln von Pilzen und Beeren hinzu.

Die Annahme des orthodoxen Christentums veränderte die Ernährungsgewohnheiten einschneidend. Die Fastenzeiten, die den überwiegenden Teil des Jahres ausmachten (192–216 Tage), führten zu einer Einteilung der Nahrung in „während des Fastens erlaubte" und „unerlaubte" Speisen. Diese Trennung eines „Fastentisches" vom „Festtagstisch" übte einen gewaltigen Einfluss auf die weitere Entwicklung

---
1 Streng genommen war der damalige Sprachzustand das Altkirchenslawische, mit dem Altbulgarischen identisch und mit Einsprengseln altostslawischer Dialekte, während der Übergang zum „Altrussischen" im eigentlichen Sinne erst im 14. Jh. einsetzte.

der russischen Volksküche aus und wurde eines der wesentlichen Unterscheidungsmerkmale der russischen von den Nationalküchen anderer Völker.

Mit der Übernahme der Orthodoxie von Byzanz wurde auch der Gebrauch von Weizenhefebrot in der Kiewer Rus eingeführt, welches in den Gottesdiensten verwendet wurde. Ungekrönter König des russischen Tisches wurde jedoch das gesäuerte (Hefe-)Brot aus Roggenmehl. Man aß Brot im Alltag wie am Festtag bei jeder Mahlzeit. Zum Brot bildete sich bald eine ehrerbietige Haltung heraus, die schon den Kindern anerzogen wurde.

Diese traditionelle Speise des altrussischen Volkes spiegelte auch den Charakter der Landwirtschaft wider, besonders des Getreideanbaus. Den ersten Platz nahmen in der Ernährung Brot- und Backwaren, Mehlspeisen und Grützen ein. Die Vielfalt in der Zubereitungsart der Speisen war auch von der immer weiteren Verbreitung des (im 12. Jh. aufkommenden) russischen Ofens abhängig, der vielseitig genutzt wurde: Man konnte mit ihm kochen, schmoren, braten, backen und dörren. Außer Brot aus Sauerteig buk man Piroggen [Pasteten] mit verschiedenen Füllungen, Krapfen (*oládji*) und Pfannkuchen (*bliný*). Dabei verwendete man verschiedene Sorten Mehl: im Norden Gersten- und Roggenmehl, in den mittleren Landstrichen Hafer- und Buchweizenmehl, im Süden Hirsemehl. Schnell zubereitet waren *lepjóschki* [„Fladen", „dünne Plätzchen"] und *ssótschni* [„meist mit einer Quarkmischung oder Grütze bestrichene und dann zusammengefaltet gebackene Fladen"] aus ungesäuertem Teig, die manchmal auch das fehlende Brot ersetzten. Aus Mehl wurden auch originelle Breie zubereitet, die man mit Schmalz, [zerlassener] Butter, Milch oder auch ohne weitere Zutaten aß. Diese im Grunde genommen einfachen Gerichte sind sowohl bei den slawischen als auch bei den nichtslawischen Völkern Osteuropas üblich.

In verschiedenen Regionen Russlands wurde Weizen-, Roggen und Buchweizenmehl gedämpft oder mit kochendem Wasser abgebrüht, um einen Mehlbrei zu erhalten – *satirúcha*, *sawarúcha* oder *ssalamáta* genannt. Oft fügte man noch Malz hinzu. Diese mit Malz versetzte schleimige Masse erhielt so einen süßen Geschmack. Von alters her dämpfte man Hafer, trocknete ihn anschließend und zerkleinerte ihn mit dem Mörser. Das so gewonnene Hafermehl wurde in Wasser oder Milch gerührt. Man aß es gekocht oder roh mit Kwass in dick- oder dünnflüssiger Form oder man genoss es als Getränk.

Getreide, Mehl, Teig

Getreide, Mehl, Teig

Eine der ersten Getreidekulturen in der alten Rus war die Hirse. Vom 7.–10. Jh. gewann allerdings der Roggen immer mehr an Bedeutung, der unter der Bezeichnung sch*í*to [„Getreide", „Roggen", auch: „Gerste"] bekannt wurde. Sch*í*to kommt von sch*i*tj [„leben"], weil das Roggenbrot zum „lebensnotwendigen" (sch*í*tnyj) Grundnahrungsmittel wurde. Eine Roggenmissernte galt selbst bei Überfluss an Fleisch, Milch und anderen Nahrungsmitteln als größte Not. In der alten Rus buk man für gewöhnlich gesäuertes Roggenbrot. Es wurde mit liebevollen Kosenamen wie „teurer Nährvater" (otj*é*z rodn*ó*j)[1] und „unser aller Familienoberhaupt" (wsjem*ú* golow*á*) belegt und spielte eine wichtige Rolle in allen heidnischen Bräuchen der alten Rus – auch verlor es seine Bedeutung keineswegs nach der Annahme des Christentums.

In Südrussland war die vorwiegend angebaute Getreidekultur der Weizen und das hauptsächlich genossene Brot das helle Weizenbrot, während in den Zentral- und Nordregionen das dunkle Roggenbrot seine Bedeutung bis in unsere Tage bewahrt hat.

Brotsorten und -arten

Die Einteilung des Brotes in verschiedene Sorten hängt mit den unterschiedlichen Mehlen, dem Herstellungsverfahren sowie mit dem Maß und der Form des Brotes in verschiedenen Landesteilen zusammen. Die Qualität des Mehls hängt von der Art und Weise des Mahlens und Siebens ab. Sehr fein gemahlenes Mehl, befreit von allen Hülsenresten (Kleie), nannte man ss*é*jannaja muk*á* [„Siebmehl"] und das daraus gebackene Brot ss*í*tnik [„Brot aus gesiebtem Mehl"]. Daneben existiert noch der Begriff pjeklew*á*nnaja muk*á* [„gebeuteltes Mehl"] und das daraus gebackene

---
1 In dem schillernden russischen Wort „rodn*ó*j" klingen auch seine weiteren Bedeutungen wie „leiblich", „heimatlich" und „vertraut" mit.

„gebeutelte Brot" (pjeklew*á*nnyj chleb). Im Grunde handelt es sich dabei um Synonyme [und dieselbe Qualität] mit dem einzigen Unterschied, dass mit ss*í*tnik das Weizenbrot bezeichnet wurde, mit pjeklew*á*nnyj chleb dagegen das auf diese Weise hergestellte Roggenbrot.

Zu den im Volk beliebtesten Brotsorten aus Weizenmehl zählen bis heute Brötchen bzw. Semmeln, der kal*á*tsch [„Weißbrot in Form eines Kringels gebacken"] und der ss*í*tnik [helles „Weizenbrot"] – sie stellen angesichts der Vielfalt der russischen Roggenbrote eine Art Ausnahmeerscheinung dar.

In der modernen russischen Küche wird in der Regel Weizenmehl verwendet, seltener Roggenmehl, es kommt jedoch auch Gerstenmehl sowie Hirse-, Buchweizen-, Reis-, Mais-, Hafer- und Erbsenmehl zur Anwendung. In alter Zeit stellte man auch Dinkelmehl und Mehl aus den Samen der Gartenmelde her.

Verwendung in der Kochkunst

Die unterschiedlichen Mehlsorten finden dementsprechend auch verschiedene Verwendung in der Küche. Sie werden aufgrund der Krümelgröße nach dem Mahlen des Korns und dem Sieben unterschieden. Weizenmehl wird zum Kochen und zur Herstellung von Konditoreiwaren verwendet, Roggenmehl dagegen für Backwaren. Die anderen Mehlsorten aus Mais, Reis, Hirse, Gerste u. a. werden hauptsächlich für die Zubereitung von Nationalgerichten verwendet.

Aufbewahrung

Früher wurde Mehl in Russland auf folgende Weise aufbewahrt: Bei längerer Lagerung musste Mehl von Zeit zu Zeit getrocknet werden, indem man es in dünner Schicht auf sauberem Papier oder auch auf Leinen ausbreitete.

Wenn das Mehl von Schädlingen befallen war, musste es gesiebt und erwärmt werden, außerdem gab man in jeden Mehlsack 1–2 ungeschälte Knoblauchzehen. Die Mehlsäckchen legte man am besten

in ein hölzernes Schubfach. Um den aus Mehl zubereiteten Speisen ein unverwechselbares Aroma zu verleihen, bestreute man die Mehlsäckchen mit getrockneten Ringelblumenblüten, Kardamom-, Thymian- und Beifußblättern.

Teigwaren galten wie auch das Brot in Russland immer als Hinweis auf Fleiß, Wohlergehen und Wohlstand. Mit Pfannkuchenessen brachte man den Winter zu, mit Piroggen schmückte man den Festtagstisch.

Am charakteristischsten für die russische Küche sind Backwaren aus Hefeteig – und das, obwohl der ungesäuerte Teig viel eher bekannt war. Wann man in Russland mit der Zubereitung von Hefeteig begann, lässt sich heute nicht mehr zurückverfolgen – sehr wahrscheinlich aber schon vor der Entstehung der alten Rus. Jedenfalls ist von den Bewohnern Olwijas [Hafenstadt am Schwarzen Meer] und anderer altgriechischer Siedlungen überliefert, dass sie Hefebrot backen konnten. Diese standen in regem Handelsaustausch mit den Ackerbau betreibenden Skythen; durch die Skythen könnten auch die altrussischen Stämme des mittleren Dnjestr-Gebietes mit den Geheimnissen der Hefeteigzubereitung vertraut geworden sein. Mit Sicherheit kann jedoch nur gesagt werden, dass die Vorfahren der Russen bereits im 9.–10. Jh. Hefeteig herzustellen in der Lage waren.

Der Auslöser der alkoholischen Gärung im Teig ist die Hefe. Zu ihrer Gewinnung wurde Hopfen verwendet. Bis heute hat sich in manchen Bauernfamilien dieses häusliche Verfahren der Hefegewinnung erhalten.

Chlébnyj kwas – Brotkwass

400 g trockenes Roggenbrot
300 g Zucker
15 g Hefe
12 l Wasser

1. Die trockenen Brotscheiben [ohne Fett] anrösten, in Stücke brechen und mit abgekochtem, auf 80 °C abgekühltem Wasser (7 l) aufgießen, anschließend 1–1 ½ Stunden an einem warmen Ort ziehen lassen.
2. Den Aufguss (Most) durchseihen, die Brotstücke erneut mit dem restlichen heißen Wasser (5 l) auffüllen und wieder 1–1 ½ Stunden ziehen lassen.
3. Beide durchgeseihten Aufgüsse zusammenbringen, den Zucker und die aufgelöste Hefe hinzugeben und 8–12 Stunden bei 25 °C gären lassen.
4. Anschließend den Brotkwass abkühlen lassen, in Flaschen abfüllen und fest verschlossen bei einer Temperatur nicht höher als 10 °C lagern.
5. Dem Brotkwass kann man Pfefferminze, Rosinen, Wacholder oder Kümmel zusetzen.

Milch und Sauermilch

Seit Urzeiten galt **Milch** als Heilgetränk. Die alten Ägypter kurierten sich mit Eselsmilch. Hippokrates empfahl, Schwindsucht mit Ziegen- und Stutenmilch, Gicht und Blutarmut mit Kuhmilch und fast alle [anderen] Krankheiten mit Milch von der Eselin zu behandeln. In den Ländern Nord- und Westeuropas, aber auch in der Rus fand die Kuhmilch die größte Verbreitung.

Prostokwáscha [„**Sauermilch**"] ist das in Russland am meisten verbreitete Milchsäureprodukt. Sie bildet sich von selbst durch das einfache Sauerwerden von Frischmilch (Rohmilch) in warmer Umgebung. Deshalb wurde sie im Volksmund nicht nur *prostokwáscha* [*prósto* = „einfach", *kwáschenie* = „Säuerung"], sondern auch *syrokwáscha* [*sýro-* = „roh-"] oder *samokwáscha* [*sámo-* = (von) selbst] genannt. Nichts von ihrem ursprünglichen Nährwert einbüßend, übertrifft die Sauermilch die Frischmilch bezüglich ihrer leichten Verdaulichkeit. Bereits eine Stunde nach Genuss ist die Sauermilch zu 91 % verdaut – die Frischmilch dagegen nur zu 32 %.

Verwendung in der Kochkunst

Dank dieser bemerkenswerten Eigenschaften findet die Sauermilch breite Verwendung: als eigenständiges Gericht, als Grundlage für Teig, für verschiedene Suppen und Desserts. Sie bildet auch die Basis für die Mehrzahl der Milchsäureprodukte. Von oben wird der Sauerrahm abgeschöpft, während der untere überwiegende Teil der Sauermilch zur Herstellung von Quark dient.

Traditionelle russische Gerichte waren auch (gesäuerte) Breie [*kisélj*][1] aus Hafer-, Roggen- und Erbsenmehl, die sowohl werktags als auch an Festtagen auf den Tisch kamen. Man bereitete sie dickflüssig, gesalzen oder gesüßt, und servierte sie mit kalter Milch, im Falle des Erbsenbreis mit Pflanzenöl.

Aus gemahlenem Weizen- oder Gerstenmalz stellte man Kwass[2] und Bier her. Der Brotkwass wurde alltags wie feiertags zum Hauptgetränk der Russen.

Aus ungesäuertem Teig kochte man Nudeln – sie galten als Festtagsspeise.

---

[1] Kisélj, eingedeutscht Kissel, eine süßsaure, geleeartige russische Mehlspeise. Der Name leitet sich von *kíslyj* ["sauer"] her, ursprünglich wurde sie aus Hafer-Sauerteig, aber auch aus Roggen- oder Weizenmehl-Gärteig bereitet. Mit dem Aufkommen der Kartoffel und der Kartoffelstärke wurden auch Früchte und Beeren hinzugefügt. So wurde daraus eine der roten Grütze ähnelnde süße Nachspeise mit angedickten frischen oder getrockneten Früchten und Beeren. Sie konnte aber auch aus angedickten Fruchtsäften zubereitet werden. Je nach dem Grad des Andickens wird sie ohne Früchte auch heute noch als Getränk aus Gläsern oder Tassen getrunken.

[2] *Kwas*, eingedeutscht Kwass, urkundlich 989 das erste Mal erwähnt, ist ein traditionelles russisches kohlensäurehaltiges Erfrischungsgetränk, welches durch Gärung (der Name *kwas* kommt von *kwáschenyj* – "gesäuert", "gegoren") aus den Grundbestandteilen Wasser, Roggen und Malz gewonnen wird. Da meist aus Roggenbrot hergestellt, kam auch die Bezeichnung „Brotgetränk" auf, obwohl es auch andere Rezepturen auf der Grundlage von Früchten und Beeren gibt (vgl. das Rezept auf S. 65 dieses Buches). Mit seinem geringen Alkoholgehalt von in der Regel nicht mehr als 0,05–1,44 % ist der Brotkwass nicht mit dem Brotbier (*chlébnoe píwo*) zu verwechseln. Farbe und Geschmack des Brotkwass' ähneln eher dem Malzbier.

Die verschiedenen Grützen erlangten jedoch als tägliche Nahrung des russischen Volkes eine noch größere Bedeutung als die Mehlspeisen. Aus Grützen kochte man Suppen oder verwendete sie als Füllung für Pasteten.

Alle diese Brot-, Mehl- und Grützengerichte bildeten die Grundlage der russischen Ernährung. Gemüse-, Milch-, Fleisch- und Fischspeisen waren für die überwiegende Mehrheit der Bevölkerung nur mehr oder weniger eine Nahrungsergänzung.

Von den Gemüsesorten verwendete man in Russland besonders häufig Weißkohl. Man aß ihn frisch, als Sauerkraut, gedünstet und gekocht. Eine große Rolle spielten auch die Speiserüben und Steckrüben. In der Frühzeit bezeichnete man all diese Gemüsesorten einfach nur mit dem Wort *répa* ["Rübe"]. Die Rübe wurde gebacken, gekocht, gedämpft, gedörrt, farciert, gefüllt oder es wurde Suppe aus ihr gekocht (z. B. *répniza* ["Suppe aus zerquetschten Rüben, Wasser und Malz oder Hafermehl"], auch *repnjá* genannt). In der alten Rus wurden auch Zwiebeln und Knoblauch häufig gegessen. Während der zahlreichen Fasttage bereicherte der Rettich die Mahlzeiten. Und ohne Salzgurken war nicht nur der Werktags-, sondern auch der Festtagstisch nicht vorstellbar.

Seit ältester Zeit betrieb man in der Rus Obstanbau (Äpfel, Birnen, Pflaumen). Lange Zeit jedoch fand Obst in den Chroniken als „Gemüse" Erwähnung. Die Pflaumen wurden gesalzen, die Äpfel eingeweckt, in Salzlake und manchmal zusammen mit Kohl eingelegt.

Eine nicht unwesentliche Nahrungsergänzung waren Pilze, Beeren und Kräuter (Sauerampfer, Brennnessel, Wiesenbärenklau, Giersch bzw. Zipperleinskraut u. a.), „wilder Knoblauch" (Bärlauch), Faulbeeren und Nüsse. Sie kamen in einer Vielzahl von bekannten Rezepten vor.

Weiters spielten Pflanzenöle (in Nord- und Mittelrussland Leinöl, in Südrussland Hanf-, Mohn- und Nussöl) eine große Rolle. Wegen der zahlreichen Fastenzeiten kam dem „Fastenöl" [d. h. dem pflanzlichen statt tierischen Fett] eine besondere Bedeutung in der Ernährung der Bevölkerung zu.

Der Genuss von Fleisch dagegen war wegen der langen Fastenzeiten, aber auch wegen der Mittellosigkeit des Großteils der Bevölkerung eingeschränkt. Trotzdem ist auch die Fleischspeise in Russland althergebracht. Man bereitete Gerichte aus Fleisch von großem und kleinem Hausvieh und Geflügel. In dem Maße, in dem das Pferd zunehmend als Arbeitstier genutzt wurde, nahm der Gebrauch von Pferdefleisch in der Nahrung ab. Die Quellen des 8.–10. Jh. bezeugen, dass Pferdefleisch nur während Hungersnöten und bei Feldzügen gegessen wurde.

In der alten Rus aß man lange Zeit kein Kalbfleisch. Dieses Verbot erklärte sich mit der Sorge um die Unversehrtheit der Jungtiere. Im 11. und 12. Jh. unterlagen dem religiös begründeten Verbot auch Bärenfleisch,

Sahne und Quark

Die (saure) **Sahne** [oder der Sauerrahm bzw. Schmant (wortverwandt mit russ. *smetána*)] ist eines von vielen Milchprodukten. Auf der Sauermilch (*prostokwáscha*) bildet sich eine dicke Rahmschicht, die man mit dem Löffel „abschöpft" – der Name dieses Milchproduktes *smetána* kommt von *smetátj* ["wegfegen", "abfegen", "abschöpfen"]. Es ist interessant, dass viele Völker Westeuropas die saure Sahne ursprünglich nicht kennen.

Heute wird Sauerrahm in Molkereien hergestellt, indem man den Rahm mit Reinkulturen der Milchsäurebakterien versetzt.

Verwendung in der Kochkunst

Sahne findet beim Kochen breite Anwendung. Viele Suppen, Hauptgerichte und Salate werden mit saurer Sahne verfeinert; Sahnesoßen gibt es in großer Vielfalt. Sahne wird auch häufig zur Herstellung von Teigwaren und Süßspeisen verwendet. Als hochwertiges Nahrungsmittel von angenehmem Geschmack wird sie auch als eigenständiges Gericht zum Frühstück serviert. Sahne sollte keine Fett- oder Quarkklumpen enthalten.

Quark ist eines der wertvollsten Milchprodukte. Bis ins 19. Jh. hinein gab es in Russland keine genaue Abgrenzung der Begriffe „Quark" und „Käse". Quark oder „sauren Käse" bereitete man aus Sauermilch zu und verwendete ihn als Füllung für Piroggen (*pirogí*) und kleine Pasteten (*piroschkí*) aller Art sowie auch für Käsekuchen und Quarkpfannkuchen. Außerdem existierte noch der sogenannte „schwammartige" Quark oder Käse, den man als Vorrat anlegte, im ausgepressten Zustand aufbewahrte, aber auch als eigenständiges Gericht servierte.

Verwendung in der Kochkunst

Aus Quark werden verschiedenartige Hauptgerichte und Süßspeisen zubereitet, er wird als Füllung für Teigwaren verwendet und auch als eigenständige Speise mit Milch, Sahne, Zucker usw. genossen.

Wild und Eichhörnchen, die mit Schlingen gefangen wurden; später auch Tauben und Kraniche.

Wildbret war früher in Russland ein wichtiger Bestandteil der Ernährung. Eine nicht geringe Bedeutung hatte auch der Fischfang, der überall verbreitet war. Die Vielfalt der Fischgerichte, die in diesem Zeitabschnitt aufkamen, bereicherte in hohem Maße den russischen Fastentisch, weil der Genuss von Fisch in einer ganzen Reihe von Fastenzeiten erlaubt war.

Die weithin verbreiteten Getränke der russischen Bevölkerung waren neben den verschiedenen Kwasssorten Met und Bier. Honigwein bzw. -schnaps und Bier trank man besonders bei Festmahlen als „starke [d. h. alkoholische] Getränke".

Insgesamt unterschied sich die Nahrung der vornehmen und reichen Menschen nicht von der des einfachen Volkes, sondern wurde lediglich ergänzt durch von auswärts eingeführte Gewürze, Wein und Obst.

Der Entstehungszeitraum der russischen Küche vom 9.–11. Jh. wird von vielen Historikern und Völkerkundlern als „vormongolische Periode" bezeichnet.

12. bis 13. Jahrhundert

Die Feindschaft der Teilfürsten untereinander, die Feudalkriege und die Verschärfung der Klassengegensätze führten zur Schwächung des altrussischen Staates und trugen zu seiner Zersplitterung bei. Der Einfall mongolischer Tataren hatte die Vernichtung der Städte, die Verwüstung ganzer Landstriche, Tod und Elend, die Auswanderung großer Bevölkerungsteile und schließlich den Niedergang des Handwerks und des Handels zur Folge. Diese sogenannte „mongolische Periode" war mit einem allgemeinen Verfall der Volkskultur verbunden. Die langen Jahre des „tataro-mongolischen Jochs" übten jedoch wenig Einfluss auf die Entwicklung der russischen Küche aus. Das Volk lehnte die Gebräuche der fremden Eroberer ab, und so behielt die russische Küche im Wesentlichen die charakteristischen Eigenschaften des 9.–11. Jh.

14. bis 17. Jahrhundert

Von der Mitte des 14. Jh. an setzte der Zusammenschluss des russischen, ukrainischen und weißrussischen Volkes [die Sammlung russischer Länder] ein. Es entstand die Notwendigkeit eines Zentralstaates, der in der Lage war, dem Einfall von Feinden von allen Seiten zu widerstehen: im Norden den Schweden, im Süden den Krimtataren und Türken, im Westen den Deutschen, Polen und Litauern, im Osten den tataro-mongolischen Horden. Ein solcher Feudalstaat bildete sich im 14.–15. Jh. um das neue Zentrum Moskau. Die alte Bezeichnung „Rus" wurde auf ihn übertragen. Die westlichen Nachbarn nannten ihn „Moskowien"[1]. Von Beginn an entwickelte sich dieses Staatsgebilde zum Vielvölkerstaat. Es fand ein gegenseitiges Durchdringen von Elementen der jeweiligen materiellen Kultur statt, ebenso bildeten sich gemeinsame Grundzüge in Sprache, Behausung, Kleidung und natürlich in der Küche heraus.

Gegen Ende des 14. Jh. wurden die russischen Städte wieder aufgebaut, der Handel, das Handwerk und das Kulturleben begannen sich wieder zu erholen, und die russische nationale Küche erreichte eine außergewöhnliche Blüte.

Es zeichneten sich jedoch große Unterschiede zwischen der Küche des einfachen Volkes und der des Großfürsten, der Bojaren[2], des Adels und der Geistlichkeit ab, die sich vom Feinsten ernährten.

Vom Ende des 15. bis zum 17. Jh. kann man letztere Küche mit der Bezeichnung „Tisch der Moskauer Herrscher" treffend charakterisieren. Berufsköche schufen auf der Grundlage der Volksküche komplizierte Varianten uralter Gerichte, wandten neue Garmethoden an (das Dampfkochen und das Backen in reichlich Fett [„Frittieren"]) und führten in die russische Küche eine Reihe von ausländischen Speisen – meist östlicher Herkunft – ein. In diesem Zeitabschnitt bewahrte die Küche der herrschenden Schichten im Großen und Ganzen ihren nationalen Charakter, übertraf jedoch die einfache Volksküche durch die große Auswahl an Nahrungsmitteln und Speisen sowie durch ihre aufwendige Zubereitung.

Die russische Küche zeichnete sich durch eine eigenständige Gruppe von Fisch- und Fleischvorspeisen aus: das [in Salzlake] „Eingelegte" (wie eingelegter Fisch, Hechtkopf, Huhn u. a.). Salate als Mischung von Gemüsesorten waren in der Volksküche nicht üblich. Trotzdem bot der russische Tisch eine Fülle von Gemüsesorten (Gurken, Kohl- und Rettricharten) und Pilzen, die aber getrennt voneinander zubereitet und gereicht wurden.

Gegen Ende des 17. Jh. bildeten sich die Grundtypen der russischen Suppen heraus: Kohlsuppe (*schtschi*), Rote-Bete-Suppe (*borschtsch*), Salzgurken- oder Salzpflaumensuppe (*kaljá*) mit Hühnerfleisch oder Kaviar – die Prototypen der späteren *ssoljánka* [„säuerlich-scharfer Fisch-, Fleisch- oder Pilzeintopf"] und des *rassólnik* [einer „Fleisch- oder Fischsuppe mit sauren Gurken"]. Eine besondere Rolle spielten bei „Tisch der Moskauer Herrscher" die klare Fisch- oder Fleischsuppe (*uchá*) und die Bouillon, die Brühe von Hühnerfleisch oder Fisch, aber auch Nudel- oder Grützsuppe mit Einlagen wie Hase, Huhn, Fisch oder Pilzen. Grütz-, Bohnen- und Gemüsesuppen (nach heutiger Terminologie) wurden außer an Fasttagen mit Fleisch oder Geflügel angerichtet, in der Fastenzeit hingegen wurden sie vegetarisch zubereitet und mit Mohn-, Lein- oder Nussmilch[3] verfeinert. Diese Suppen behielten in diesem Zeitabschnitt die Bezeichnung *pochljóbka*[4] bei und kamen hauptsächlich beim einfachen Volk auf den Tisch. Den Ruhm der rus-

---

1 Die offizielle Bezeichnung dieses Staates war „Großfürstentum Moskau".
2 Hochadel im Umkreis des Großfürsten.
3 Durch Feinmahlen der Samen und Nüsse unter Zugabe von heißem Wasser entsteht eine milchige Flüssigkeit.
4 Das russische Wort für „Suppe" *pochljóbka* kommt von *pochlebátj* [„löffeln", „schlürfen"], worin wiederum das Wort *chleb* [„Getreide", „Brot"] enthalten ist. Wie dargestellt bestand ja die Flüssignahrung der ostslawischen Frühzeit aus diversen Mehl- und Grützbreien.

Grützen und Breie

Perlgraupengrütze

Kornkulturen beherrschten die landwirtschaftliche Produktion in Russland von jeher, und dies bedingte auch die ausnehmende Rolle nicht nur des Brotes und der Mehlspeisen, sondern auch verschiedener Grützen und daraus zubereiteter Gerichte. Der Chronist bezeugt vier Getreide- bzw. Kornarten in der Landwirtschaft der alten Rus: Weizen, Hirse, Gerste und Roggen. Die ersten drei genannten gehen noch auf die Frühsteinzeit zurück. Die Perlgraupen, die nichts anderes darstellen als die abgeschliffenen Kerne des Gerstenkorns, waren in der Rus seit ältester Zeit gebräuchlich, u. a. zur Herstellung von [Gersten-]Brei – des einfachsten der Grützengerichte. Perlgraupengrütze war eine der Lieblingsspeisen Peters d. Großen. Im Volksmund nannte man sie auch „dicke Grütze", weil sie sehr sättigend ist. Die Bezeichnung „Perl"-Graupen kommt von dem matten Glanz, der Größe und der Form, die bei gut weich gekochten Graupen an echte Perlen erinnern.

Vorbereitung

Vor der Zubereitung müssen die Graupen von allen Fremdzusätzen gereinigt werden. Vor der Weiterverarbeitung müssen die Graupen dann gewaschen werden. Dabei werden sie je nach Menge mit 2–3-mal so viel Wasser aufgefüllt und umgerührt. Der größte Teil des Wassers wird dann abgegossen. Diese Prozedur wird 2–3-mal wiederholt, wobei die Graupen jedes Mal neu mit frischem Wasser aufgefüllt werden. Zunächst werden sie mit 40–50 °C heißem Wasser ausgewaschen, das letzte Mal sollte das Wasser eine Temperatur von 60–70 °C haben. Die so durchgespülten Graupen werden dann auf ein flaches Sieb gelegt. Bevor sie gekocht werden, müssen sie 10–12 Stunden lang eingeweicht werden, und zwar im Verhältnis von 1 Liter Wasser zu einem Glas [= etwa 200 g] Graupen.

Buchweizengrütze

Zuerst wurde Buchweizen in Indien vor 4000 Jahren angebaut. Dort nannte man ihn „schwarzer Weizen" wegen der dunklen Farbe der Samenkörner. Von Indien aus gelangte der Buchweizen nach China, Zentralasien, Afrika, in den Kaukasus und bis nach Griechenland. Über die griechische Schwarzmeerküste kam er zu den Skythen, welche ihn in die Kiewer Rus einführten. Die Skythen kauften ihn bei den Byzantinern und nannten ihn deshalb „griechische Grütze".

Kultiviert wurde der Buchweizen in der Rus lange bevor man ihn in Westeuropa kannte. Die Russen betrieben mit ihm bereits im 15. und 16. Jh. einen lebhaften Handel.

Der berühmte russische Heerführer Alexander W. Suworow (1729–1800) bevorzugte Buchweizengrütze. Sie ist nicht nur wohlschmeckend, sondern auch sehr nahrhaft. In Russland galt Buchweizengrütze von alters her als Grundnahrungsmittel der Soldaten. Auch in den Bauernfamilien wurde Buchweizenbrei in Ehren gehalten. Nicht zufällig hielt sich im Volksmund das Sprichwort: *Grétschnjewaja káscha – mátuschka náscha!* [„Buchweizenbrei unser Mütterchen sei"].

Vorbereitung

Vor dem Zubereiten muss mit dem Buchweizen ähnlich verfahren werden wie mit den Perlgraupen: Er wird ausgelesen und gesiebt und dann 2–3-mal mit einer großen Menge warmen Wassers ausgespült. Heute verkauft man den Buchweizen bereits geröstet; man kann ihn jedoch auch selbst rösten. Dazu breitet man ihn auf einem Backblech (in einer dünnen Schicht) aus und röstet ihn im vorgeheizten Ofen bei 100–150 °C, bis er eine hellbraune Farbe annimmt.

Hafergrütze

Die Wissenschaftler meinen, dass der Hafer aus Äthiopien nach Russland kam. In grauer Vorzeit hefteten sich die Rispen mit ihren langen Härchen an das Fell der Zugtiere oder die Beine der Fußwanderer und gingen so mit ihnen „auf Reisen".

Hafer begann man wesentlich später als Weizen zu säen, und das ist kein Zufall: Denn gutes Brot kann man aus seinem Korn nicht gewinnen. Die Menschen schätzten diese Pflanze erst, als sie anfingen, Pferde zu zähmen. Der Hafer erwies sich nämlich als das beste Pferdefutter. Deshalb bauten ihn die alten Römer, die Karthager und Araber vermehrt an, um die zahlreichen Pferde ihrer riesigen Reitereien zu ernähren.

In Russland ist der Hafer schon seit alter Zeit bekannt. Man kochte von ihm Grütze aus ganzen und Brei aus gemahlenen Körnern. Man stellte Hafermehl her, das als Grundlage für die ältesten bei den Slawen bekannten Speisen diente. Dank seines süßlichen Geschmacks wurde Hafermehl vielfach für die Zubereitung verschiedener Süßspeisen verwendet.

Dem Nährwert nach nimmt die Hafergrütze verdientermaßen einen der ersten Plätze unter den Grützen ein.

Vorbereitung

Vor der Zubereitung wird der Hafer (nicht die Flocken) ausgelesen, gesiebt und 2–3-mal in einer großen Menge warmen Wassers gewaschen, um Fremdstoffe zu entfernen.

Aufbewahrung von Grützen

Grützen werden an einem trockenen, hellen, gut durchlüfteten Ort aufbewahrt. Perlgraupen- und Buchweizengrützen können sich sehr lange Zeit halten. Der hohe Fettgehalt der Hafergrütze dagegen macht ihre lange Lagerung unmöglich.

sischen Küche begründeten jedoch die Piroggen (pirogí), der karawáj ["rundes Hefeweizenbrot mit Milch, Eiern und Butter"], die piroschkí ["kleine Pasteten"] und andere Mehlspeisen, die „zwischen der uchá" [d. h. als Beilage zur klaren Fisch- oder Fleischsuppe] gereicht wurden.

In dieser Zeit erweiterte sich die Speiseauswahl des Fastentisches um Fisch-, Pilz-, Gemüse- und Grützengerichte. Die Karotte und die Rote Bete sowie daraus zubereitete Speisen kamen in Umlauf.

In diesem Zeitabschnitt wurden auch verschiedene Arten der Fischzubereitung erfunden (in Salz einlegen, räuchern, dörren, trocknen u. a.), verschiedene Garmethoden eingeführt, eine breite Auswahl an Fischspeisen angeboten und eine entsprechend umfassende Terminologie für die Bezeichnung der einzelnen Teile des Fisches erarbeitet. Viele der damaligen Gerichte haben sich ohne besondere Änderungen bis in unsere Tage erhalten.

Ebenfalls gegen Ende des 17. Jh. wurden die Methoden der Fleischzubereitung in der Kochkunst verfeinert. So kochte man frisch geschlachtetes Rind oder man legte es in Salz ein („Pökelfleisch"). Schweinefleisch, Hammelfleisch und Spanferkelfleisch wurde in naturbelassenen (groben) Stücken oder gefüllt gebraten.

Zur längeren Aufbewahrung wurde aus Schweinefleisch Schinken hergestellt. Auf dem Tisch der Adligen nahm Grillfleisch (an einem Spieß gebraten) oder im Ganzen gebratenes ausgeweidetes Geflügel und Wild einen Ehrenplatz ein.

Für die russische Küche in alter Zeit war die Zubereitung von Hauptspeisen in Ton- oder Steintöpfen (uschnóje ["Hammelschmorfleisch mit Gemüse und Kartoffeln"], gedünstete Rübe mit Fleisch u. a.) charakteristisch.

Besonderer Beliebtheit erfreuten sich in allen Bevölkerungsschichten die Speisen aus Schlachtabfällen und Innereien. Sie wurden sowohl als Kaltspeisen als auch warm gereicht.

Fleischgerichte galten generell als Festtagsspeisen, auch bei den reichen Leuten.

Von den Milchprodukten wurden häufig Milch (frische, aufgekochte, gesäuerte), „saurer Käse" (Quark) und Zubereitungen daraus, Kuhbutter und (saure) Sahne verwendet. Nudeln, in Milch gekocht, waren unerlässlicher Bestandteil des Festtagstisches.

Eine geschmackliche Vielfalt der Speisen wurde durch die Verwendung verschiedener Pflanzenöle, einfacher Soßen (Mehlschwitzen) und Sude erreicht. Mit Milch und saurer Sahne – zur Fastenzeit mit Mohn-, Lein- oder Nussmilch –, mit Gewürzen wie Dill, Petersilie, Zwiebel, Knoblauch und Lorbeerblätter, Pfeffer, Gewürznelke, Anis, Koriander, Ingwer, Zimt, Safran, Kardamom und sog. „Schwarzer Wurzel" [Kalmus bzw. „Deutschem Ingwer"] wurden die Speisen verfeinert.

Durch den Einfluss der am Ende des 17. Jh. an den russischen Staat angrenzenden Khanate Astrachan und Kasan, Baschkiriens und Sibiriens fanden viele weitere Köstlichkeiten Eingang in die russische Küche: pelméni ["mit Hackfleisch gefüllte Nudelteigtaschen"], peremjatschi ["runde offene Pasteten aus Hefeteig mit Fleischfüllung"], mantý ["mit Hackfleisch, Zwiebel und Kürbis oder Karotte gefüllte Nudelteigtaschen, nicht in Wasser gekocht, sondern auf einem Rost gegart"], schapschá ["fein gesiebte Weizenkleie"], kotlómy ["kleine Pasteten aus Blätterteig"], aber auch Reis (Oryza sativa oder brynjez).

Von diesem Zeitpunkt an wurden in der Rus auch Tee, Zitronen, Rosinen, urjúk ["aufgeschnittene, mit Kern getrocknete Aprikosen"][1], Feigen, kandierte Fruchtschalen (Sukkade) und warénje[2] gebräuchlich. Neben Pfefferkuchen, Lebkuchen, süßen Piroggen,

Kartoffel

Das Aufkommen der **Kartoffel** in Russland wird mit dem Namen Peters d. Großen in Verbindung gebracht, aber den eigentlichen Beginn ihrer weiten Verbreitung im Land markierte der Senatserlass des Jahres 1765 „über den Anbau und die Einfuhr der Pflanzkartoffel aus Westeuropa". Zur Verbreitung der Kartoffel in Russland trug auch die Freie Ökonomische Gesellschaft[1] bei.

Die Kartoffel ist reich an Speisestärke, sie enthält Eiweiße und Mineralstoffe, Vitamin C und Gruppen von Vitamin B. Außerdem ist sie eine wertvolle Quelle von Zellulose und Kalium.

[1] Kaiserliche Freie Ökonomische Gesellschaft zur Förderung von Landwirtschaft und Wohnungsbau, gegründet 1765 in St. Petersburg.

Verwendung in der Kochkunst

Die Kartoffel findet so breite Verwendung in der Küche, dass man von ihr wie von einem „zweiten Brot" sprechen kann. Für Suppen, Püree und gekochte Salzkartoffeln werden besonders stärkehaltige Kartoffeln verwendet. Junge Kartoffeln (mit dünner Schale) empfehlen sich dafür nicht, weil sie sich schlecht weich kochen lassen und bedeutend weniger Stärke enthalten. Für Gemüseallerlei (winegrjét)[2], Salate und Beilagen werden dagegen weniger stärkehaltige Sorten gebraucht. Für alle Kaltspeisen und Vorspeisen sollten festkochende Kartoffeln verwendet werden, die auch im abgekühlten Zustand vollkommen ihre Form, ihren guten Geschmack und ihre Farbe behalten.

Für das Frittieren eignen sich fast alle Sorten bis auf die knolligen Kartoffeln mit hohem Zuckergehalt (besonders die Frostkartoffeln), weil die Pommes frites dann ihren Geschmack verlieren und eine dunkle Farbe annehmen.

[2] Winegrjét (von frz. vinaigre – „Essig") ist ein in Russland im 19. Jh. aufkommender, gemischter Gemüsesalat, der mit Essig, Pflanzenöl und Senf angemacht wird. Grundzutaten: in Würfel geschnittene Kartoffeln, Rote Bete, Karotten und Salzgurken, zerkleinertes Sauerkraut und Zwiebeln (vgl. auch das Rezept auf S. 72 dieses Buches).

[1] Urjúk, vgl. hierzu S. 146, „Kuragá – Getrocknete Aprikosen".

[2] Warénje (russ. für „Eingekochtes") ist eine marmeladenartige Substanz mit ganzen Früchten, die in Tee oder in heißem Wasser aufgelöst oder zu Tee gelöffelt wird. Es weist eine viel flüssigere Konsistenz als Marmelade oder Konfitüre auf (vielleicht im deutschen Sprachraum am ehesten mit Beeren im Glas zu vergleichen), weshalb es sich nicht als Brotaufstrich eignet.

die in Russland seit alters her bekannt waren, kamen bei den reichen Leuten neue Süßspeisen (Backwaren und Desserts) auf: Rettich nach Konstantinopolitaner Art, Karotte mit Ingwer in Honigseim (*pátoka*)[3],

[3] Mit *pátoka* wurde zunächst „Honigseim", also ungeläuterter Honig, wie er aus den Waben abfließt, bezeichnet. Mit dem Aufkommen des Zuckers erhielt der Begriff die Bedeutung „Melasse" (von frz. miel – „Honig"), wie sie als honigartiger dunkelbrauner Zuckersirup (nicht zu verwechseln mit Zuckerrübensirup!), als Nebenerzeugnis der Zuckerproduktion aus Zuckerrohr oder Zuckerrüben anfällt. Melasse enthält neben etwa 60 Prozent Zucker (Saccharose und Raffinose), der nicht mehr kristallisiert werden kann, noch organische Säuren, Betain, Vitamine und anorganische Salze.

pastilá[4], Süßigkeiten aus Rohrzucker, aus Kandiszucker gegossene Adler, Bären, Löwen und Vögel.

Für den Tisch des Zaren und der Bojaren war die Vielzahl an Speisen mit bis zu 200 Bezeichnungen und

[4] *Pastilá* – seit dem 14. Jh. als russische nationale Süßspeise bekannt – ist ein in Honig bzw. Zucker unter Zugabe von Eiweiß und Geliermitteln gekochtes Fruchtpüree, das in Tafelform gegossen und so getrocknet wurde. Die Bezeichnung *pastilá*, bis zu Beginn des 20. Jh. noch *postilá* (von russ. *postlátj* – „aufdecken", „ausbreiten") weist auf das Herstellungsverfahren hin, wobei die im Fruchtfleisch vorhandenen natürlichen Geliermittel, wie die Pektine, zum Andicken ausgenutzt wurden.

Dutzenden von Gängen charakteristisch. Jeder Gang bestand aus einer ganzen Reihe von ähnlichen Speisen, z. B. aus vielen Arten von eingelegtem Fisch, gebratenem Geflügel usw.

Die Gastmähler des Zaren dauerten 6–8 Stunden und arteten in prunkvolle Rituale aus. Die Köche legten großen Erfindergeist an den Tag, um aus Stör und Sternhausen gewaltige Fantasietiere zu gestalten. Geformte Schwäne, Gänse und Enten von ungeheuren Ausmaßen wurden auf flachen Henkelschüsseln und -platten verschiedener Form zuweilen von 3–4 Personen in den Speisesaal getragen.

So war die russische nationale Küche im 17. Jh. außerordentlich abwechslungsreich (besonders den Zarentisch betreffend). Gleichzeitig blieb sie streng reglementiert nach den verschiedenen Jahreszeiten entsprechend den Fast-, Fleisch- und Festtagen.

18. bis Anfang 19. Jahrhundert

Das 18. Jh. war bekanntlich ein wichtiger Markstein in der Entwicklung des russischen Staates. Russland wurde ein Kaiserreich. Sein Territorium erweiterte sich erheblich. Der Vielvölkerstaat wurde bezüglich seiner ethnischen Zusammensetzung noch komplexer. Die Hauptstadt wurde nach St. Petersburg übertragen. Die Armee wurde reformiert, eine Flotte geschaffen, neue Städte gebaut und befestigt. Es entwickelte sich eine industrielle Produktion. Regierung und Verwaltung erfuhren bedeutende Veränderungen.

Rübe und Rettich

Die **Rübe** ist eine der ältesten Gemüsekulturen, bekannt schon aus der Zeit vor der Kiewer Rus. Die Rübe ist reich an Aminosäuren und Zuckern, Vitaminen und Mineralien sowie ätherischem Senföl, welches die Verdauung verbessert. Ihr Zuckergehalt übertrifft sogar viele Früchte. Die Vorfahren der Russen dämpften sie im Ofen und trockneten sie dann. Man gewann daraus etwas in der Art von getrockneten Aprikosen – die einzige Süßigkeit, die in der Winterzeit zugänglich war. Bis zum Aufkommen der Kartoffel war die Rübe das Hauptgemüse in der Ernährung der Russen. Heute ist sie – vollkommen zu Unrecht – fast in Vergessenheit geraten.

Verwendung in der Kochkunst

In der Küche kommt die Rübe vorwiegend bei der Zubereitung von (gedünstetem oder gebackenem) Gemüseallerlei zur Anwendung. Sie wird auch Suppen beigegeben; das junge Kraut der Rübe wird als Salatgrün und zum Würzen von Suppen verwendet. Bei ihrem Gebrauch muss berücksichtigt werden, dass einige Rübensorten nach dem Garen einen leicht bitteren Geschmack annehmen.

Neben der Rübe gehört auch der **Rettich** zu jenen Gemüsekulturen, die dem Menschen schon seit grauer Vorzeit bekannt sind. Rettich wurde schon im alten Ägypten, im antiken Griechenland und im Römischen Reich angebaut. Der römische Schriftsteller Plinius teilt uns mit, dass die Ägypter Öl aus seinem Samen gewannen und dass der Rettich eine ihrer führenden Anbaukulturen in der Landwirtschaft gewesen sei.

In der alten Rus fand der Rettich seit jeher breiteste Verwendung: für die Zubereitung von kalten Vorspeisen ebenso wie auch in seiner Eigenschaft als Heilmittel. Besonders schätzte man Rettich mit Kwass.

Verwendung in der Kochkunst

Es gibt ziemlich viele Rettichsorten. Man unterscheidet den schwarzen [Winter-]Rettich, den grünen [japanischen Wasabi-Rettich] und den weißen [Garten-]Rettich. Rettich wird hauptsächlich im frischen Zustand gebraucht. Am häufigsten wird aus Rettich Salat bereitet, der entweder mit Sahne oder mit Pflanzenöl angemacht wird. Im Sommer stellt man aus geriebenem Rettich Kwasssuppe her, indem man ihn mit kaltem Kwass oder Milchmolke übergießt.

Vorbereitung

Vor der Zubereitung von Rübe und Rettich müssen sie sorgfältig gewaschen und die Wurzeln und Blätter mit Blattknospen entfernt werden. Dann schält man die Wurzelfrüchte und schneidet das Fruchtfleisch in Stücke.

Aufbewahrung

Man sollte diese Gemüsefrüchte am besten bei einer Temperatur von 0–10 °C und einer relativen Luftfeuchtigkeit von 90–95 % aufbewahren. Die Rübe kann gut im Plastiksack aufbewahrt werden, der Rettich dagegen in feuchtem Sand.

Die Reformen Peters d. Großen in der ersten Hälfte des 18. Jh. hatten einen allumfassenden Charakter: Ihrem Einfluss unterlagen die soziale Struktur des Landes, die Wirtschaft, die Außenpolitik, die Kultur und das Alltagsleben. Russland reihte sich unter die Großmächte ein, und nicht ein einziges Problem der zwischenstaatlichen Beziehungen in Europa wurde ohne seine Teilnahme gelöst. Die umwälzenden Veränderungen, die nun in der russischen Gesellschaft vor sich gingen, gaben den Historikern allen Grund, den Geschichtsverlauf des Landes in eine Zeit vor und ab Peter d. Großen einzuteilen, von einer „vorpetrinischen Rus" und einem „petrinischen Russland" zu sprechen.

Die Entwicklung der russischen nationalen Küche, die mit den petrinischen Reformen verbunden ist, begann um die Jahrhundertwende vom 17. zum 18. Jh. und dauerte bis zum ersten Jahrzehnt des 19. Jh. In diesem Zeitabschnitt vollzog sich eine Abgrenzung der Küche der herrschenden Klassen von derjenigen des einfachen Volkes. Die Küche der herrschenden Klassen verlor ihren nationalen Charakter. Der russische

Adel (dworjánstwo) entlehnte immer mehr Elemente der Kultur, der Lebensgewohnheiten und der Kochkunst Westeuropas. Das veränderte die durch die Jahrhunderte hindurch entstandene russische Esskultur entscheidend.

Unter Peter d. Großen (1682–1725) und Anna Iwanowna (1730–1740) übten Deutschland und Holland auf die Ernährungsgewohnheiten einen großen Einfluss aus; unter Katharina II. (1762–1796) und Alexander I. (1801–1825) nahm Frankreich diese Rolle ein. Reiche Magnaten, die Europa bereist hatten, brachten ausländische Köche von dort mit. Ende des 18. Jh., nach dem Ende der Französischen Revolution, war ihr Zustrom nach Russland so groß geworden, dass sie einheimische Köchinnen und leibeigene Köche aus den reichen Häusern fast vollständig verdrängten.

Veränderung erfuhr auch die Küche selbst: Das [deutsche] Lehnwort kúchnja verdrängte das altrussische Wort powárnja für „Küche", und mit ihm kamen auch neue Herde, neues Küchengerät, neue Garmethoden, neue Lebensmittel. Die russischen Öfen wurden durch holländische Herde mit Backrohr und offenen Herdringen ersetzt, die für das Braten und Backen in Fett besonders gut geeignet waren. In den Hofküchen der Magnaten wurden ausziehbare Rauchfänge angebracht, die verhinderten, dass der Küchendunst in die Wohnzimmer drang.

Unter Katharina II. und später baute man die Küchen auch getrennt und in einigem Abstand zu den Palästen bzw. Wohngebäuden. Es entstanden eigene Gebäudekomplexe für die Küche, ähnlich den Küchengebäuden des Moskauer Kremls in der vorpetrinischen Zeit. In den Küchengebäuden am Hofe und in den Küchen der einfachen Städter ersetzten kastrjúli [„Kasserollen", „Kastrollen"] die altslawischen Töpfe aus Ton und Gusseisen. Anstelle der Roste und Siebe kamen die durschlági [„Durchschläge"] sowie Schaumlöffel und -kellen auf, anstelle der Hackbeile der Fleischwolf usw.

In der Kochkunst bildeten sich zwei Richtungen heraus: die nationale und die ausländische. Die nationale Kochkunst wurde dank der leibeigenen Köche aufrechterhalten, die beflissen die Volkstradition in der Ernährung bewahrten. Die traditionelle Speisekarte erhielt sich auch in der Provinz, auf den Gütern der Landbesitzer, in der Armee und im Alltagsleben des einfachen Volkes.

Die ausländische Kochkunst wurde durch ausländische Köche und durch einheimische Schüler gepflegt. Am meisten machte sich der Einfluss der ausländischen Küche und des mittäglichen Essrituals, besonders des französischen, am kaiserlichen Hof bemerkbar. Der Tisch Peters d. Großen zeichnete sich allerdings nicht durch besondere Erlesenheit aus. Der Zar nahm einfache Mahlzeiten zu sich, die aber sehr heiß sein mussten.

Zarin Elisabeth (1741–1762) hielt die Fastenzeiten streng ein und konnte sich weniger als andere Monarchen der Kunst ihrer Hofköche rühmen. Katharina II. (1762–1796) demonstrierte dagegen ihre Neigung zur goldenen Mitte. An ihrem Lebensabend – so bezeugen Zeitgenossen – liebte sie die einfache russische, aber durchaus fetthaltige Küche. Die Hofrituale beim Mittagstisch zeigten französischen Stil sowohl in der Bezeichnung der Gerichte und Gänge – die im Gegensatz zum „Tisch der Moskauer Herrscher" nicht von kalten Vorspeisen aus Mehl und Teig, sondern von „heiß servierten Imbissen" (entremets)[1] angeführt wurden – als auch im System der Darreichung bei Tisch, wobei alle Gerichte gleichzeitig aufgetragen wurden und – kalt werdend – an Qualität einbüßten. Wichtig waren nun nicht mehr der verfeinerte Geschmack und die Erlesenheit des Rituals bei Tisch als vielmehr die

verschiedensten Ausartungen, welche die Tafel in „Theater und Maskerade" verwandelten. So beeindruckte die Zeitgenossen der Prunk des Festes, das Fürst Grigorij A. Potjomkin (1739–1791)[2] 1791 zu Ehren der Zarin veranstalten ließ. Im Wintergarten des Palastes waren zahlreiche Früchte, hergestellt aus lauter Kostbarkeiten, aufgehängt; das Abendessen stellte einen allegorischen Wettstreit der Städte Russlands dar, die Gaben zum Tisch des durchlauchtigsten Fürsten brachten.

Eine der Neuerungen dieses Zeitabschnitts war das gleichzeitige Auftragen von Imbissen als eigenständige Gruppe von Speisen. Die vom Westen übernommenen deutschen Butter- oder belegten Brote (buterbródy), die holländischen und französischen Käse, Salate mit russischem Kaviar, gedörrtem Störrücken, gesalzenem Fisch, Schinken u. a. stellten in einem Gang sogar eine eigene Mahlzeit dar: das Frühstück.

Ab den 70er-Jahren des 18. Jh. war es nach westlichem Vorbild in den reichen Häusern auch üblich geworden, gegen 5 Uhr nachmittags eine Tee-Zeit abzuhalten. Ab diesem Zeitpunkt fiel die mittags sonst übliche Mehl- oder Teig-Nachspeise (mutschnój prispjéch) weg, dafür wurden süße Piroggen, kleine Pasteten und andere Süßigkeiten zum Tee gereicht.

Zur gleichen Zeit erhielten die russischen pochljóbki[3] die Bezeichnung „Suppe" (ssupý). Zum Menü kamen Püreesuppen[4] und Cremesuppen aus fein geriebenen Lebensmitteln, und die Fleisch- und Wildbrühe verdrängte die altrussische klare Fischsuppe (uchá). Die Bezeichnung uchá hielt sich dann nur noch für die Fisch-Bouillon. Neben die Salzgurken- oder Salzpflaumensuppe (kaljá) traten die Ssoljánka[5] und der Rassólnik[6] mit sauren Gurken. Die Soßen der französischen Küche ersetzten das Anrühren mit saurer Sahne (pod-

---

1 Entremets (frz. für „Zwischengericht", „Süßspeise") waren ursprünglich aufwendig zubereitete Zwischenmahlzeiten zwischen den großen Gängen eines Festmahls, die vom einfachen, bunt eingefärbten und exotisch gewürzten Haferbrei bis hin zu fein modellierten Torten in Form von Schlössern mit Weinspringbrunnen und allegorischen Szenen reichten. Aus ihnen entwickelte sich in der Folge ein ganzes Unterhaltungsprogramm mit schauspielerischen Darbietungen während des Festmahls. Heute werden mit entremets verschiedene Nachspeisen bezeichnet.

2 Grigorij Aleksandrowitsch Potjomkin (1739–1791), russischer Reichsfürst, Generalfeldmarschall, Eroberer der Krim und Bebauer der Städte Cherson und Sewastopol, war Günstling und enger politischer Berater der Zarin Katharina d. Großen. Aus Anlass eines Besuchs der Zarin 1787 auf der Krim soll er den Befehl gegeben haben, Dorfattrappen zu errichten, um Wohlstand und Fortschrittlichkeit dieser Region vorzuspiegeln – daher der sprichwörtliche Ausdruck Potemkinsche Dörfer im Sinne von „hohle Fassade", „Vortäuschung falscher Tatsachen".

3 Pochljóbki, vgl. S. 12, Anm. 4 und das Rezept auf S. 90.
4 Vgl. das Rezept auf S. 95.
5 Ssoljánka, vgl. S. 12 und das Rezept auf S. 40.
6 Rassólnik, vgl. S. 12 und das Rezept auf S. 89.

bjél), das Einrühren von Schmant (*sabjél*), die Mehlschwitze (*mukównik*) und den Sud (*wswar*)[7]. Plötzlich gab es Frikadellen, Puddings, Omelettes, Eierbreie, Schaumspeisen, *sambúk* [„mit Zucker und Eiweiß geschlagenes Obstmus"], verschiedene *Blanc-Mangers* (Mandelsulz)[8], Fleisch und Fisch in Aspik, Kompotte, Fleischpasteten aus gehackter Leber, gehacktem Fleisch und Geflügel, Backwaren aus süßem Biskuit-, Sandkuchen- und Blätterteig.

Die Umgestaltung der Lebens- und Essgewohnheiten betraf vor allem die oberen Schichten der Gesellschaft. Viele Generationen von Bauern bewahrten in ihren Familien dagegen den althergebrachten Arbeitsrhythmus und die in Mahlzeiten und Arbeitszeiten aufgeteilte Tagesstruktur. Das Frühstück oder Mittagessen auszulassen, hätte niemand verkraftet. Das Frühstück war früh angesetzt (bei Sonnenaufgang). Man aß viel Backwerk mit Tee oder Milch, frisches oder eingelegtes Gemüse, Kohlsuppe. Das Mittagessen wurde noch in der ersten Tageshälfte eingenommen (zwischen 10 und 12 Uhr). Es bestand aus zwei bis drei Speisen, darunter zwingend eine Kohl- oder eine andere Suppe. In der Sommerzeit wurde in der zweiten Tageshälfte (zwischen 14 und 17 Uhr) eine Vespermahlzeit eingenommen, bestehend aus Milch oder Tee, dazu ein leichter Imbiss, [meist] Gebackenes. Zu Abend aß man etwas von dem, was vom Mittagstisch übrig geblieben war, trank dazu Tee oder Milch.

Streng wurde die Abfolge von Fast- und Fleischtagen eingehalten. Ausländische Reisende erstaunte, dass in der Rus sogar kleine Kinder den Fastenvorschriften unterworfen waren. An Feiertagen bemühte man sich, ein reichhaltiges Mahl zu bereiten. Besonders reich gedeckt waren die Tische zu Ostern und Weihnachten.

In den wohlhabenden Bevölkerungsschichten wurde dem Zubereiten der Speisen immer viel Aufmerksamkeit gewidmet. Man lud Köchinnen und Köche zu sich ein, benutzte Kochbücher, und Rezepte der Lieblingsspeisen und Mittagsmenüs bewahrte man auf und gab sie von Generation zu Generation weiter. In den Bauernfamilien und später auch in den Arbeiterfamilien war man dagegen bestrebt, möglichst wenig Zeit für das Kochen aufzuwenden. Man bereitete das Essen für den gesamten Tag bereits morgens im russischen Ofen (in den Städten auf dem Herd) zu.

---

[7] Das altrussische Wort *wswar* hat eine Vielzahl von Bedeutungen: 1. das Abgekochte, also die Beilage von gekochtem Gemüse, Zwiebeln oder Beeren, 2. der Sud des Abgekochten unter Zutat von Gewürzen zu Fleisch- und Fischgerichten als „Soße" sowie 3. ein Getränk aus Früchten oder Beeren, die in Honig, Bier oder Kwass eingekocht wurden.
[8] Mandelsulz (frz. *blanc manger* – „weißes Essen"), so genannt wegen der ausschließlich „weißen", d. h. hellen Zutaten, war eine gehobene Speise des europäischen Adels. Die wichtigsten Zutaten waren Milch oder Mandelmilch, Zucker, Huhn oder Fisch, häufig auch Reis. Jahrhundertelang ein Hauptgericht, wurde es erst im Laufe des 17. Jh. zu einem Dessert, das dann auch mit Gelatine zubereitet wurde und nach unserem heutigen Verständnis ein Pudding ist. Als fleischlose Variante war es auch eine beliebte Fastenspeise.

Rote Bete, Karotte, Kohl

Die wild wachsende **Rote Bete** wurde seit ältester Zeit als Nahrungsmittel verwendet. Bereits 2000–1000 v. Chr. begann der gezielte Anbau der blättrigen Roten Bete als Gemüse- und Heilpflanze. In der Kiewer Rus war die Rote Beete seit dem 10.–11. Jh. bekannt. Rote Bete ist reich an Folsäure [Vitamin B_9], enthält viel Kalium, verschiedene Zuckerarten und eine Menge Vitamin C. Ihre Blätter sind reich an Beta-Karotin, Kalzium und Eisen und enthalten auch viel Vitamin C.

Verwendung in der Kochkunst

Aus den Blättern der jungen Pflanze werden Salate zubereitet sowie kalte und warme Suppen (z. B. Rote-Bete-Suppe [*swjekólnik*], *Borschtsch* oder kalte Kwasssuppe [*okróschka*]). Die Wurzelfrucht wird zur Herstellung von Salaten, kalten Vorspeisen, Gemüseallerlei (*winegrjét*)[1], Suppen und Gemüsebeilagen verwendet.

Die Rote Bete hat einen ziemlich starken bitteren Beigeschmack, weshalb sie sich als Frischgemüse nicht eignet. Nach dem Garen verliert sich allerdings dieser bittere Beigeschmack.

---

[1] *Winegrjét*, vgl. S. 14, Anm. 2.

Die **Karotte** [Möhre, Mohrrübe] war schon im antiken Griechenland und im alten Rom bekannt. In Europa fand sie ab dem 14. Jh. weite Verbreitung. In Russland wurde sie dagegen erst ab dem 16.–17. Jh. überall angebaut.

Eine Karotte enthält Karotin (bis zu 20–25 mg), Zucker, die Vitamine C, PP [Nikotinsäure], A, B_1, B_2, Kalisalz, Phosphor und andere Elemente.

Verwendung in der Kochkunst

Aus Karotten bereitet man Salate, kalte Vorspeisen, Suppen, Hauptgerichte, Getränke, aber auch Desserts zu. Man verwendet sie zur Herstellung von Püree, Frikadellen, Marinaden, als Füllungen für Pasteten, aber auch als Zutat in Fleisch-, Fisch- und Gemüsekonserven.

In der Rus war **Kohl** schon seit grauer Vorzeit bekannt und blieb bis zum heutigen Tag die Nr. 1 unter den Gemüsesorten auf dem russischen Tisch. Die russische Bezeichnung *kapústa* für dieses Gemüse kommt vom lateinischen Wort *caput* [„Kopf"]. Der Nährwert des Kohls ergibt sich aus seinem hohen Gehalt an Zuckerarten, Eiweiß, Zellulose, Vitaminen der Gruppe B und besonders Vitamin C,

aber auch die Provitamine A und D, verschiedene Säuren und Mineralstoffe wie Kalium, Natrium und Kalzium und auch Magnesium und Eisen kommen reichlich vor.

Verwendung in der Kochkunst

Kohl wird für die Zubereitung von Salaten, Gemüseallerlei (*winegrjét*), kalten und warmen Vorspeisen, Hauptgerichten und als Füllung von Piroggen verwendet.

Es kochte für gewöhnlich die älteste Frau der Familie – die *bolschúcha*.

Und dennoch betrafen die petrinischen Reformen auch die Volksküche. Unter Peter d. Großen kam in Russland die Kartoffel auf. Gegen Ende des 18. und zu Beginn des 19. Jh. wurde sie zum „zweiten Brot" auch auf dem Bauerntisch. Die Kartoffel ersetzte praktisch vollkommen die bis dahin im Volk beliebte Rübe. Auf kompliziertem Weg kam die Bohne nach Russland. Lange Zeit (vom 17.–18. Jh.) schmückte sie nur als Zierpflanze die Landgüter der Grundbesitzer. Erst im 19. Jh. erlangte sie als überseeischer Gast das „Bürgerrecht" in der russischen Volksküche.

19. Jahrhundert

Im 19. Jh. durchlebte das russische Kaiserreich einen Wechsel des Wirtschaftssystems. Die feudale Struktur zerbrach, und daraus erwuchsen in verschiedenen Bereichen des Wirtschaftslebens erste kapitalistische Elemente. Nach dem Vaterländischen Krieg 1812 [gegen Napoleon] begann mit einer Welle des allgemein aufkommenden Patriotismus der Kampf hervorragender Vertreter des russischen Adels gegen ausländische Einflüsse. So entstand auch ein wiedererwachtes Interesse an der russischen nationalen Küche. Als aber im Jahre 1816 der Tulaer Großgrundbesitzer und führendes Mitglied der Freien Ökonomischen Gesellschaft Wassilij A. Lewschin (1746–1826) ein erstes russisches Kochbuch[1] zusammenzustellen versuchte, musste er eingestehen, dass „die Zeugnisse über die russische Küche fast gänzlich ausgerottet waren, (…) da die Geschichte der russischen Küche niemals aufgezeichnet worden war".

Die Küche der herrschenden Schichten entwickelte sich im Laufe der ersten Hälfte des 19. Jh. weiterhin unter französischem Einfluss, völlig isoliert von der Küche des einfachen Volkes. Wenn allerdings noch im 18. Jh. die ausländischen Gerichte direkt übernommen und originär russische Speisen dadurch verdrängt wurden, so begann nun in der ersten Hälfte des 19. Jh. die Sammlung und Verarbeitung des russischen Erbes in der Kochkunst. In der zweiten Hälfte des 19. Jh. setzte dann eine Reformierung der russischen Küche ein.

Aber welch ein Paradox! Ausgerechnet die französischen Köche nahmen an der Reformierung der Küche der herrschenden Gesellschaftsschicht in Russland regen Anteil. Der erste französische Koch, der seine Spur bei der Wiederbelebung der russischen Küche hinterließ, war Marie-Antoine Carême (1784–1833), Chefkoch am Hofe Alexanders I. (1801–1825). Vor seiner Ankunft in Russland war er Koch des englischen Prinzregenten und zukünftigen Königs Georg IV., des [Pariser Bankiers Jacob] Rothschild sowie des [französischen Außenministers Charles-Maurice de] Talleyrand-Périgord. Carême interessierte sich lebhaft für die Küche verschiedener Völker. In der kurzen Zeit seines Aufenthalts in Russland wurde

1 Lewschin, Wassilij Aleksejewitsch: Russische Küche. Moskau 1816 (russ.).

er mit den Details der russischen Küche vertraut und zeigte Wege zu ihrer Befreiung von fremden Überlagerungen auf. Die französischen Meister der Kochkunst bildeten eine ganze Reihe glänzender russischer Köche heran: M. und G. Stjepanow, G. Dobrowolskij, W. Bestuschew, I. M. Radetzkij u. a. G. Stjepanow und Radetzkij stellten umfangreiche Handbücher der russischen Kochkunst zusammen.

Die Reformierung der russischen Küche betraf in erster Linie das Auftragen der Speisen bei Tisch. Es wurde die alte russische Sitte wieder eingeführt, wonach die Speisen nacheinander serviert wurden, im Gegensatz zur im 18. Jh. übernommenen französischen Form, bei der alle Speisen gleichzeitig auf den Tisch gestellt wurden. Die russische Art des Servierens der Speisen fand bald auch in Frankreich

Tomate

Es ist schwer, sich *Borschtsch*, *Ssoljánka* oder Sommersalate ohne Tomaten vorzustellen, obwohl sie vor etwa 150 Jahren noch nicht wirklich bekannt waren. Die Heimat der Tomate ist Südamerika, nach Europa wurde sie durch Kolumbus in der Mitte des 16. Jh. eingeführt. Zunächst wurde sie als Zierpflanze genutzt, weshalb ihre ursprüngliche [aus dem Aztekischen stammende] Bezeichnung „Tomate" zu prosaisch erschien und man sie deshalb auf den poetischen Namen *pomodoro* [„Goldapfel"] taufte, während die romantisch veranlagten Franzosen den noch raffinierteren Ausdruck *pommes d'amour* [„Liebesäpfel"] bevorzugten. Nachdem jedoch die herrlichen kulinarischen Eigenschaften der Frucht bekannt wurden und man dazu überging, sie auch als Nahrung zu verwenden, kehrte man zu ihrer früheren Bezeichnung „Tomate" zurück.

In Russland tauchten die Tomaten erst in der Mitte des 19. Jh. auf.

Tomaten sind eine reiche Quelle der Vitamine C, B_1, B_2, PP [Nikotinsäure] und E; sie enthalten reichlich Kalium, Beta-Karotin, Zucker, Eiweiße und organische Säuren.

Verwendung in der Kochkunst

Tomaten finden breite Verwendung für Salate, Vorspeisen, Füllungen, Beilagen, Soßen, Suppen und als Getränk. Außerdem werden Tomaten in Salzlake eingelegt und mariniert. Zum Kochen eignen sich die großen Fleischtomaten und solche mittlerer Größe besser, während die kleinen Tomaten zum Einlegen verwendet werden.

und in ganz Europa Anhänger, und mit ihr zusammen gelangte die russische Mode der kalten Vorspeisen nach Westeuropa.

Kalter Imbiss bzw. kalte Vorspeisen gehören zu den spezifischen Besonderheiten der russischen Küche. Im 19. Jh. begann man sie an separaten Tischen oder am Buffet bereitzustellen. Es war der russischen Küche nicht eigen, verschiedene Gemüsesorten für die Vorspeisen zu mischen. Salate, die man im 18. Jh. vom Westen übernahm, bereitete man zunächst nur aus einer Gemüsesorte zu. Erst im 19. Jh. führten Köche die gemischten Salate aus rohen und gekochten Gemüsesorten ein – das Gemüseallerlei (*winegrjét*)[2]. Zu den Vorspeisen und Imbissen kamen Speisen der deutschen, schwedischen und französischen Küche hinzu: hart gekochte Eier, Gänse- und Leberpasteten, Würste, Tafelbutter und Weißbrot; von der russischen Küche steuerte man die Piroggen bei, die früher ausschließlich zum mittäglichen Hauptgericht gereicht wurden – zu Kohlsuppe oder einzelnen anderen Speisen.

Die Reformer der russischen Küche kürzten die Zahl der Gänge von zehn auf fünf und führten eine in sich konsequente Abfolge beim Servieren der Speisen ein, bei der sich schwer verdauliche Speisen mit leichten Appetitmachern abwechselten. Bei Tisch wurden Fleisch und Geflügel nicht mehr als ganzes Stück aufgetragen, sondern vor dem Servieren in Portionen zerteilt. Bei einem solchen System verlor die Inszenierung der Speise als Selbstzweck natürlich jeglichen Sinn.

Die Reformer traten auch für die Ablösung von Speisen aus zerstampften und geriebenen Lebensmitteln – die in der Küche der herrschenden Bevölkerungsschichten des 18. Jh. bis zu Anfang des 19. Jh. noch eine große Rolle gespielt hatten – durch naturbelassene, traditionell russische Lebensmittel ein. Neu aufkommende, aus dem Ausland übernommene Speisen dieser Zeit waren Beefsteaks, Languettes, Steaks, Entrecôtes, Koteletts u. a.

Das Servieren der Hauptspeise mit Beilage und Soße wurde eingeführt. Die Beilagen an sich sind ebenso eine Errungenschaft der professionellen Kochkunst. In der Mitte des 19. Jh. fand die Kartoffel als Beilage breite Verwendung. In diesem Zeitabschnitt wurde die russische nationale Küche auch durch eine neue Seltenheit bereichert – den „Goldapfel", die Tomate. Sie gab Suppen, Soßen und anderen Speisen ihren unverwechselbar eigenen Geschmack.

Der Fastentisch wurde durch eine neue Sorte Pflanzenöl ergänzt – das Sonnenblumenöl, welches andere in Russland gebräuchliche Öle verdrängte. Es kamen auch neue Teigarten auf: der Eiweiß- und der Mandelteig. Die Kochreformer stellten eine neue, ohne Ofenhitze auskommende Methode der Zubereitung von Hefeteig vor, bei der gepresste Hefe zur Anwendung kam, was das Aufgehen des Teiges erheblich verkürzte. Schließlich führten sie die genaue Dosierung der Lebensmittel nach Speiserezepten ein.

Die Erneuerung der russischen Küche ist auch verbunden mit dem Aufkommen von Restaurants und Klubs der feinen (adligen) Gesellschaft. Die *Restaurants* kamen in Frankreich Ende des 18. Jh. auf und gewannen schnell Popularität in ganz Europa. Vor dem Krieg [gegen Napoleon] 1812 zählte man in beiden russischen Hauptstädten bereits einige Dutzend Restaurants. Hier entwickelte sich die Schule der Restaurant-Kochkunst, deren Grundlage die russische Volksküche wie auch die besten Errungenschaften der französischen Kochkunst bildeten.

Mit der Reformierung der Küche der oberen Bevölkerungsschichten ging zeitgleich ein weiterer Prozess einher: das Sammeln, die Neubelebung und die Weiterentwicklung längst vergessener uralter russischer Rezepte – spontan bis in die Provinz durchsickernd, zu den Landgütern der Grundbesitzer. An diesem Prozess hatten talentierte leibeigene Köche regen Anteil.

Im letzten Drittel des 19. Jh. nahm die russische Küche der herrschenden Schichten dank der einzigartigen Auswahl an Speisen und ihrem erlesenen und feinen Geschmack neben der französischen Küche einen der führenden Plätze in Europa ein.

---
[2] *Winegrjét*, vgl. S. 14, Anm. 2.

Gurke

Die Gurke wurde schon vor mehr als 6000 Jahren kultiviert. Ihre Heimat sind die tropischen und subtropischen Regionen Indiens und Chinas, wo sie bis heute unter natürlichen Bedingungen wächst.

Die Griechen nannten die Gurke *áōros* [„unreif"], weil die Früchte unreif geerntet und gegessen wurden. Das Wort *áōros* wandelte sich dann allmählich [im Mittelgriechischen] zu *ágouros* (woraus sich in der Rus das Wort *ogurjéz* bildete)[1]. Zu Beginn des 8. Jh. begann man sie in Frankreich zu ziehen – etwas später in Deutschland und Spanien.

---
[1] Das deutsche Wort „Gurke" ist eine Entlehnung aus dem Westslawischen, z. B. poln. *ogórek*, tschech. *okurka*.

Nach Russland kam die Gurke aller Wahrscheinlichkeit nach aus Ostasien. Und obwohl ihre erste schriftliche Erwähnung in Russland erst ins 16. Jh. fällt, war sie nach Ansicht der Historiker den Bewohnern der Rus bereits vor dem 9. Jh. bekannt. Reisende aus Westeuropa bemerkten, dass Gurken in Russland in unglaublich großer Menge angebaut würden und auch besser wüchsen als in Europa.

Verwendung in der Kochkunst

Die Gurke ist eines der beliebtesten Gemüse in der russischen Küche. Frische Gurken werden für Salate und Beilagen verwendet. Salzgurken, marinierte Gurken und pasteurisierte Gurken sind Bestandteil der *Ssoljánka*, des *Rassólnik*, von diversen Salaten und dienen auch als pikante Beilage. Für die Verarbeitung von Frischgurken sollten am besten Gurken mittlerer Größe gewählt werden; kleine Gurken eignen sich am besten für die Konservierung.

20. Jahrhundert

Im 20. Jh. trat die russische nationale Küche in eine neue Phase ihrer Entwicklung ein.

Die durch die industrielle Entwicklung hervorgerufene Abwanderung von Bevölkerungsteilen in einstmals rückständige Gebiete des russischen Zarenreiches, die Erschließung neuen Landes und die rasante Entwicklung des Transportwesens veränderten die Zusammensetzung der Stammbevölkerung einzelner Regionen des Landes und brachten eine Änderung der geographischen Ausbreitung einzelner Speisen mit sich. Eines der ersten Dekrete der Sowjetmacht verfügte die Trennung von orthodoxer Kirche und Staat. Der größte Teil der Bevölkerung wurde atheistisch, weshalb die Fastenzeiten nur noch von wenigen beachtet wurden. Fleisch- und Milchspeisen gehörten von nun an zum festen Bestandteil des Alltagslebens sowohl der Städter als auch der Landbewohner. Dennoch verblieben auch die Speisen des Fastentisches (wie Grützen, Gemüse-, Pilz- und Fischgerichte) unverändert im Repertoire der russischen Küche.

Die Zunahme an gastronomischen Einrichtungen wie öffentlichen Kantinen [in Ausbildungsstätten und Betrieben], die Entwicklung der Lebensmittelindustrie, das Aufkommen neuer Lebensmittel und ihre neue technologische Verarbeitung führten zur Verwischung der Grenzen der einzelnen nationalen Küchen des Landes und zur Schaffung der sogenannten „sowjetischen nationalen Küche". Überall bereitete man nun usbekischen *Plow*[1], georgischen *Schaschlik*, ukrainischen *Borschtsch* und weißrussische Kartoffelpuffer (*kartófelnye oládji*) usw. zu.

Seit dem Zerfall der Sowjetunion und einhergehend mit der Ausweitung der wirtschaftlichen und kulturellen Beziehungen zu den Ländern Westeuropas und den USA wurde Russland von Schnellrestaurants übersät. Doch so paradox es scheinen mag: Je mehr sich die Fastfoodketten ausbreiten, umso stärker wird das Interesse an der nationalen Küche, an den russischen Tischtraditionen bekundet.

[1] *Plow*, auch *Pilau* oder *Pilaw* genannt, ist ein Reisgericht mit (Hammel- oder Hühner-)Fleisch und Karotten.

Das russische Land ist riesig groß, es reicht von der Ostsee bis zum Pazifik und vom nördlichen Eismeer bis zu den Bergen des Kaukasus. Vielfältig sind seine klimatischen Verhältnisse, unterschiedlich daher natürlich auch die Lebensweise seiner Bewohner und ebenso verschieden auch deren Küche. Eine Fischsuppe (*uchá*) ohne Tomaten ist für die Bewohner des Dongebietes ebenso abwegig wie Kohlsuppe (*schtschi*) ohne Kohl. Die russische Bevölkerung des Nordens dagegen kocht die Fischsuppe auf der Grundlage von Milch, so wie sie es einst von den Ureinwohnern gelernt und übernommen hatte. Kann man da noch von einer einheitlichen russischen Küche sprechen? Zweifellos, denn es existieren allgemeine Grundzüge in den Gerichten aller Russen, wo immer sie auch leben mögen – so wie es auch eine einheitliche russische Sprache gibt, ungeachtet der Vielzahl an Dialekten.

Überall werden kalte Vorspeisen aus Rettich, Sauerkraut und Salzgurken zubereitet, wird Sülze gekocht und Kwass hergestellt. Überall bäckt man Piroggen (*pirogí*), *piroschkí* [„kleine Pasteten"], *rasstjegái* [„Pasteten mit Öffnung"] und *kulebjáki* [„mehrschichtige, meist ovale Pasteten"][2]. In jeder russischen Familie werden zu Ostern das Osterbrot bzw. der Osterkuchen (*kulítsch*), die Osterquarktorte (*ssýrnaja pás'cha*) und gefärbte Eier auf den Tisch gestellt, und in der Fastnachts- oder Butterwoche (*másljeniza*) werden Pfannkuchen (*bliný*) gebacken. Von alters her ist die Lebensweise der Bauern ohne Grützbrei (*káscha*) undenkbar; überall kocht man *Schtschi*, *Ssoljánka*, *Rassólnik* und *Okróschka* [„kalte Kwasssuppe"].

Zusammenfassend kann man feststellen, dass die Grundzüge der russischen Küche in einer harmonischen Vereinigung verschiedener tierischer und pflanzlicher Lebensmittel und in der Vielfalt der Methoden ihrer Verarbeitung bestehen.

Die Küche jedes einzelnen Volkes ist ein unabdingbarer Teil seiner materiellen Kultur, die Frucht kollektiver jahrhundertealter Erfahrung. Traditionen, verbunden mit dem Essen, den Verarbeitungsmethoden in der Kochkunst und der Speiserezeptur und -auswahl entstanden und entstehen auch heute noch unter dem Einfluss von Naturgegebenheiten sowie historischen und sozialwirtschaftlichen Faktoren. Die bekannte Köchin des 19. Jh. Jekaterina Awdejewa († 1865) schrieb in ihrem berühmten „Handbuch der erfahrenen russischen Hausfrau" (1846): „Gesünder und nützlicher in jeglicher Hinsicht ist für uns unser Russisches, Heimisches, das, woran wir gewohnt sind, woran wir uns gewöhnt haben, was durch die Erfahrung von Jahrhunderten gewonnen wurde, was von den Vätern den Kindern weitergegeben wurde und was Gegend, Klima und Lebensweise rechtfertigen."

[2] Der Unterschied zu Piroggen besteht darin, dass die Füllung wesentlich mehr Volumen einnimmt als der Teig; vgl. hierzu das Rezept auf S. 154 dieses Buches.

Rhabarber, Sellerie, Sauerampfer

Rhabarber ist eine mehrjährige überwinternde Krautpflanze aus der Familie der Knöterichgewächse mit einem dicken Wurzelstock und breit ausladenden Blättern. Zur Nahrung dienen die Blattstiele des jungen Rhabarbers, die einen ausgeprägt sauren Geschmack mit dem charakteristischen Aroma von Äpfeln aufweisen. Der russische Geograf Nikolaj M. Prschewalskij (1839–1888) entdeckte die Pflanze in den Bergen Chinas und sammelte die Samen, die in der Form den Samen des Buchweizens ähneln. Die zarten Frühjahrsstängel sind reich an Zuckern und Eiweißen, in ihnen ist Vitamin C enthalten wie auch Mangan, und sie sind außerdem eine reiche Kaliumquelle.

Verwendung in der Kochkunst

Aus den Rhabarberstängeln (seine Blätter sind giftig) werden schmackhafte Gemüsegerichte zubereitet. Rhabarber wird bei der Zubereitung von *Borschtsch*, Puddings, von Piroggenfüllungen und Soßen verwendet. Aus Rhabarber kocht man aromatische *warénje*[1], Kissel[2], Kompott und Marmelade. Der Rhabarbergeschmack harmoniert hervorragend mit dem Aroma von Ingwer und Zitrusfrüchten.

Vorbereitung

Die Rhabarberstängel werden gewaschen und die harten Enden abgeschnitten. Dann werden die Stängel geschält und in Stücke von etwa 2 cm Länge geschnitten. Die Stiele werden zusätzlich mit kochendem Wasser abgebrüht. Bei der Zubereitung von Rhabarberspeisen darf kein Aluminiumgeschirr verwendet werden, weil das Metall auf die in dieser Pflanze enthaltenen Säuren reagiert.

Aufbewahrung

Frischen Rhabarber, gewaschen und in Papier eingewickelt, kann man im Kühlschrank nicht länger als 2 Tage aufbewahren. Eingefrorener Rhabarber hält sich einige Monate.

---
1 *Warénje*, vgl. hierzu S. 14, Anm. 2.
2 Kissel, siehe S. 11, Anm. 2.

Die Heimat des **Selleries** ist der Süden Europas und Asiens. Er wurde schon im Altertum hochgeschätzt: Bei den alten Ägyptern, Griechen und Römern galt Sellerie als geheiligte Pflanze, als Symbol für Trauer und Tod. In der antiken Welt setzte man den Siegern verschiedener Wettkämpfe einen aus seinen schönen Blättern gewundenen Kranz auf das Haupt; die geliebten Maiden schenkten ihren Verehrern Sellerie, denn er galt als Symbol männlicher Kraft und Stärke.

Die Wurzel des Selleries enthält ätherische Öle, die Vitamine K und E, das Provitamin A, Vitamine der Gruppe B sowie Askorbinsäure und Mineralsalze (Kalium, Phosphor, Kalzium u. a.).

Verwendung in der Kochkunst

Die Sellerieknolle wird für Salate, Eingelegtes, Suppen und Soßen verwendet. Die Knolle ist nicht nur frisch sehr schmackhaft, sondern bewahrt auch getrocknet das ihr eigene Aroma.

Stangensellerie wird für die Zubereitung von Salaten und auch als Gewürz verwendet. Sellerieblätter werden als Zutat für einige Soßen und ebenso als Gewürz verwendet.

Vorbereitung

Die Sellerieblätter werden aussortiert, die groben Stiele entfernt, ebenso die verdorbenen oder vergilbten Blätter. Dann werden die Stängel und die Blätter sorgfältig in reichlich Wasser gewaschen. Sie werden aus dem Wasser genommen, zwischendurch auf einen Rost oder ein flaches Sieb gelegt und noch einmal gewaschen. Der so vorbereitete Sellerie wird klein geschnitten und der Speise unmittelbar vor dem Servieren beigegeben.

Die Sellerieknolle wird gewaschen, die kleinen Nebenwurzeln entfernt, dann geschält, in kleine Stücke geschnitten und ca. 20 Minuten vor dem Garen der Speise hinzugegeben.

Sauerampfer ist eine mit dem Rhabarber und dem Buchweizen verwandte Gemüsekultur. Wegen seines hohen Vitamin-C-Gehalts wurde Sauerampfer zur Bekämpfung von Skorbut angewandt. Die Blätter des Sauerampfers enthalten Eiweiße, Kohlenhydrate, verschiedene Mineralstoffe, Karotin, die Vitamine C, B_1, B_2, A, PP [Nikotinsäure], Apfel- und Zitronensäure.

Verwendung in der Kochkunst

Sauerampfer wird für die Zubereitung einiger Soßen, Salate, Suppen und als Zutat von Füllungen für Piroggen und Pasteten verwendet.

Bei der Zubereitung von Speisen mit Sauerampfer wird empfohlen, Milch oder Milchprodukte beizugeben, um die lösliche, bei einigen Erkrankungen kontraindizierte, Sauerampfersäure [Oxalsäure] zu binden und sie in das einigermaßen unschädliche Kalziumoxalat zu überführen.

Vorbereitung

Der Sauerampfer wird aussortiert, die groben Stiele und die verdorbenen oder vergilbten Blätter entfernt. Dann wird der Sauerampfer sorgfältig in reichlich Wasser gewaschen. Sobald sich der Sand am Gefäßboden absetzt, werden die Blätter aus dem Wasser genommen, zwischendurch auf einen Rost oder ein Sieb gelegt und ein weiteres Mal unter fließendem Wasser gewaschen. Die so vorbereiteten Blätter werden erst unmittelbar vor der Zubereitung klein geschnitten, weil bei geschnittenem Blattgemüse das Vitamin C relativ schnell zerstört wird.

Aufbewahrung

Um den Verlust von Vitamin C möglichst vollständig zu vermeiden, sollte Sauerampfer an einem kühlen Ort bei 3 °C und nicht länger als 2 Tage aufbewahrt werden. Am besten sollte man ihn noch am gleichen Tag aufbrauchen.

Früchte und Beeren

Frische Früchte und Beeren sind das gesündeste und zudem wohlschmeckendste und erfrischendste Dessert. Ursprünglich wurden Früchte und Beeren nur im naturbelassenen Zustand genossen; erst später wurden daraus verschiedene Süßspeisen zubereitet. Ihre Auswahl erweiterte sich mit dem Aufkommen des Gartenbaus. Früchte und Beeren sind die wertvollsten Quellen von Vitaminen, leicht verdaulichen Zuckerarten, organischen Säuren (Apfel- und Zitronensäure) sowie von Mineralsalzen (Kalium, Kalzium und Eisen). Eine der wichtigsten Aufgaben bei der Verarbeitung von Beeren und Früchten besteht darin, möglichst viele Nährstoffe zu erhalten.

Apfel

Äpfel sind das Hauptobst der russischen Küche. Je nach Reifezeit gibt es Sommer-, Herbst- und Wintersorten. Die Sommer- und Herbstsorten eignen sich sowohl als Frischobst als auch zur Verarbeitung; die Wintersorten sind zur längeren Lagerung bestimmt. Äpfel enthalten viele Zuckerarten (im Wesentlichen Fruktose), organische Säuren (Pektin- und Gerbsäuren), Mineralstoffe, besonders Eisen, welches für die Blutbildung so wichtig ist, wie auch Vitamine der Gruppe B, wobei der Vitamingehalt bei den nördlichen Sorten stark ansteigt.

Verwendung in der Kochkunst

Äpfel serviert man sowohl als Frischobstdessert als auch in Wein und Sirup eingelegt. Aus ihnen werden Kompotte, Kissel[1], Schaumspeisen, Gelee[2], Saft und Apfelwein, der sogenannte *Zider* oder *Cidre*, hergestellt sowie auch der gesunde Apfelessig. Man fügt sie Salaten, geschmortem Fleisch und verschiedenen Ragouts bei. Sie verbessern den Geschmack von Sauerkraut, eingelegten Preiselbeeren oder Moosbeeren.

Äpfel kann man in Teig-Claire (*kljar*)[3] oder Blätterteig backen, man kann sie mit Fleisch oder Süßem füllen. Sie bilden die Grundlage von zahlreichen Soufflés [„Eieraufläufen"], Puddings, Aufläufen oder Charlotten (*scharlótki*)[4]. In Russland ist ein Festtagsteetrinken ohne mit einem Gitternetz aus Teig gedeckten runden Apfelkuchen schlichtweg undenkbar.

Aus Äpfeln kocht man *warénje*[5], stellt Marmelade und *pastilá*[6] her; sie werden auch getrocknet und eingeweckt. Eingelegte Äpfel oder Bratäpfel sind eine passende Beilage zu Fleisch, Geflügel und Wild.

Pflaume

Pflaumen enthalten viele Zuckerarten, Pektine, die Vitamine B, E und C, Karotin, Phytozide und organische Säuren. Sie sind auch eine wertvolle Quelle für Kalium. Die beste Pflaumensorte ist nach ihrer Geschmacksqualität die *Ssótschinskaja Wengjérka* [die „Sotschi-Ungarin", eine rote Pflaume aus Sotschi], die im getrockneten Zustand auch als *Sotschi-Backpflaume* bekannt ist. Zu den Unterarten der kleinen Pflaume [*Prunus domestica*] zählen die Schlehen- oder Kriechenpflaumen, deren beste Sorte dem Geschmack nach die Mirabelle ist. Sie wird für *warénje* verwendet.

---

3 *Teig-Claire* (russ. *kljar* von frz. *claire* – „flüssig") ist ein Panierflüssigteig aus Mehl, getrenntem Eigelb und Eiweiß sowie einem Streckmittel (meist Wasser oder Milch; es kann aber auch Bier, Wein, Wodka oder Weinbrand sein), in den Fleisch, Fisch oder eben auch Äpfel vor dem Braten, Backen oder Frittieren eingetaucht werden.
4 *Charlotte* (russ. *scharlótka*) ist ursprünglich eine Süßspeise, die Ende des 18. Jh. in England kreiert und nach Königin Charlotte, der Gemahlin König Georgs III., benannt wurde. Eine zylindrische glattwandige Form wurde mit Löffelbiskuits oder Waffeln ausgekleidet und mit Cremes, Fruchtpürees, Speiseeis, Gelee oder Schlagsahne gefüllt. Nach dem Erstarren wurde die Charlotte gestürzt und nach Belieben verziert. Unter einer russischen *Apfelcharlotte* versteht man dagegen mit einem einfachen Biskuitteig überbackene Äpfel.
5 *Warénje*, vgl. S. 14, Anm. 2.
6 *Pastilá*, vgl. S. 15, Anm. 4.

Verwendung in der Kochkunst

Aus frischen Pflaumen werden die unterschiedlichsten Desserts und Füllungen für süße Piroggen hergestellt. Aus ihnen erhält man die vorzüglichsten Sorten von *warénje*, Pflaumenmus (*powídlo*)[7], *dschem*[8] und Marmelade[9].

Pflaumen kann man marinieren, Kompott und Soßen aus ihnen kochen.

Getrocknete Pflaumen finden bei der Zubereitung der unterschiedlichsten Gerichte breite Anwendung. Besonders schmackhaft sind Backpflaumen: Zunächst mit kochendem Wasser überbrüht, werden sie 5 Minuten lang in Zuckersirup gekocht. Dann werden sie im Backofen bei Umluft getrocknet.

Birne

Birnen gehören zu den meistverbreiteten Früchten. Dank ihrem Geschmack und Aroma, ihrer Saftigkeit und ihrem ansprechenden Äußeren zählen sie zu den besten Desserts. Abhängig von ihrer Reifezeit unterscheidet man Sommer-, Herbst- und Wintersorten der Birne. Unter den Sommersorten ist eine der besten die Südsorte, auch *Williams-*(*Christ*)*-Birne*[10] genannt. In den zentralen und nördlichen Gebieten Russlands ist eine altehrwürdige Herbstsorte verbreitet – die *bessemjánka* [„kernlose Birne"]; im Süden des Landes die *Beurré Bosc* [auch *Boscs Flaschenbirne* oder *Kaiser Alexander* ge-

---

1 *Kissel*, siehe S. 11, Anm. 1.
2 *Gelee* entsteht aus mit Zucker gekochtem Frucht- oder Beerensaft mit oder ohne Zugabe von natürlichen Pektinen oder künstlichen Geliermitteln (Gelatine) und organischen Säuren. Die beste Qualität erreicht Gelee durch Verwendung nicht ganz ausgereifter Früchte, weil diese einen höheren Pektingehalt aufweisen.

---

7 *Powídlo* (von poln. *powidło* – „Mus") ist mit Zucker gekochtes Frucht- oder Beerenpüree. Manchmal wird es zusätzlich mit Zimt oder Gewürznelke verfeinert oder mit Zitronensäure versetzt.
8 *Dschem* (von engl. *jam* – „Marmelade") wird aus in Zuckersirup gekochtem Obst mit oder ohne Zugabe von natürlichen Pektinen oder künstlichen Geliermitteln (Gelatine) und organischen Säuren hergestellt. Im gelierten Zuckersirup können Fruchtstücke oder ganze Früchte vorhanden sein, die im Unterschied zum *warénje* teilweise zerkocht sein können, was dem *dschem* eine einheitliche Dickflüssigkeit verleiht.
9 *Marmelade* ist zuckerhaltiges Fruchtmus aus überreifen Früchten, die zuerst gekocht und dann durch ein Sieb passiert werden. Zucker wird erst beim Dickwerden des Pürees hinzugegeben.
10 Die *Williams-*(*Christ*)*-Birne* ist spätestens 1770 in England nachweisbar und wurde nach ihrem ersten Verbreiter, dem Baumschuler Williams aus London benannt. Mitte des 19. Jh. war sie in Belgien bekannter als in England und fand damals Verbreitung in ganz Europa sowie in Nord- und Südamerika.

nannt][11] und die *lesnája krassáwiza* [„Waldschönheit"]. Zu den besten Wintersorten zählen die *Winterdechantsbirne*, die *Saint-Germain*, die *Royale* oder die *Beurre d'Hardenpont* (*Ferdinand*)[12].

In Birnen sind nur wenige Vitamine enthalten, dafür aber sehr viele Mineral- und Gerbstoffe, Pektine, organische Säuren und Zellulose.

In Russland stammen die besten Birnen im Handel von der Krim. Die in den Gärten des mittleren Gürtels verbreiteten Birnensorten haben ein härteres Fruchtfleisch als die südlichen Sorten und unterscheiden sich durch einen saureren Geschmack.

Verwendung in der Kochkunst

Birnen werden als Frischobst verzehrt, in Wein und Sirup eingelegt und außerdem für die Zubereitung von Desserts und Konditoreiwaren, für Piroggenfüllungen und Getränke verwendet.

Aus frischen Birnen kochte man seit alters her Kompott und einen originellen Fruchtkwass[13] (am besten aus süß-sauren Sorten).

Aus eingekochten Birnen bereitet man „Birnenhonig", den *békmes*[14]. Man verwendet die Früchte auch zur Herstellung von Hauswein, dem Birnenmost. Außerdem werden Birnen eingeweckt und getrocknet; man kocht aus ihnen *warénje*, Birnenmus (*powídlo*) und ~~dschem~~.

Erdbeere

Erdbeeren sind reich an verschiedenen Makro- und Mikroelementen, Vitaminen und anderen für den Organismus des Menschen wichtigen Stoffen. Sie

---
11 Sie wurde nach Louis Augustin Guillaume Bosc benannt und von Hadrian Diel (deutscher Arzt und Begründer der Pomologie) als *Kaiser Alexander* oder *Alexander-Birne* vermutlich nach Zar Alexander I. bezeichnet.
12 Benannt nach Abbé Nicolas Hardenpont (belgischer Pomologe und Birnenzüchter) und nach Kronprinz (Erzherzog Franz) Ferdinand von Österreich.
13 *Fruchtkwass*, vgl. S. 11, Anm. 2 und das Rezept auf S. 65.
14 *Békmes* (oder *Pékmes*, türkisch für „Mus") ist ein bis zur Honigdicke eingekochter Sirup aus Melonen, Birnen und Äpfeln, der mit Wasser verdünnt getrunken wird.

enthalten Eisen, Mangan, Kupfer, Zink, Molybdän, Kobalt, Nickel, Fluor, Arsen und Jod. Außerdem enthalten Erdbeeren viel Kalium, Pektine und organische Säuren (Zitronen- und Apfelsäure). Unter den Vitaminen ist Vitamin C das vorherrschende. Erdbeeren sind durststillend, appetitanregend und verdauungsfördernd. Dank dieser Eigenschaften nehmen sie einen der ersten Plätze in der Diät- und Heilernährung ein.

Erdbeeren kommen als Wald- und als Gartenfrüchte vor. Die besten Sorten sind die *roschtschínskaja* [„Hainerdbeere"], die *Viktoria* und die *krassáwiza sagórja* [„Schönheit hinter den Bergen"].

Verwendung in der Kochkunst

Erdbeeren werden frisch als Dessert gereicht, man kocht aus ihnen *warénje* und ~~dschem~~, stellt Saft und Sirup her. Aufgüsse aus Blättern und Früchten der Erdbeere haben eine harntreibende Wirkung, senken den Blutdruck und verlangsamen den Herzrhythmus.

Johannisbeere

Kaum eine andere Obstsorte hat einen ähnlich hohen Vitamin-C-Gehalt wie schwarze Johannisbeeren. Sie enthalten auch Vitamin P [Flavonoide], das Provitamin A, eine große Menge an organischen Säuren und Zuckerarten, Pektine, Gerbsäuren und andere Stoffe.

In den Fürstentümern der alten Rus wuchs die schwarze Johannisbeere überall in Flusstälern und an Seeufern. Die Ufer des Moskwa-Flusses waren mit dem Gestrüpp dieses mehrjährigen langlebigen Strauches zugewachsen. Später begann man, die besten Sträucher in die Klöster- und fürstlichen Gärten umzupflanzen.

Die rote Johannisbeere ist in den Gärten ebenso verbreitet wie die schwarze. Ihr Saft ist saurer und ihre Kerne sind feiner. Der roten sehr ähnlich ist die weiße Johannisbeere; sie hebt sich durch einen süßeren Geschmack von der roten ab. Bezüglich des Vitamingehalts kommt die rote Johannisbeere nahe an die schwarze heran, enthält jedoch deutlich weniger Askorbinsäure.

Verwendung in der Kochkunst

Alle Arten der Johannisbeere werden für die Zubereitung von Kompotten, Kissel, Fruchtsaftgetränken (*mors*)[15] und *warénje* verwendet. Aus der schwarzen Johannisbeere werden auch Füllungen für Piroggen und Säfte hergestellt. Sie wird auch für die Zubereitung von Tunken, Soßen und Eis verwendet. Die Johannisbeere ist auch die traditionelle Grundlage für Hauswein, Liköre und Schnäpse.

Aus dem Saft der roten Johannisbeere bereitet man unter Beimischung von Zucker Gelee zu, man verwendet ihn auch beim Einwecken anderer Beeren. Der Saft der sauren roten Johannisbeere dient auch zum Einwecken von Gurken – er ersetzt dann den Essig und macht die Marinade schmackhafter und wohlriechender.

Sanddorn

Auf dem Staatsgebiet Russlands ist der wilde Sanddorn in Sibirien und im Fernen Osten weit verbreitet, woher auch die Tradition der Verwendung seiner Früchte für kulinarische und heilkundliche Zwecke stammt.

Die kultivierten Sorten des Sanddorns unterscheiden sich durch ihre bedeutend größeren Beeren. Die Sanddornbeeren enthalten fast alle bekannten Vitamine, wobei das Vitamin C auch der Verarbeitung in der Küche standhält.

Verwendung in der Kochkunst

Aus den Beeren des Sanddorns werden Kissel und Kompotte gekocht, Schaumspeisen und Gelee zubereitet, aber auch Saft und Öl gewonnen, die in der Volksmedizin breite Anwendung finden.

---
15 *Mors:* Mit Wasser verdünnter und mit Zucker gesüßter Frucht- oder Beerensaft. Manchmal auch gekocht, unterscheidet er sich vom Kompott durch die niedrigere Kochtemperatur. Zur Herstellung presst man das Obst aus und gießt den Saft ab. Das Fruchtfleisch kocht man aus, seiht es ab und gießt den dabei entstandenen Sud zum Saft hinzu. Mors wird auch für die Zubereitung von alkoholhaltigen Fruchtcocktails verwendet.

Küchengerät und Geschirr

Das Wort *kúchnja* für „Küche" wurde in der russischen Sprache bis zum Ende des 18. Jh. nicht gebraucht, und es gab in den Bauernhütten auch keinen speziellen Raum für die Zubereitung von Nahrung. Der russische Ofen nahm gewöhnlich ein Viertel des Bauernhauses ein und diente gleichzeitig zur Beheizung, Belüftung und zum Kochen. Der Platz von der Ofenöffnung bis zur Vorderwand der Hütte diente der Zubereitung der Speisen. Dieser Bereich stellte auch die Küche dar: Hier war alles Geschirr und Küchengerät aufbewahrt.

In den südlichen Regionen Russlands, wo die Beheizungsperiode kurz war, richtete man Sommeröfen ein, die man hinaustragen konnte, um die täglichen Mahlzeiten zu kochen. Für das Brotbacken und die Zubereitung von Festtagsmählern wurde der Ofen allerdings im Bauernhaus angeheizt.

Die Küchen (*powárnja*) der „Moskauer Herrscher" stellten ganze Gebäudekomplexe dar, da am Hof eine sehr große Anzahl von Menschen mit Essen versorgt werden musste. Die Zubereitung der Speisen erfolgte in „Küchenwirtschaftskammern" (*djelowýje powárennyje paláty*), die mit dem „Speicherhof" (*Kormowój dworjéc*) durch Gänge verbunden waren.

Die Köche hatten vielfältiges Küchengerät und Geschirr zur Verfügung, welches zur Aufbewahrung von Vorräten und zur Zubereitung von Speisen diente. Im *Domostrój*[1] werden als Kücheninventar genannt: „Die Kochkessel und die Bratpfannen und die Töpfe, sowohl die kupfernen als auch die [guss]eisernen, und die Feuerböcke [Dreifüße] und die Bratroste und die Schaumlöffel und die Schöpfkellen [...]"[2].

Für die Aufbewahrung von Streulebensmitteln und anderen Vorräten wurden Fässer (*bótschka*), Eimer (*wjedró*), Zuber (*kadj*), Beutel- oder Mehlkästen (*korjéz*), Kübel (*luknó*) und beschlagene Getreidescheffel (*oków*) benutzt. Das sind die ältesten Gefäße, die zugleich auch als Gewichts- oder Hohlmaße dienten. Sie existierten in der alten Rus schon in der vormongolischen Zeit, was zahlreiche Erwähnungen in den Chroniken belegen. Die alten Gefäße waren aus Holz und aller Wahrscheinlichkeit nach den heutigen ähnlich. Zum Beispiel bezeichnete *kadj*, von griechisch *kádos* [„Krug, Eimer, Fass"], wie auch die spätere *kádka* [„Zuber, Butte, Kufe"] ein großes hölzernes Gefäß aus Brettern, die mit [Metall-]Reifen zusammengehalten wurden. Als großes Getreidemaß diente der *korjéz* [„Schöpfkelle"], ein aus Holz gemeißeltes Schöpfgefäß mit flachem Boden. Mit *luknó* [„Korb" aus Weidengerten und Lindenbast, später auch „mit Reifen umgebener Kübel" aus Holz] wurde das in der Rus am meisten verbreitete Hohlmaß für Honig und Getreide bezeichnet.

Eine Abart der hölzernen Gefäße waren die *nótschwa* [„flache Mulde, Schwinge"] und die *djeschá* [„Braubottich, Backtrog"]. Die *nótschwa* war ein fein gearbeiteter kleiner Trog, in den man Mehl siebte, Brotteig aufschlug oder auch aus dem Ofen genommenes Gebäck ablegte. In der *djeschá* rührte und setzte man Teig an. Zu diesem Zweck benutzte man auch die *kwaschnjá* [„Backtrog"].

Getränke, Kwass, Met und Bier wurden in Fässern (*bótschka*) und in irdenen (auch gusseisernen) bauchigen Töpfen (*kortschága*) aufbewahrt; Milch, Sahne und andere Milchprodukte in Gefäßen mit der Bezeichnung *gornjéz* [„Tontopf, -gefäß"], *krín(k)a* [„irdener Milchtopf"] und *gorschók* [„Topf"]. Transportiert wurden Getränke und Wasser in Eimern (*wjedró*), in der *kortschága*, einem der Amphore ähnlichen Gefäß, in der *jendowá* [„bauchiges metallenes oder irdenes Gefäß"], einer Art Kanne mit Henkel und Nase, sowie in Krügen (*kuwschín*). Das älteste Geschirr wurde aus Ton hergestellt. Ab dem Ende des 17. Jh. kam für den Kwassausschank bei Tisch ein spezielles Keramikgefäß auf: der *kwássnik* [„Kwassgeschirr", „Krug für den Kwass"]. Diese Kwassgefäße überraschen durch ihre ausgesprochen plastische und dem bequemen Gebrauch angepasste Form. Dank ihrem flachen, massiven Gefäßrumpf standen sie stabil in den Kellerregalen, und ihre ovale Öffnung in der Gefäßmitte diente dem schnellen Abkühlen. Die konische, trichterförmige Öffnung des Gefäßhalses erlaubte das Eingießen und Filtern von Kwass ohne Trichter.

Die berühmten Tontöpfe (*gorschók*), die an allen Orten der alten Rus gefunden wurden, hatten eine denkbar geeignete Form für die Zubereitung von Speisen: Sie wiesen einen kleinen Verdunstungsspielraum sowie eine kleine Bodenfläche auf, so dass die Speisen nicht leicht anbrennen konnten. Traditionell wurden sie zum Kochen und Dünsten benutzt, aber auch zum Aufbewahren von kleineren Speiseresten – im Bauernhaushalt ebenso wie in den Küchen der Großfürsten und Zaren. Die kleinen Tontöpfe haben bis heute nicht ausgedient. Gerichte, die in diesem Geschirr zubereitet werden, zeichnen sich durch besonderen Geschmack und Aroma aus.

Für die Zubereitung von großen Mengen Essen wurden Kessel verwendet: bronzene, gusseiserne und solche aus beschlagenem Kupfer (10.–13. Jh.) sowie verzinnte (16. Jh.). Es gab Kessel mit unterschiedlichem Fassungsvermögen: große für 7–10 „Eimer" (*wjedró*)[3] oder kleine für einen halben bis ganzen Eimer. Man nannte sie „Speisekessel" (*jestówyj kotjól*) oder „Kochkessel" (*powárennyj kotjól*) im Unterschied zu den Bier-, Kwass- oder Weinkesseln mit einem Fassungsvermögen von 20–25 Eimern.

Für das Kochen von Fisch dienten „weiße *koróbja* mit Deckel und schwarze, drei Eimer große runde". Das sind dem heutigen *koróbin* verwandte [„kesselartige"] Gefäße in länglicher Form; ihr Fassungsvermögen erreichte bis zu 36 Litern.

Bereits in den Küchen der vorpetrinischen Rus wurden zum Braten durchaus moderne gusseiserne und kupferne Pfannen mit und ohne Griff benutzt; für das Braten in schwimmendem Fett oder das Backen wurden metallene Bleche (*prótiwjenj*) verwendet. Die Bratpfanne [*skoworóda*] wird als *skowráda* erstmals im Jahre 1280 erwähnt.

---

1 Der *Domostrój* [„Hausordnung"] ist ein altrussisches „Hausväterbuch" aus dem 16. Jh. (eine Art patriarchalischer Sittenkodex und Haushaltsenzyklopädie, mit detaillierten Handlungsanweisungen zu unterschiedlichen Themen wie Gottesfurcht, Zarenverehrung, Unterordnung von Familie und Hausgesinde unter den Hausvater, Kindererziehung und Ordnung im Haushalt, ist ein einzigartiges Zeugnis für die Lebensweise der begüterten städtischen Familien in der Moskauer Rus zur Zeit Iwans IV.).

2 Nach einer Übersetzung der Erstredaktion von D. Golochwastow (1849) von Birkfellner, Gerhard (Hrsg.): Domostroj (Der Hausvater). Christliche Lebensformen, Haushaltung und Ökonomie im alten Rußland. Osnabrück 1998. Bd. I: Deutscher Text und Kommentar von Gerhard Birkfellner, S. 633; mittelrussischer Text: Bd. II (Materialien – Wiederabdruck der Erstausgabe, Konkordanz, Register und Bibliographie), S. 98, Kap. 48.

3 Ein „Eimer" (*wjedró*) ist eine alte russische Maßeinheit aus der Zeit vor der Einführung des metrischen Systems und entspricht einer Menge von 12,299 (aufgerundet 12,3) Litern.

Pilze

In der russischen Küche nehmen Pilzgerichte einen Ehrenplatz ein. Pilze werden bereits in alten Schriftdenkmälern des 15.–17. Jh., z. B. im *Domostrój*[1], im *Wetrográd*[2] und anderen Heilkundebüchern (*Letschébniki*) beschrieben. Im Ausgabenbuch des Patriarchen Adrian (1690–1700) werden mehr als 50 verschiedene Pilzgerichte erwähnt. Im Vergleich mit anderen Pflanzen enthalten Pilze mehr Eiweiß, was sie den tierischen Produkten annähert. Pilze sind auch durch ihren Gehalt an Stickstoffverbindungen, Vitaminen der Gruppe B, Zucker und Mineralsalzen wertvoll.

Verwendung in der Kochkunst

Aus Pilzen werden aromatische Bouillons und Soßen zubereitet, die den Fleisch- und Fischbrühen bzw. -soßen in nichts nachstehen. Besonders beliebt sind gebratene und gedünstete Pilze und verschiedene Füllungen aus Pilzen. Verbreitet sind frische, getrocknete, marinierte und in Salz eingelegte Pilze. Die Eiweißstoffe werden vom Organismus bedeutend vollständiger und leichter verdaut, wenn in der Mahlzeit getrocknete, zerkleinerte Pilze verwendet werden.

- Rotkappen oder Rothäubchen werden zum Braten und Dünsten, zum Einlegen in Salz und zum Marinieren genutzt. Für die Zubereitung von Suppen sind sie nicht geeignet, weil sie eine dunkle Brühe abgeben.
- Kapuzinerpilze oder Birkenröhrlinge werden gebraten, gedünstet und mariniert, aber für Bouillons nicht verwendet.
- Butterpilze werden gebraten, gedünstet, mariniert und in Salz eingelegt.
- Hallimasch wird gebraten. Besonders wohlschmeckend sind die kleinen Hütchen dieser Pilze, gesalzen oder mariniert.
- Echte Reizker[3] werden in Salz eingelegt.
- Pfifferlinge werden gebraten, in Salz eingelegt und mariniert. Im Unterschied zu anderen Pilzen werden Pfifferlinge niemals wurmstichig.

Vorbereitung

Die Pilze werden sorgfältig aussortiert, die verdorbenen und wurmstichigen entfernt. Der untere, schmutzige Teil des Stiels wird abgeschnitten. Bei Butterpilzen und Täublingen wird zusätzlich die Huthaut abgezogen. Die geputzten Pilze werden gewaschen. Die so vorbereiteten Pilze werden in Stücke geschnitten und sofort gegart.

Getrocknete Pilze werden aussortiert und gewaschen; dann für 2–4 Stunden in kaltem Wasser eingeweicht, worin sie nach dem Aufquellen auch gekocht werden.

Aufbewahrung

Frische Pilze verderben schnell, deshalb darf man sie nicht lange aufbewahren, sondern sollte sie nach dem Sammeln noch am gleichen Tag weiterverarbeiten [und verzehren]. Im getrockneten Zustand sind Pilze in verschlossenen Gläsern bei einer Temperatur von 8–10 °C ziemlich lange haltbar.

Der **Steinpilz** gehört zu den besten und wertvollsten Sorten. Er verändert bei beliebiger Art der Zubereitung weder seine Farbe noch sein Aroma. Er ist ein hochwertiges Lebensmittel, das sich sowohl frisch oder getrocknet als auch gesalzen oder mariniert durch seinen vortrefflichen Geschmack auszeichnet.

Verwendung in der Kochkunst

Steinpilze eignen sich besonders zur Zubereitung von Pilzbouillons und -soßen. Das Hinzufügen von geringen Mengen in viele Fleisch-, Wild- und Fischspeisen sowie in Soßen und Vorspeisen verbessert deren Qualität merklich und verleiht ihnen ein reizvolles Aroma und einen angenehmen Geschmack.

Die russische Bezeichnung des **Milchlings** (*grúzdi*) wird mit dem litauischen Wort *gruzdeni* in Verbindung gebracht, was so viel bedeutet wie „rauchen, glimmen", aber auch „modern, faulen", zumal die Milchlinge im rohen Zustand tatsächlich einen leicht beißenden Geschmack aufweisen.

Verwendung in der Kochkunst

In Russland werden Milchlinge vor allem in Salz eingelegt genossen und stellen mit vollem Recht eine der beliebtesten Speisen auf dem russischen Tisch dar.

In Salz eingelegte Milchlinge

1 kg Milchlinge
45 g Salz

Die geputzten Pilze werden gewaschen und in kaltem Wasser 2–3 Tage eingeweicht, wobei das Wasser 2–3-mal am Tag ausgewechselt wird. Dann werden die Pilze abgespült. Auf den Boden eines Emaille- oder Glasgefäßes wird etwas Salz gestreut und die Pilze mit dem Hut nach unten in Schichten [jeweils mit etwas Salz bestreut] daraufgelegt. Auf diese Weise wird das Gefäß bis oben hin gefüllt. Die Pilze werden mit zwei Schichten Mull bedeckt, obenauf wird eine saubere Holzscheibe gelegt, welche man mit einem Gewicht beschwert. Nach 2–3 Tagen senken sich die Pilze ab, und man kann noch weitere Pilze hinzufügen, jede Schicht mit Salz bestreuend. Binnen einer Woche nach dem Einlegen werden die Verdichtung der Pilze und die Bildung einer Salzlake an der Oberfläche überprüft. Wenn sich keine Salzlake an der Oberfläche gebildet hat, wird das Gefäß mit Frischhaltefolie abgedeckt und noch mehr Gewicht zum Beschweren daraufgelegt – das Ganze wird dann kalt gestellt. Nach einem bis anderthalb Monaten sind die Pilze zum Verzehr bereit.

---

1 *Domostrój*, vgl. S. 24, Anm. 1 und 2.
2 *Blagoprochládnyj Wetrográd* [„Die ziemlich kalte windige Stadt"] ist ein medizinischer Ratgeber aus dem Jahre 1616.
3 Der deutsche Name „Reizker" ist übrigens ein Lehnwort der russischen Bezeichnung *rýschik*, die etwa mit „Rotmilchling" treffend wiedergegeben ist.

In Bauernfamilien waren häufig *látka* genannte tönerne Pfannen zum Braten in Gebrauch. Diese waren flach und von länglicher Form, nach oben hin etwas ausgeweitet und mit einem hohlen Griffansatz versehen, in den ein hölzerner Griff gesteckt wurde. In reichen Häusern waren diese Bratpfannen aus Metall.

Außerdem gab es eine Menge weiteres Küchengerät: Siebe mit verschieden dichtem Gitternetz, den Schürhaken, die Topf- oder Ofengabel, die Pfannenzange oder -gabel, die dazu diente, heiße Pfannen ohne Griff anzuheben, metallene oder hölzerne Mörser, Hackeisen zum Zerkleinern von Kohl, Fleisch und Fisch, gusseiserne Kochtöpfe und Schaufeln usw.

Natürlich konnte man in keinem Haushalt ohne Besteck auskommen: Messer, Löffel und Gabeln. Das Messer – das gleichzeitig als Waffe und zum Kleinschneiden von Nahrung diente – ist fast so alt wie die Menschheit, aber es brauchte Hunderttausende von Jahren, bis es sich von einer primitiven harten Klinge hin zu einem Messer mit Griff entwickelte. Dann kamen die bronzenen, eisernen und Stahlmesser auf, und aus der bedrohlichen Waffe für die Jagd und den Krieg wurde das friedliche Besteck. Das Tischmesser hat ein abgerundetes, stumpfes Klingenende. Diese heute gebräuchliche Form des Speisemessers gab es schon im Mittelalter, und aller Wahrscheinlichkeit nach lag der Grund in den harten Sitten jener Zeit. Ehrbare Ritter ließen beim Eintritt in den Festmahlssaal ihre Schwerter beim Eingang zurück. Bei Tisch dolchförmige Messer in den Händen zu halten, war nicht ungefährlich, denn sie konnten sich jederzeit in eine Kampfwaffe verwandeln. Möglicherweise verlieh man den Speisemessern aus diesem Grund die ovale Klingenform und begann diese anstelle der spitz zulaufenden scharfen Messer zu verwenden, die ihrem Besitzer einstmals sowohl bei der Jagd und beim Kampf

Innereien

In der russischen Küche nach alter Art war die Auswahl an Speisen aus Innereien – oder modern ausgedrückt „Nebenprodukten" – sehr groß. Viele Verfahren ihrer Zubereitung sind höchst interessant, aber leider heute vergessen oder außer Gebrauch gekommen.

Zunge

Eine der wertvollsten Innereien ist die Zunge. Sie hat einen zarten und angenehmen Geschmack, ist reich an Eiweißen und Fett. Am meisten werden Rinder- und Kalbszunge geschätzt.

Verwendung in der Kochkunst

Die Zunge wird zur Zubereitung von Salaten, kalten und warmen Vorspeisen und Hauptgerichten verwendet. Vor der Zubereitung muss sie abgekocht werden: Die gewaschene Zunge wird mit kochendem Wasser im Verhältnis 1–1,5 l je 1 kg überbrüht. Mit Suppengrün, Zwiebel und Salz wird die Zunge bei schwacher Hitze gar gekocht. Die heiße Zunge wird dann 5 Minuten lang in kaltem Wasser abgekühlt und ihre Haut abgezogen.

Niere

Über die besten kulinarischen Eigenschaften verfügen Kalbs- und Rindernieren; es werden aber auch Hammel- oder Schweinenieren zum Kochen verwendet. Man sollte nur ganze Nieren kaufen, die von der fettigen Nierenkapsel, den Harnleitern und den äußeren Blutgefäßen befreit sind.

Rindernieren werden vorsorglich für einige Stunden eingeweicht, abgekocht und anschließend gebraten. Kalbs-, Hammel- und Schweinenieren kann man auch im rohen Zustand braten.

Verwendung in der Kochkunst

Nieren werden für Hauptgerichte, aber auch für Suppen (*Rassólnik*) verwendet.

Hühnerei

Das Ei ist eines der wertvollsten Lebensmittel. Gerichte aus Eiern spielten im Alltag der Russen eine ganz besondere Rolle: Sie waren nicht nur eine sehr nahrhafte Speise, sondern zugleich auch das Symbol für den Frühling, das ewige Leben und die Fruchtbarkeit. Bunt gefärbte Eier waren ein unerlässliches Merkmal des Ostertisches. Mit Eiern sind viele Bräuche verbunden, die in ihrer Herkunft auf graue Vorzeit zurückgehen: Man schenkte sie den Hirten, wenn sie die Herde zum ersten Mal auf die Weide hinaustrieben, nahm sie mit aufs Feld, wenn man Roggen säte, bewirtete die Mädchen an Pfingsten mit Eierkuchen.

Gerichte aus Eiern sind einfach und wurden wahrscheinlich deshalb seit uralter Zeit fast ohne Veränderungen übernommen – Spiegeleier, Eierauflauf, gekochte Eier. Aber es kamen auch neue erlesene Speisen auf: Omelettes, Rührei und Eiersalate.

Eier sind eine hervorragende Quelle für Vitamin A und das für das Nervensystem so wichtige Vitamin B_{12}. Zu den wertvollsten Nährstoffen im Ei zählt in erster Linie das Lecithin, welches zur Versorgung des Nerven- und Hirngewebes des Menschen notwendig ist. Weil die Eiweiße des Eies vom Körper restlos verwertet werden, nehmen sie nicht nur in der Kinder- und Heilernährung einen zentralen Platz ein.

Ihre eigene Geschichte haben auch die Löffel. Wann sie aufkamen, ist schwer zu sagen; auf jeden Fall waren sie vor 2000 Jahren bereits bekannt. Schon im alten Nowgorod waren verschiedene Löffel, verziert mit Schnitzwerk und Malerei, in Gebrauch. Bald wurden große Löffel erfunden: die Schöpfkellen (Schöpflöffel). Esslöffeln wurden unterschiedliche Formen verliehen: Es gab halbkugelförmige, ovale wie auch solche mit spitz zulaufendem Ende. Löffel wurden aus Holz, Bein, Metall und sogar Keramik hergestellt. Das einfache Volk benutzte hölzerne Löffel, und nur im russischen Norden waren Löffel aus Bein in Gebrauch. Die Hauptgründe für die weite Verbreitung der Holzlöffel waren natürlich die Preisgünstigkeit, die Zugänglichkeit des Materials wie auch die einfache Herstellung. In den Händen von Meistern verwandelte sich der Gebrauchsgegenstand „Löffel" in ein wahres Kunstwerk. Außerdem verbrannte man

als auch beim Essen gedient hatten. Mit der Zeit kamen verschiedene Arten von Tischmessern auf: Sägemesser für Käse, breite Messer für Fisch und spezielle Messer für das Ausnehmen von Austern.

In der Rus wurden Messer in Gold, Silber, teures Walrossbein und Edelsteine eingefasst, und man deckte den Tisch damit nur für angesehene Gäste. Das wertvolle Besteck wurde wohl gehütet und in Futteralen aufbewahrt.

sich am Holzlöffel nicht die Lippen, denn die Speisen wurden sehr heiß serviert und kühlten erst auf dem Löffel ab.

Die Fürsten benutzten silberne, zuweilen vergoldete Löffel, mit einer Figur am Griff und einer Aufschrift, z. B. dem Namen des Besitzers. Sie wurden von talentierten Schmieden hergestellt.

Unter dem alten Holzbesteck gab es nicht nur halbkugelförmige Schöpfkellen, sondern auch etwas flachere. Letztere Form hat sich auch bei den Metalllöffeln erhalten. Der Grund lag darin, dass sich mit der Zeit auch die Form des Tischgeschirrs veränderte: Die Holzschüssel (*stáwjez*), die Suppenschüssel (*míska*) und anderes Geschirr mit halbkugelförmigem Boden wurden durch den flacheren Suppenteller abgelöst. Die Reste einer Flüssigspeise jedoch mit einem halbkugelförmigen Schöpflöffel daraus zu entleeren, wäre äußerst unbequem gewesen.

Wachtelei

Diese kleinen Eier, die durch ihre farbenprächtigen Schalen ins Auge fallen, sind ein wahrer Schöpfbrunnen an für den menschlichen Organismus so notwendigen Vitaminen und Mineralien. Nach Angaben des A.-N.-Bach-Instituts für Biochemie[1] enthält ein Gramm Wachtelei im Vergleich zu einem Gramm Hühnerei mehr Vitamin A (1,5-mal), Vitamin B_1 (2,8-mal), Vitamin B_2 (2,2-mal), Eisen und Kalium (4-mal), Kupfer und Kobalt (1,5-mal). Weitaus höher ist in Wachteleiern auch der Anteil an unersetzlichen Aminosäuren.

Sie sind nicht nur wohlschmeckend und nahrhaft, sondern sie helfen z. B. auch gegen die Folgen einer radioaktiven Verstrahlung. Nach Meinung der Forscher sollten Wachteleier unverzichtbarer Bestandteil von Reha-Maßnahmen für Strahlengeschädigte sein und als Heilnahrung für Patienten mit erhöhtem Strahlenkrankheitsrisiko dienen. Nach Angaben von Untersuchungen, die von Studenten in St. Petersburg durchgeführt wurden, vergrößert der regelmäßige Verzehr von Wachteleiern die Lebenserwartung.

[1] In Moskau, benannt nach dem Biochemiker Aleksej Nikolajewitsch Bach (1857–1946).

Wachteleier rufen keinerlei allergische Reaktionen hervor, unterstützen keinerlei Neigung zu einer bestimmten Krankheit (Diathese), sind nicht anfällig für Salmonellen und lösen auch keine Nebenwirkungen aus, selbst bei jenen Menschen, bei denen Hühnereier kontraindiziert sind.

Außerdem ist diese Miniaturschöpfung bei Kindern sehr beliebt. Die Eier der Wachtel steigern wohltuend den Appetit, verbessern das Blutbild und senken die Ermüdbarkeit. Dieses Lebensmittel regelmäßig der Mahlzeit hinzugefügt, erspart einem viele [gesundheitliche] Probleme.

Verwendung in der Kochkunst

Wachteleier werden nicht nur roh, gekocht oder gebraten verzehrt, sondern auch mariniert und geräuchert. In rohem Zustand werden sie für die Zubereitung von Salaten, Omeletts, Spiegel- und Rührei sowie Mayonnaisen verwendet.

Vorbereitung

Vor der Zubereitung werden die Eier in warmem Wasser gewaschen, um sie von eventuellen Verunreinigungen zu säubern. Dann verfährt man mit ihnen je nach Rezept. Am häufigsten werden die Eier gekocht. Dazu werden sie in kaltes Wasser gegeben und 15 Minuten lang bei niedriger Hitze gekocht; danach mit kaltem Wasser abgeschreckt.

Aufbewahrung

Wachteleier kann man dank ihres hohen Lisocin-Gehalts bei Zimmertemperatur bis zu anderthalb Monaten aufbewahren, ohne dass sie verderben. Im schlimmsten Falle trocknen sie aus.

Die Gabel kam in Russland verhältnismäßig spät in Umlauf – zur Zeit Peters d. Großen –, obwohl sie bereits in Assyrien und im alten Ägypten existierte; doch wurde sie dort als Kochgerät verwendet.

Bei Tisch wurde die Gabel erst im alten Griechenland benutzt, danach in Rom. Aber nach dem Einfall der „Barbarenvölker" fielen die Gabeln in Europa wieder der Vergessenheit anheim – sie hielten sich nur in den Lebensgewohnheiten des byzantinischen Adels. Von Byzanz aus gelangten sie im 11.–12. Jh. erneut nach Europa. Beginnend mit dem 13. Jh. findet die Gabel zunehmend häufig unter den europäischen Haushaltsgeräten Erwähnung.

Die Behauptung einiger Forscher, dass sogar der Zarentisch des 17. Jh. die Gabel nicht kannte, entspricht nicht ganz der Wahrheit. Nikolaj N. Pissarjow[1] bemerkt, dass für die Speisekammer des russischen Patriarchen „14 Gabeln mit einem Griff in Fischform aus Walrossbein, eingefasst in nielliertem Silber und in der Mitte vergoldet" ausgehändigt wurden. Diese Gabeln hatten zwei Zacken und wurden nur an vornehme Gäste ausgegeben.

Außer Löffeln und später auch Gabeln und Messern gehörten zum notwendigen Tischzubehör auch der Salzstreuer, die Pfefferbüchse, die Essigflasche, die Senfdose und auch die Terrine mit in Salz eingelegten Pflaumen, Zitronen und Gurken.

Das Tischgeschirr zum Essen und Trinken nannte man in alter Zeit *ssúdy* [statt heute *possúda*][2]. Das einfache Volk begnügte sich mit hölzernen und irdenen flachen Schalen (*bljúdo*), Schüsseln (*míska*), Tassen (*tscháschka*) und Salzfässchen (*ssoloníza*) – seltener wurde Zinn-, Kupfer- oder verzinntes Geschirr benutzt. Auf den Tisch des Adels kam im normalen Alltag auch nicht immer Zinn- oder Kupfergeschirr, sondern häufiger mit Schnitzwerk verziertes oder an den Rändern vergoldetes Holzgeschirr und sogar auch irdenes Geschirr, dessen rote oder schwarze Politur ihm durch ein spezielles Brennverfahren einen metallischen Glanz verlieh. Ende des 16. Jh. stellten russische Töpfermeister ein schmuckes, mit Glasur überzogenes Keramikgeschirr – die *Fayence* – her. Das Paradegeschirr für den festlichen Gästeempfang wurde von russischen und ausländischen Meistern aus Silber, Gold, vergoldetem Silber und Halbedelsteinen wie Karneol, Achat und Bergkristall gefertigt. Gegen Ende des 16. bis Anfang des 17. Jh. kam Glas- und Kristallgeschirr auf, welches aus dem Ausland eingeführt wurde.

Es gab auch spezielles Geschirr, in welchem die Speisen aus den Küchen in den Speisesaal getragen wurden. Für Flüssigspeisen dienten hierzu die hölzerne Schüssel (*stáwjez*), die Kasserolle (*kastrjúlja*), der Zinntopf (*olowjánnik*) und der Suppentopf mit Deckel (*rassúlnik*). Die Zinntöpfe waren Kübel aus Zinn von unterschiedlicher Größe. Die Wände dieses Metallgeschirrs waren oft ausgebuchtet, was man als Bauch bezeichnete.

Bei Tisch wurden die Flüssigspeisen in Suppenschüsseln (*mísa*) eingefüllt. Das Wort *mísa* stammt von der lateinischen Bezeichnung für „Tisch" (*mensa*). In den Chroniken des 11. und 12. Jh. findet sich diese Bezeichnung noch für liturgisches Gerät; jedoch im 16. und 17. Jh. wird dieser Begriff bereits in der Bedeutung von „Geschirr" und auch für verschiedene Speisen verwendet.

---

[1] Pissarjow, Nikolaj Nikolajewitsch: Das häusliche Leben der russischen Patriarchen. Kasan 1904 (russ.).

[2] *Ssúdy*: Sammelbegriff für „Geschirr" – Gefäß, Schüssel, Schale usw.; ein etymologischer Zusammenhang mit dem Wort für „Schiff" *ssúdno* ist nicht von der Hand zu weisen.

Krebs

Krebse wurden in Russland stets geschätzt. In der alten Rus veranstalteten die Liebhaber dieser Delikatesse im Monat August (der Krebsfangsaison) regelmäßig Festmähler mit Krebsspeisen. Dabei war es üblich, dass die Teilnehmer an diesen Festessen [die Tiere nachahmend] rückwärts gehen, die Worte rückwärts aussprechen und Lieder beginnend vom letzten Vers singen mussten.

Das Fleisch der Krebse ist hell und zart und von angenehmem Geschmack. Es enthält bis zu 16 % Eiweiß und bis zu 0,5 % Fett. Am schmackhaftesten sind die dickfingrigen Krebse. Das beste Qualitätsmerkmal sind die Maße des Krebses: Je größer der Krebs, desto besser das Fleisch. Besonders wohlschmeckend sind die Krebse des Frühlingsfangs. Von besonders feinem, angenehmem und spezifischem Geschmack ist die Leber des gekochten Krebses.

Verwendung in der Kochkunst

Die Köche verwenden Krebse für die Zubereitung von Suppen, Soßen und Salaten. Von dem vorsorglich abgekochten und zermahlenen Krebspanzer wird ein aromatisches Krebsöl hergestellt, mit dem einige Suppen und Soßen gewürzt werden.

Gekochte Krebse werden auch als Kaltspeise zu Bier gereicht, als [kalte] Beilage zu gekochtem Fisch oder heiß im eigenen Sud, wo immer Bier und Gewürze hineingehören.

Fleisch, Geflügel, Fisch und Kaviar trug man aus der Küche in flachen [tellerähnlichen] Schalen (*bljúdo*) unterschiedlicher Form, Größe und Bestimmung (Schwanen-, Gänse-, Kaviarplatten u. ä.). Gemüse wurde in tiefen Gemüseschüsseln (*owoschtschník*) serviert. Diese Schüsseln wurden vor die Gäste hingestellt, je eine für zwei Gäste. Es gab auch Teller, *tarélj* [heute: *tarélka*], wie sie im 16. Jh. noch genannt wurden. Sie waren überall in Gebrauch. Man deckte für jeden Gast einen Teller, der während des gesamten Mittagessens nicht ausgewechselt wurde.

Wie bereits erwähnt kamen mit den Reformen Peters d. Großen [...] neue Küchengeräte mit ihren deutsch-holländischen Bezeichnungen nach Russland – wie auch der Herd [*plitá* – von (Herd-)„Platte"].

Bei einer Schilderung von Küchengeräten darf selbstverständlich der *Samowar*[3] nicht vergessen werden, wenngleich Geräte mit eigener Beheizung vielen Völkern bekannt waren. Dennoch ging der *Samowar* ebenso in alle Sprachen der Welt ein wie die *Matrjoschka*[4], die *Balalaika*[5] und andere Begriffe aus der russischen Lebenswelt.

Die erste breite Vorführung von Samowaren fand auf der Industrieausstellung in St. Petersburg im Jahre 1829 statt. Danach traten sie ihren Triumphzug durch Europa an. Die „russische Erfindung" wurde nicht nur aufgrund ihrer originellen Form und ihrer kunstvollen, reichen Verzierung, sondern auch wegen ihrer optimalen Konstruktion mit größtmöglicher Effizienz sehr geschätzt. Im 19. Jh. war Tula die „Hauptstadt der Samoware". Der Samowar nahm unter allen Haushaltsgegenständen einen Ehrenplatz ein, er wurde das „gute Familienstück", auf das man stolz war und welches weitervererbt wurde.

Sehr geschätzt werden auch die „musikalischen Fähigkeiten" des Samowars: Wenn er kocht, fängt er an zu „singen" und eigenartige Laute von sich zu geben. Das „Singen" des Samowars schafft wie das Pfeifen der Grille hinterm Ofen eine gemütliche Atmosphäre und lädt zur ruhigen, entspannten Unterhaltung ein.

---

3 Der Begriff *Samowar* wurde als Fremdwort in die deutsche Sprache übernommen und ist wörtlich mit „Selbstkocher" (von *sámo* – „selbst" und *warítj* – „kochen") wiederzugeben.

4 *Matrjoschkas* (wörtlich: „Mütterchen") sind aus Holz gefertigte und bunt bemalte, ineinander schachtelbare, eiförmige russische Puppen.
5 Die *Balalaika* ist ein lautenähnliches Zupfinstrument der russischen Volks- und E-Musik. Sie hat drei Saiten und einen dreieckigen Resonanzkörper mit einem sehr kleinen Schallloch.

Störkaviar

Der Kaviar [von verschiedenen Störarten] ist ein ureigen russisches Lebensmittel, welches seit unerdenklichen Zeiten genossen wurde. In alten Zeiten wurde er nicht nur in Häusern vermögender Leute gereicht, sondern stellte eine ganz gewöhnliche Speise auf jedem beliebigen Tisch dar, mit der man kaum einen Gast in Staunen versetzen konnte.

Störkaviar enthält eine bedeutende Menge an vollwertigen Eiweißen, Fetten, Vitamin A, D und Vitamine der Gruppe B, aber ebenso das für den menschlichen Organismus notwendige Lecithin und Cholesterin.

Der beste „körnige" schwarze Kaviar wird in Dosen abgefüllt und heißt deshalb „Dosenkaviar". Der hochwertige körnige Kaviar des Störs weist hellgraue große und ganze Eier auf. Je reifer der Kaviar, umso heller und größer sind seine Eier und umso wohlschmeckender ist er.

Ganz obenan steht unter den Kaviarsorten der Belugakaviar [europäischer Hausen] mit seiner silbergrauen Farbe, seinen verhältnismäßig großen Eiern, seinem feinen Geschmack und dem völligen Fehlen jeglichen spezifischen Geruchs (Dosen mit blauen Deckeln). An zweiter Stelle folgt der Ossiotr- oder Ossetrakaviar [russischer Stör][1] (Dosen mit gelben [bzw. grünen] Deckeln). Den dritten Platz nimmt der Sevrugakaviar [Sternhausen] ein (Dosen mit roten Deckeln).

Je nach Art der Verarbeitung unterscheidet man beim schwarzen Kaviar zwischen „körnigem" (*serrnístaja*), „gepresstem" (*pájusnaja*) und „ganzem rohen Rogen" (*jastýtschnaja*). Für die Zubereitung von körnigem Kaviar wird nur reifer Kaviar verwendet, dessen Eier genügend fest, elastisch und einheitlich in Größe und Farbe sind – dann lassen sie sich leichter von der Bindehaut und voneinander lösen.

Der gepresste Kaviar wird jeweils aus Sevruga-, Ossetra- und Belugaeiern hergestellt, die sich nicht zur Produktion von körnigem Kaviar eignen. Infolge des Salzens und leichten Zusammenpressens entsteht eine homogene Kaviarmasse. Der beste gepresste Kaviar ist der Sevrugakaviar – er hat einen zarten, butterweichen Geschmack und ein sehr feines Aroma.

Der „ganze rohe Rogen" wird einfach nur gesalzen, ohne das Rogenhäutchen (*jastýk*) zu entfernen.

1 Der russische Stör heißt auf Russisch *ossjótr* – bei der Transkription aus dem Kyrillischen ergeben sich unterschiedliche, aber gebräuchliche Schreibweisen.

Verwendung in der Kochkunst

Kaviar wird als erstklassige kalte Vorspeise serviert, aber auch als Beilage und für die ansprechende Gestaltung von Salaten verwendet.

Aufbewahrung

Körniger, nicht pasteurisierter Kaviar hält sich nicht länger als 2–2,5 Monate; pasteurisierter, d. h. bei der Verarbeitung erhitzter Kaviar mit oder ohne Zusatz von Antiseptika hält sich in verschlossenem Behältnis 8 Monate, offen jedoch nur 1–2 Tage.

Gepressten Kaviar sollte man auch nicht länger als 8 Monate aufbewahren.

Die Lagerungsfrist für den „ganzen rohen Rogen" beträgt nicht mehr als einen Monat.

Fisch

Zum Territorium des altrussischen Staates gehörten im 9.–10. Jh. die Stromgebiete so großer und fischreicher Flüsse wie des Prut, des Dnjestr, des südlichen und westlichen Bug, des Dnjepr, der Oka, des Oberlaufes der Wolga, der westlichen Düna und große Seen wie der Peipussee, der Ladogasee u. a. Die bedeutenden Kultur- und Wirtschaftszentren der alten Rus entstanden an den Ufern dieser Flüsse und Seen. Sie lieferten eine reiche Auswahl an Fisch im Überfluss, und Fischgerichte schmückten den russischen Tisch. Nach der christlichen Taufe Russlands und der Einführung der Fastenzeiten wuchs die Bedeutung der Fischgerichte in der russischen Küche noch an.

Verzehrt wurden hauptsächlich Süßwasserfische; Meeresfische kamen dagegen zuerst nur im Norden und zudem erst im 18. Jh. in Umlauf, nachdem die Russen die Küsten des nördlichen Eismeeres erschlossen hatten.

Interessant ist, dass in der alten Rus mit „Fischer" (rybák) die Fischhändler bezeichnet wurden, während diejenigen, die sie fingen, einfach „Fänger" (lowjéz) hießen.

Zahlreich waren die Methoden der Fischzubereitung, darunter der Konservierung. Viele Fischgerichte der modernen Küche stammen aus uralter Zeit; ein Teil war entweder von anderen Völkern übernommen, ein anderer von Berufsköchen auf der Grundlage heimischer Traditionen geschaffen worden.

Bezüglich Nährwert und kulinarischer Verwertbarkeit steht der Fisch dem Fleisch in nichts nach, in der leichten Verdaulichkeit übertrifft der Fisch das Fleisch sogar noch, was einen der wesentlichsten Vorzüge dieses Lebensmittels darstellt.

Im Fisch sind 13–23 % Eiweiße und 0,1–33 % Fette enthalten, besonders reich ist Fisch auch an Vitamin A und D. Außerdem verfügt er über Extraktiv- und Mineralstoffe.

Lachs, Salm

Beim Kaspischen Lachs gilt als bessere Sorte der Kura-Lachs, der im Herbst und Winter im Fluss Kura [Aserbaidschan] gefangen wird. Die großen Exemplare haben eine Länge von bis zu 1 Meter und ein Gewicht von 40–50 kg. Der Fisch des Winterfangs enthält bis zu 27 % Fett. Die Lachse des mittleren Kaspischen Meeres sind kleiner und enthalten weniger Fett, aber dafür verfügen sie über ein sehr zartes und schmackhaftes Fleisch. Zu erwähnen sind auch die Lachssorten aus dem Fernen Osten: Keta- oder Hundslachs, Rotlachs, Königslachs, Buckellachs, Silberlachs, Muksun, Baikal-Omul, Sibirischer Coregone und Tugun. Das Fleisch der Lachse ist sehr zart und weist keine Muskelfleischgräten auf.

Verwendung in der Kochkunst

Aus Lachs wird eine Vielzahl verschiedener Gerichte zubereitet: Salate, Vorspeisen, Hauptgerichte. Lachs wird auch als Füllung für Piroggen zubereitet; zudem wird er in Salz eingelegt und geräuchert.

Sjómga*-Lachs

Der Sjómga-Lachs[1] ist ein großer, silberschimmernder Fisch, ein Vertreter der Lachsartigen und zählt zu den besten Fischsorten in den russischen Gewässern. An Gewicht erreicht er oft 40 kg und eine Länge von 1,5 Metern. Der beste und größte Sjómga-Lachs mit dem höchsten Fettgehalt wird in der nördlichen Düna gefangen. Häufig kommt der Sjómga-Lachs auch auf der Halbinsel Kola, in der Petschora und anderen nördlichen Flüssen vor. Aber er bewegt sich auch im Weißen Meer und in der Barentssee. Zum Laichen schwimmt er in die Flüsse zurück und zieht flussaufwärts bis zu den Oberläufen. Der Sjómga-Lachs hat rotes Fleisch, welches sich durch seine Geschmacksqualität und durch einen beträchtlichen Fettgehalt auszeichnet.

Verwendung in der Kochkunst

Frischer oder Feinfrost-Sjómga-Lachs wird nach der vorbereitenden Behandlung meist gedämpft oder auf einem Bratrost gebraten.

Besonders schmackhaft ist er in Salz eingelegt. Dann wird er in feine Stücke geschnitten und als kalter Imbiss serviert, auf Butterbrote gelegt oder als Häppchen mit Brot und anderen Lebensmitteln zusammengesteckt (kanapé) sowie Salaten beigegeben. Mit Sjómga-Lachs werden auch Fischgerichte dekoriert.

[1] Der Fisch ist benannt nach der Sjómga, einem rechten Nebenfluss des Mesen im Gebiet Archangelsk.

Sterlet*

Der Sterlet gehört zur Familie der Echten Störe. Mehr als 90 % des weltweiten Fangs dieses prächtigen Fisches entfallen auf Russland. Der Sterlet ist ein reiner Süßwasserfisch und ist deshalb auch der kleinste unter den Stören: Sein Gewicht überschreitet gewöhnlich nicht 1 kg, aber es sind auch Fälle bekannt, in denen sogar bis 15 kg schwere Sterlete gefangen wurden.

Sterletfleisch ist sehr zart und am wenigsten faserig; beim Garen zerkocht es leicht.

Verwendung in der Kochkunst

Aus Sterlet bereitet man verschiedene Gerichte zu, aber am bekanntesten sind der gedünstete Sterlet, besonders der als Ring ineinander gesteckte (stérljadj kóltschikom), und die Sterlet-Suppe (sterljáschja uchá).

Aber auch der Knorpel und die Wirbelsäule des Fisches werden verwertet; daraus stellt man gedörrte Rückensehne (wisíga) her (wobei man die Wirbelsäule längs aufschneidet und die innere Knorpelmasse austrocknen lässt). Der gekochte Fischknorpel wird der Ssoljánka und dem Rassólnik beigegeben; die gedörrte Rückensehne wird als Füllung für Piroggen verwendet.

Vorbereitung

Bei allen Stören muss man die verwundeten Stellen zusammen mit dem umgebenden Gewebe entfernen und ebenso alle größeren Blutergüsse, weil sie die Gefahr einer Lebensmittelvergiftung mit sich bringen.

Je nach Rezept belässt man den Fisch ganz oder schneidet ihn in Portionen. Dann wird er gekocht, gedämpft, pochiert oder gebraten.

Hering

Die Familie der Heringe ist bezüglich der Vielfalt ihrer einzelnen Arten sehr groß. Als wertvollste Arten gelten der atlantische Hering und der pazifische Hering.

Diese Heringarten sind reich an Fettsäuren; außerdem sind sie eine Quelle für Vitamin B_{12}. Die Jungfische enthalten besonders viel Kalzium: 100 g Junghering enthalten mehr Kalzium als die empfohlene Tagesnorm.

Abgesehen vom atlantischen und pazifischen Hering sind die nächstgrößten Tiere der Weißmeer-Hering (mit einer Körperlänge von 12–33 cm) und der Ostsee-Hering, auch Strömling genannt (mit einer Körperlänge von 14–16 cm).

Verwendung in der Kochkunst

Frischen (besonders großen) Hering brät man auf gewöhnliche Weise oder auf einem Bratrost. Man kann ihn auch als Füllung für Piroggen verwenden.

Am häufigsten wird der Hering jedoch in Salz eingelegt, mariniert oder geräuchert. Salzhering ist die am meisten verbreitete und beliebte kalte Vorspeise auf dem russischen Tisch. Er bildet auch die Grundlage für weitere kalte Vorspeisen (z. B. für *forschmák* [„mit Butter passierter Hering"]) oder heiße Gerichte (Brathering, Schnitzel aus klein gehacktem Hering (*kotljéty*) und [manchmal gekochte] Herings-Frikadellen). Bei der Vorbereitung wird der Salzhering vorsorglich eingeweicht.

Brachse

Die Brachsen gehören zur Familie der Karpfenfische. Obwohl sie viele kleine Gräten aufweisen, werden die großen Brachsen zu den erstklassigen Fischarten gezählt. Große Brachsen enthalten bis zu 9 % Fett; ihr Fleisch ist zart und weich. Die beste Sorte, die Asow-Brachse, wird beim Herbstfang im Asowschen Meer gefangen.

Im Allgemeinen gelangen die Fische gekühlt oder eingefroren in den Handel.

Verwendung in der Kochkunst

Aus Brachsen werden verschiedene Speisen zubereitet; sie werden gebraten, gebacken und gefüllt. Nicht zu verachten ist als Fischvorspeise auch die geräucherte Brachse; besonders wohlschmeckend sind die großen, heiß geräucherten Brachsen.

Hecht

Im 16.–17. Jh. wurden in reichen Häusern fast ausschließliche lebende Hechte für das Kochen von „weißer" (*bjélaja uchá*) oder „schwarzer" (*tschórnaja uchá*)[1] Fischsuppe mit Safran und Klößen verwendet. Gedörrter Hecht wurde als Vorspeise serviert oder war in Stücke geschnitten Zutat für die *botwínja* [„kalte Suppe aus Kwass, Gemüse und Fisch"]. Es gab auch zwei Sorten von Salzhecht: den frisch (unmittelbar vor der Verarbeitung) gesalzenen – ihn lagerte man nicht lange, sondern gebrauchte ihn zur Zubereitung von „sauren" Speisen – und den in Fässern eingelegten Hecht (*schtschútschina*), der ein ganzes Jahr gelagert wurde.

Die besten kulinarischen Eigenschaften besitzen die kleinen Hechte mit einem Gewicht von nicht mehr als 2–2,5 kg: Ihr Fleisch ist zarter und schmackhafter als das der großen Hechte.

Verwendung in der Kochkunst

Der Hecht ist fleischig; so kann man ihn für die Zubereitung von Frikadellen, Fischknödeln, *tjelnóje* [„Fischfleisch mit herausgenommenen Gräten, zerkleinert und in Form von Röllchen in einer Pfanne gebraten oder gekocht"] oder Fischrouladen (*ruljéty*) verwenden, aber auch mit einer Füllung versehen. Für Letzteres eignet er sich besonders gut, denn man kann die Hechthaut leicht wie einen Strumpf abziehen.

Köstlich mundet auch gebratener oder gebackener Hecht in Soße.

---

1 Die „weiße" Fischsuppe (*bjélaja uchá*) wurde mit Pfeffer gewürzt, die „schwarze" (*tschórnaja uchá*) mit Nelke. Es gibt aber auch Klassifizierungen, wonach sich die Unterscheidung „weiß" und „schwarz" auf die verwendeten Fischarten und erst in zweiter Linie auf die dazu passenden Gewürze beziehen.

In gesalzener oder getrockneter Form schmeckt der Fisch nur mittelmäßig.

Zander

Der Zander enthält – obwohl er zur Familie der Barsche gehört, die wegen ihres geringen Fettgehaltes im Fleisch als mager gelten – viel hochwertiges Eiweiß und Extraktivstoffe. Das macht ihn hinsichtlich der Ernährung und kulinarischen Verwertung besonders wertvoll. Das Gewicht des Zanders übersteigt gewöhnlich 2–3 kg nicht; es gibt aber vereinzelt auch Exemplare, die ein Gewicht von bis zu 10 kg erreichen.

Verwendung in der Kochkunst

Aufgrund seines angenehmen Geschmacks und seiner fleischigen Konsistenz wird er für die Zubereitung verschiedener Vorspeisen, Suppen und Hauptgerichte verwendet.

Das weiche, schmackhafte Fleisch ist bei geringer Dichte von Muskelfleischgräten besonders leicht verdaulich, was diesen Fisch hervorragend geeignet für die Diät-Ernährung macht.

Zander wird auch gerne in Aspik serviert, wovon es zahlreiche schöne Varianten gibt.

Karpfen

Das Fleisch des Karpfens besticht durch seinen angenehmen Geschmack; es enthält einen bedeutenden Anteil Fett. Der Nachteil dieser Fischart besteht in der großen Menge kleiner Muskelfleischgräten.

Am meisten verbreitet ist die Unterart des Spiegelkarpfens. In großen Mengen wird er in der Teichwirtschaft gezüchtet und gehalten.

Verwendung in der Kochkunst

Karpfen werden gekocht, gebraten, gefüllt und gebacken.

Beliebte russische Gerichte

Stérljadj saliwnája – Sterlet* in Gelee

Aspik- oder Geleespeisen (*saliwnóje*) sind Gerichte des „kalten Tisches" oder anders ausgedrückt: kalte Vorspeisen. Bis zu Beginn des 19. Jh. hatte es Aspikspeisen als gesondertes Gericht nicht gegeben. Sie kamen erst durch die Anwerbung französischer Köche in Russland auf, welche viele Gerichte der russischen nationalen Küche neu gestalteten. Als Grundlage diente hier die Sülze (*stúdjenj*)[1]; diese wurde aber so verarbeitet, dass sich daraus ein neues Gericht ergab. Im Unterschied zur Sülze, die in der traditionellen russischen Küche gewöhnlich aus den Resten und Abfällen der Hauptgerichte hergestellt wurde, begann man nun für Aspikspeisen die besten Stücke Fisch oder Fleisch auszuwählen und sie so klein zu schneiden, dass ihre schöne natürliche Struktur erkennbar blieb. Dann gingen die französischen Köche daran, ausschließlich durchsichtige und schnell fest werdende Brühen zu verwenden, die wie ein durchsichtiger Glasüberzug aussehen sollten. Sie führten die Aufhellung [das „Klären"] der Bouillons ein, ihre leichte Einfärbung mit Kurkuma[2], Safran und Zitronenschale, und mithilfe des sogenannten Fischleims[3], eines gelierenden Mittels, das von alters her in der russischen Küche verwendet wurde, verhalfen sie der Geleespeise zu einer durchsichtigen, festen und zugleich zarten Konsistenz. Zur Erhöhung der Geschmacksqualität von Aspikspeisen gaben sie der Bouillon den Sud von Gewürzen sowie farbenfrohe Zusätze von Gemüsen, Früchten und Pilzen bei.

Zuerst waren Aspikspeisen im Wesentlichen Fischspeisen; erst später verwendete man auch Fleisch, Wild und Geflügel. Letztere Sorten erlangten aber keine weite Verbreitung in Russland. Die russische Geleespeise blieb eine Fischspeise – zudem aus wertvollen Fischarten.

---

[1] Sülzen (*stúdjenj*) unterscheiden sich von Aspik- und Geleespeisen dadurch, dass sie zum Gelieren kein zusätzliches Geliermittel benötigen, da meist Fleischteile (wie Füße, Kopf, Gehirn, Schwanz usw.) verwendet werden, die selbst genügend Gelierstoffe enthalten.

[2] *Kurkuma*, auch Gelber Ingwer, Safran-, Gelb- oder Gilbwurz(el) genannt, ist eine aus Südasien stammende Pflanzenart aus der Familie der Ingwergewächse (*Zingiberaceae*).

[3] *Fischleim* ist ein reines Naturprodukt, das durch Auskochen und anschließendes Eindampfen von Fischabfällen (Haut, Gräten, Knorpel) gewonnen wird.

---

4 Portionen
1 ganzer Sterlet*
600 g kleine Fische
20 g Gelatine
60 g Lachskaviar
60 g Ossetrakaviar
1 Zwiebel
8 Krebsschwänze
1 Zitrone
120 g Meerrettichsoße mit Essig
Salz, schwarze ganze Pfefferkörner, Moosbeeren oder Johannisbeeren, Petersilie

* Sterlet ist im deutschen Sprachraum kaum erhältlich. Statt Sterlet eignen sich auch Zander und Lachs sehr gut.

1. Den vorbereiteten ganzen Sterlet unter Zugabe von Zwiebel, Salz und Pfefferkörnern in der vorher aus den kleinen Fischen zubereiteten Fischbouillon abkochen. Dann aus der Bouillon herausnehmen und abkühlen lassen.

2. Die Gelatine in kaltes, vorher abgekochtes Wasser einweichen, dann im Wasserbad auflösen. Einen Liter Bouillon durchseihen und die aufgelöste Gelatine hinzugeben, umrühren und zum Kochen bringen. Das Gelee leicht abkühlen lassen und dann [etwas davon] in einer dünnen Schicht auf eine Servierplatte gießen.

3. Den Sterlet auf einen Bratrost legen, mit einer dünnen Schicht Gelee bepinseln, abkühlen lassen und mit Krebsschwänzen, Moosbeeren (Johannisbeeren), Kaviar, Zitronenstückchen und Petersilie nach Belieben garnieren. Dann erneut mit einer dünnen Schicht Gelee übergießen und abkühlen lassen. Diese Prozedur 2–3-mal wiederholen.

4. Zum Servieren den Sterlet auf die Servierplatte [mit der dünnen Geleeschicht] legen und [die Platte rings um den Fisch] mit den restlichen Krebsschwänzen, Kaviar, erkalteten Geleewürfeln und Petersilie verzieren. Die fertige Platte mit der Fischspeise auf eine weitere [etwas größere] Platte mit Eis legen. Die Meerrettichsoße mit Essig getrennt servieren.

Bliný ss ossjetrínoj i ikrój – Pfannkuchen mit Ossetra* und Kaviar

Heute brät man Pfannkuchen (*bliný*) auf dem Herd – in alter Zeit wurden sie im russischen Ofen gebacken, ohne sie zwischendurch umzudrehen. Deshalb spricht man auch heute noch vom „Pfannkuchen*backen*".

Einst brachten unsere Vorfahren ihren heidnischen Göttern unblutige Opfer dar. Solch ein „Opferbrot" war in Russland der Pfannkuchen – ein Symbol für die Sonne. Die Russen verbanden mit dem Pfannkuchen die unterschiedlichsten Inhalte des Volksglaubens und Bräuche.

In alter Zeit begleitete der Pfannkuchen den Menschen sein ganzes Leben lang – von der Geburt (Wöchnerinnen und gebärende Mütter bekamen Pfannkuchen zu essen) bis zum Tod (er war das obligatorische Gericht bei allen Beerdigungsritualen).

Pfannkuchen von der Art der russischen *Bliny* kennen auch andere Völker, jedoch die echten Pfannkuchen aus Hefeteig mit Buchweizenmehl sind eine rein russische Erfindung. Es gibt eine Vielzahl von Pfannkuchenarten: Bojarenpfannkuchen (*bojárskie*)[1], einfache Buchweizenmehlpfannkuchen, Pfannkuchen aus Buchweizenmehl mit kochendem Wasser überbrüht (*sawarnýe*), „Schöne" (*krásnye*) Pfannkuchen [aus Weizenmehlhefeteig][2], Zarenpfannkuchen (*zárskie*)[3] aus Weizenmehl, Gur-

---
1 Die „Bojarenpfannkuchen" (*bojárskie bliný*) werden aus zwei Mehlsorten gebacken, meist Buchweizen- und Weizenmehl.
2 „Schöne Pfannkuchen" (*krásnye bliný*) wurden sie genannt, weil der Pfannkuchen als Symbol für die Sonne „schöne Tage" verhieß: gute Ernten, glückliche Ehen, gesunde Kinder usw.
3 Angeblich waren diese Pfannkuchen die Lieblingsdelikatesse der Romanow-Zarenfamilie. Andere Rezeptautoren wiederum behaupten, dass man sie „Zarenpfannkuchen" (*zárskie bliný*) nannte, wenn sie als herzhafte Speise mit „rotem Kaviar" (Lachskaviar) serviert wurden. Als Süßspeise

jew-Pfannkuchen [*gúrjewskie*[4] – mit Sauermilch bzw. Kefir zubereitet], Karottenpfannkuchen (*morkównye*), Apfelpfannkuchen (*jáblotschnye*) und viele andere mehr. Ebenso viele Arten von Pfannkuchenfüllungen gibt es. Jede Hausfrau hatte ihr eigenes Rezept, das von Generation zu Generation weitergegeben wurde.

Mehr als tausend Jahre sind seither vergangen, als die heidnischen Götzenbilder zerschlagen wurden und die Rus christlich wurde. Doch die Erinnerung an jene weit zurückliegende Zeit ist im Volk noch lebendig, und wie eh und je gehören Pfannkuchen zu den beliebtesten russischen Speisen.

---
wurden sie nach der Mehrzahl der Rezepte mit Zitronensaft übergossen und mit Zucker bestreut.
4 Benannt nach Graf Dmitrij Aleksandrowitsch Gurjew (1751–1825), dem Finanzminister unter Zar Alexander I., der als Gourmet für seine üppigen Festmähler berüchtigt war; vgl. hierzu auch das Rezept auf S. 58 dieses Buches.

---

4 Portionen
200 g gedörrter Ossetra*-Störrücken
80 g gepresster Kaviar
4 Esslöffel Pflanzenöl

Für den Teig:
1 Glas (etwa 200 ml) Buchweizenmehl
10 g Hefe
2 Eier
1 Teelöffel Zucker
½ Glas Milch
Salz

*Ossetra-Stör ist im deutschen Sprachraum kaum erhältlich, anstatt des gedörrten Ossetra-Störrückens kann man beliebige andere gedörrte Fische verwenden.

1. Die Hefe mit 3–4 Esslöffeln warmen Wassers auflösen, etwas Mehl und einen Teil des Zuckers hinzugeben und umrühren. Das Ganze mit einem Tuch abdecken und zum Aufgehen an einen warmen Ort stellen.
2. In die aufgegangene Hefemischung das restliche Mehl, ein Ei, Zucker und Salz zugeben und zu einem Teig verrühren. Den Teig weiter aufgehen lassen und nach und nach [unter Umrühren] die angewärmte Milch hinzugießen. Dann den Teig zur Gärung an einen warmen Ort stellen.
3. Das Eigelb vom Eiweiß trennen und das Eiweiß steif schlagen. Das Eigelb in den Teig rühren. Den Teig weiter aufgehen lassen und das steif geschlagene Eiweiß unterheben.
4. Die Pfanne mit dem Öl ausfetten und darin die Pfannkuchen backen.
5. Die Pfannkuchen mit Scheiben des gedörrten Störrückens und dem Kaviar servieren.

Schtschi ssútotschnyje s rasstjegájtschikami – Sauerkraut-Tagessuppe mit kleinen offenen Pasteten

Das Hauptgericht der russischen Küche, ja ihr Symbol schlechthin ist die Kohlsuppe (*schtschi*). Sie war nicht nur das Alltagsgericht der einfachen Leute, sondern zierte auch die Tische von Zaren und Patriarchen. Meistens wurde sie aus Sauerkraut zubereitet und nur äußerst selten aus frischem Kohl.

Dieses scheinbar einfache Gericht beeindruckte die Russland bereisenden Ausländer schon immer durch seinen Geschmack und sein Aroma. Der Schriftsteller Knut Hamsun schrieb darüber [im „Märchenland"]: *Schtschi* – das ist eine Fleischsuppe, aber nicht etwa eine gewöhnliche, unerlaubt schlechte Fleischsuppe, sondern ein herrliches russisches Gericht mit dem Sud verschiedener Fleischsorten, mit saurer Sahne und Gemüse. (…) Im Grunde genommen scheint mir, daß nach einer solchen Kohlsuppe kaum noch etwas anderes denkbar wäre".

In alter Zeit war die Zubereitung der Kohlsuppe eine etwas andere als heute: Man kochte sie im Ofen in Tontöpfen mit Deckeln, weshalb es nicht notwendig war, das Sauerkraut getrennt zu dünsten.

Eine übliche Ergänzung zur Kohlsuppe sind die kleinen, oben offenen Pasteten (*rasstjegái*). Sie kamen später auf als die Kohlsuppe, erfreuen sich jedoch in Russland sofort einer wohlverdienten Beliebtheit. Man nimmt an, ihr Name kommt daher, dass die Feinschmecker des 17.–19. Jh. die Ränder ihrer Öffnung auseinanderzogen [*rasstjegnútj* = „auseinanderziehen", „aufknöpfen"] und mit Brühe füllten, was sie ungleich saftiger machte. Freilich gibt es noch eine andere Erklärungsvariante: Die geöffnete Mitte der Pastete lässt sie gleichsam „aufgeknöpft" erscheinen.

Ihre Füllung bestand in der Regel aus Fisch, doch wurden auch Pilze (frische und getrocknete) verwendet oder Fleisch, Innereien, Reis und Eier.

12 Portionen

Für die Kohlsuppe:
700 g Sauerkraut
440 g Rindfleisch (Bruststück)
100 g geräucherte Schweinerippchen
1,8 l Wasser, 100 g Karotten, 90 g Zwiebeln
100 g Tomatenpüree (passierte Tomaten)
60 g Butterschmalz[1], 20 g Weizenmehl
30 g Petersilienwurzel, 3–4 Knoblauchzehen
Salz, schwarzer gemahlener Pfeffer
saure Sahne, Küchenkräuter

Für die Pasteten:
1 kg Hefeteig, 3 Esslöffel Weizenmehl
1 Ei, 1 Esslöffel Butterschmalz

Für die Füllung:
3 Esslöffel Butterschmalz
500 g Steinpilze, 1 Zwiebel, Salz und Pfeffer

[1] *Butterschmalz*, vgl. die Erläuterungen zu *Tafelbutter* auf S. 92 dieses Buches.

1. Das Fleisch kochen, die Fleischbrühe durchseihen und das Fleisch in Stücke schneiden.
2. Das Sauerkraut auspressen und so von der Salzlake befreien, klein hacken und zusammen mit der Hälfte des Tomatenpürees und dem Butterschmalz unter Umrühren erhitzen. Dann die Rippchen dazulegen, einen Teil der Fleischbrühe hinzugießen und 3–4 Stunden zugedeckt bei schwacher Hitze dünsten. Das Sauerkraut muss hierbei eine bräunliche Färbung, eine breiartige Konsistenz und einen süßlichen Geschmack annehmen. Die Rippchen werden später entfernt.
3. Die klein geschnittenen Karotten und Zwiebeln ohne Krustenbildung anbraten, den Rest des Tomatenpürees hinzugeben und 5–7 Minuten erhitzen. Das Mehl goldgelb anbräunen, etwas abkühlen lassen und mit warmer Fleischbrühe verrühren.
4. Das gedünstete Sauerkraut, das angebratene Gemüse, die klein geschnittene Petersilienwurzel und die Mehlschwitze in Tontöpfe geben und mit der restlichen Fleischbrühe auffüllen. Die Tontöpfe zugedeckt für 30 Minuten in den auf 170 °C vorgeheizten Backofen stellen. Danach die Kohlsuppe würzen, die Fleischstückchen und den klein gehackten Knoblauch hinzugeben und nochmals 15 Minuten erhitzen.
5. Zuerst das Fleisch in den Teller geben und dann mit Sauerkrautsuppe auffüllen, etwas saure Sahne hinzugeben und mit klein gehackten Küchenkräutern bestreuen. Die Pasteten getrennt servieren.
6. Für die Pasteten die Pilze klein hacken und mit Butterschmalz anbraten. Die Zwiebel klein schneiden, anbraten, zu den Pilzen dazugeben, mit Pfeffer und Salz würzen und gut umrühren.
7. Den Hefeteig zu Kugeln formen und für 10 Minuten gehen lassen. Danach in runde Scheiben ausrollen und in die Mitte die Füllung geben. Die Ränder so zusammenkneifen, dass die Mitte der Pasteten offen bleibt. Die Pasteten auf ein eingefettetes Backblech legen, aufgehen lassen, mit Ei bestreichen und bei 220 °C 20–30 Minuten backen.

Ssoljánka sbórnajája mjasnája – Gemischte Soljanka mit verschiedenen Fleischsorten

Die Soljanka ist ein Eintopf auf Grundlage einer Fleisch-, Fisch- oder Pilzbrühe mit scharfen Gewürzen.

Ursprünglich war dieses Gericht nicht so sehr „sauer-salzig-scharf" gedacht, doch später begann man der Suppe Kapern, Zitrone, Oliven, marinierte Pilze und Brotkwass[1] beizugeben. So entstand eine belebende „gemischte" oder „Sammel-Soljanka" (*ssoljánka sbórnaja*).

[1] *Brotkwass* (Rezept auf S. 10), vgl. S. 11, Anm. 2.

Man nimmt an, dass die Bezeichnung *ssoljánka sbórnaja* von dem alten Brauch der Zusammenkunft des gesamten Dorfes bei großen Festen stammt. Die Bauern, die nicht über ausreichende Mittel verfügten, um selbstständig ein Festmahl zu veranstalten, „legten zusammen". Jeder brachte das an Lebensmitteln, was er zuhause hatte, und gab es in den gemeinsamen Kochkessel. Am Ende war nicht mehr ganz klar festzustellen, woraus die Suppe nun eigentlich bestand, aber niemand beschwerte sich.

Zu einer Soljanka gehören die verschiedensten Fleisch-, Fisch- und Pilzprodukte bis hin zu Räucherwaren, Pökelfleisch, Würstchen und Wurst.

Eine gut zubereitete Soljanka muss eine helle Brühe mit scharfem Geschmack beinhalten sowie einen ausgeprägten Geruch nach Fisch, Fleisch oder Pilzen aufweisen. Zu einer Fisch-Soljanka wurden auch oben offene Pasteten (*rasstjegái*) mit Fischfüllung serviert.

6 Portionen
200 g Kalbfleisch (ohne Knochen)
80 g Schinken
80 g Würstchen
100 g Zunge
100 g Salzgurken
1 Zwiebel
50 g marinierte Champignons
50 g entkernte grüne Oliven
80 g Kapern
4 Glas (etwa 200 ml) Fleischbrühe
4 Esslöffel Tafelbutter
1 Esslöffel Tomatenmark
50 g ganze schwarze Oliven
1 Zitrone
½ Becher (etwa 125 ml) saure Sahne
Salz, gemahlener schwarzer Pfeffer
Petersilie zum Garnieren

1. Das Kalbfleisch mit Salz und Pfeffer einreiben und als ganzes Stück braten.
2. Die Zunge kochen, 3–4 Minuten in kaltem Wasser abschrecken und die Haut abschälen.
3. Die Würstchen in kleine Scheiben schneiden; den Schinken, die Zunge und das Kalbfleisch in Streifen schneiden.
4. Die klein geschnittene Zwiebel in heißer Butter anbraten, die in Scheiben geschnittenen Pilze, die in Streifen geschnittenen Gurken sowie das Tomatenmark hinzugeben und alles zusammen braten, etwas Fleischbrühe hinzugießen und gar dünsten.
5. In die restliche Fleischbrühe die geschnittenen Fleisch- und Wurststückchen, das gedünstete Gemüse, die entkernten grünen Oliven und die Kapern hineingeben, mit Salz und Pfeffer abschmecken und 15 Minuten kochen lassen.
6. Vor dem Servieren der Soljanka saure Sahne sowie die ganzen schwarzen Oliven beigeben und die fertige Suppe mit Petersilie garnieren. Die Zitrone in Scheiben schneiden und getrennt servieren.

Beliebte russische Gerichte 41

Okróschka mjasnája – Kalte Kwasssuppe mit Fleisch

Die *Okróschka* – eine Suppe auf Kwassgrundlage – ist ein althergebrachtes russisches Gericht, so charakteristisch für die russische nationale Küche wie eben auch der Kwass selbst.

Der Name *okróschka* kommt vom Wort *kroschítj*, weil die Zutaten für diese Speise klein geschnitten oder eben „zerstückelt", „eingebrockt" werden.

Es ist erstaunlich, dass die Kwasssuppe noch zu Beginn des 19. Jh. keine Vorspeise war, sondern als Hauptgericht galt. Serviert wurde sie etwas anders als heute: Der Kwass wurde unter Zusatz von mit Eigelb und Meerrettich angerührtem Senf in Krügen gereicht, während Schnittlauch, Gurken, gekochte Eier, Petersilie bzw. Dill und Fleisch klein geschnitten getrennt in einer Schüssel serviert wurden. [Erst beim Verzehr wurde der Kwass über das klein geschnittene Gemüse und Fleisch gegossen.]

Die *Okróschka* wurde aber nicht nur mit Kwass, sondern auch mit Sauerkraut-Bouillon (*kíslye schtschi*), der Salzlake von sauren Gurken oder Sauerkraut, Sauermilch, Molke oder Buttermilch angerichtet.

12 Portionen
200 g gekochtes Rindfleisch
3 Gurken
100 g Schnittlauch
2 gekochte Eier
4 Esslöffel saure Sahne
2 l Kwass* (Rezept auf S. 10)
60 g Dill
20 g Zucker
8 g Senf
Salz, Küchenkräuter

1. Das Rindfleisch und die Gurken in Streifen schneiden.
2. Einen Teil des Schnittlauchs klein schneiden und unter Beigabe von Salz zerreiben, bis ein Saft entsteht, dann den Senf hinzufügen. Die Eier schälen, die Eigelb zerdrücken, die Eiweiß dagegen in Streifen schneiden. Zum Kwass Salz und Zucker hinzugeben und umrühren.
3. Die vorbereiteten Zutaten vermischen und mit einem Teil der sauren Sahne verrühren. Das Ganze mit Kwass auffüllen und umrühren.
4. Die *Okróschka* mit klein gehackten Küchenkräutern bestreuen und mit einem Häubchen saurer Sahne servieren.

Borschtsch – Rote-Bete-Suppe

4 Portionen
160 g Rindfleisch ohne Knochen
120 g Rote Bete
80 g Weißkohl
160 g Kartoffeln
½ Karotte
16 g Petersilienwurzel
½ Zwiebel
½ Paprikaschote
1 Knoblauchzehe
1 Esslöffel Tomatenmark
1 rote Peperonischote
50 g Butterschmalz
15 g Speck
4 Teelöffel saure Sahne
1 Teelöffel Zucker
1 Teelöffel 3%iger Essig
1 Teelöffel klein gehackte Petersilie und Dill
1 Lorbeerblatt
Salz, rotes Paprikapulver
Petersilie

1. Das Rindfleisch in 1 Liter kaltes Wasser geben und bei starker Hitze zum Kochen bringen. Wenn das Wasser kocht, den sich bildenden Schaum abschöpfen und das Fleisch weiter bei schwacher Hitze gar kochen.
2. Die Rote Bete in Streifen schneiden, etwas Butterschmalz, Essig, Zucker und Salz hinzugeben und zuerst bei starker Hitze und dann zugedeckt bei schwacher Hitze gar dünsten.
3. Die Karotte, die Petersilienwurzel, die Zwiebel und die Paprikaschote zerkleinern, die Kartoffeln schälen und wie Pommes frites schneiden.
4. Die Karotte und die Petersilienwurzel mit einem Teil des Butterschmalzes kurz anbraten. Die Zwiebel mit dem Rest des Butterschmalzes glasig braten, das mit etwas Fleischbrühe verdünnte Tomatenmark hinzugeben und weitere 10–15 Minuten ohne Krustenbildung braten; anschließend mit der gebratenen Karotte und Petersilienwurzel vermischen.
5. Das gekochte Rindfleisch aus der Brühe nehmen und in einen anderen Topf geben. Das Fleisch leicht salzen und mit etwas Brühe zugedeckt an einen warmen Ort stellen.
6. Die restliche Fleischbrühe durchseihen, zum Kochen bringen und den zer-

kleinerten Weißkohl, die Peperonischote und die Kartoffelstücke hineingeben und 15–20 Minuten lang bei schwacher Hitze kochen. Dann die Peperonischote herausnehmen und die gedünstete Rote Bete, das angebratene Wurzelgemüse (Karotte, Petersilie und Zwiebel) sowie die zerkleinerte Paprikaschote und das Lorbeerblatt hinzugeben und alles nochmals 5–7 Minuten kochen.
7. Den Speck und die Knoblauchzehe klein schneiden; die klein gehackte Petersilie und den Dill hinzugeben und alles unter Zugabe von Salz und Paprikapulver mit dem Mörser zerreiben.
8. Die mit den Küchenkräutern zerriebene Speckmasse zum Borschtsch hinzufügen, den Borschtsch dann zum Kochen bringen, anschließend von der Hitzequelle nehmen und zugedeckt 30–40 Minuten ziehen lassen.
9. Zuletzt das in Stücke geschnittene Fleisch hinzufügen und den fertigen Borschtsch mit einem Häubchen saurer Sahne und mit klein gehackter Petersilie bestreut servieren.

Waréniki s kartófeljem i gribámi – Nudelteigtaschen mit Kartoffeln und Pilzen

8–10 Portionen
700 g frische Pilze
600 g Weizenmehl
1 Ei
1 Glas (etwa 200 ml) Wasser
2 Esslöffel Margarine
1 Zwiebel
3 Esslöffel Tafelbutter
2 Kartoffeln
Salz, saure Sahne, gebratene Zwiebeln

1. Zum gesiebten Weizenmehl das Wasser, das Ei, die zerlassene Margarine und 1 Teelöffel Salz hinzugeben und zu einem Teig kneten. Den vorbereiteten Teig 30–40 Minuten ruhen lassen.
2. Für die Füllung die geschälten Kartoffeln kochen, abseihen und mit der Raspel klein reiben.
3. Die Pilze putzen, klein schneiden und zusammen mit der klein gehackten Zwiebel in der Tafelbutter braten, bis die Zwiebel eine goldgelbe Farbe annimmt. Anschließend mit den geriebenen Kartoffeln vermengen und salzen.
4. Den Teig zu einer Rolle formen, in Stücke schneiden, diese zu dünnen Plätzchen ausrollen. In die Mitte der Plätzchen je einen Teelöffel der Fülle (auf 20 g Teig etwa 25 g Füllung) setzen, Nudelteigtaschen formen und in Salzwasser bei schwacher Hitze 10 Minuten lang gar kochen.
5. Die fertigen *Waréniki* mit einer Schaumkelle aus dem Wasser nehmen, mit Tafelbutter, saurer Sahne und gebratenen Zwiebeln servieren.

Bemerkung: Bei diesen beiden Gerichten (Bortschtsch und Waréniki) handelt es sich um ukrainische Gerichte.

Kartófelj farschirówannyj „Lapotótschki"[1] – Gefüllte Kartoffel „Bastschühchen"

Die Bewohner Boliviens und Perus waren die Ersten, die die Kartoffel kultivierten. Nach Europa wurde die Kartoffel in der Mitte des 16. Jh. von den spanischen *Conquistadores*[2] eingeführt. Übrigens nahmen die Europäer zunächst an, dass die Kartoffelfrucht giftig sei. Das ist kaum verwunderlich, wurden doch damals nicht die Knollen verwendet, sondern immer nur die grünen Pflanzenfrüchte. Später aß man die Kartoffel zuweilen roh. Kartoffelblütensträuße galten damals als elegantes Geschenk sogar für Mitglieder der königlichen Familie.

Man nimmt an, dass die Kartoffel zur Zeit Peters d. Großen, Ende des 18. Jh., nach Russland kam. Es gibt jedoch auch eine andere Annahme: Danach nahm die Kartoffel den Weg über die Halbinsel Kamtschatka, Sibirien, den Ural und Nordrussland, und zwar schon früher als gemeinhin angenommen – also noch vor Peter d. Großen.

Eingang in die russische Küche fand sie allerdings erst im 19. Jh., und seitdem gilt sie den Russen als „zweites Brot". Sehr bald wurde sie zum unentbehrlichen Bestandteil vieler traditioneller Speisen, wobei sie die Speiserübe und die Steckrübe ablöste. Mit der Zeit kamen auch neue Kartoffelgerichte auf, ohne die die russische Küche heute undenkbar wäre.

[1] *Lapotótschki* [„Bastschühchen"] ist die Verkleinerungsform von *lápti* – so wurden die vorwiegend von russischen Bauern und ärmeren Bevölkerungsschichten bis zum Ende des 19. Jh. im Winter wie im Sommer getragenen selbst geflochtenen Bastschuhe bezeichnet.
[2] *Conquistadores* [„Eroberer"] wird als Sammelbegriff für die Soldaten, Entdecker und Abenteurer verwendet, die während des 16. und 17. Jh. große Teile Nord- und Südamerikas und die Philippinen für Spanien eroberten und erschlossen.

12 Portionen

2 kg Kartoffeln
1 kleine Zwiebel
10 g Weizenmehl
50 g Tafelbutter (oder Pflanzenöl)
900 g frische Pilze
(oder 240 g getrocknete Pilze)
gemahlener Zwieback
(oder geriebener Käse zum Bestreuen)
gemahlener Pfeffer, Salz, Petersilie

1. Etwa gleich große Kartoffeln mittlerer Größe auswählen und sorgfältig waschen. Die Kartoffeln mit der Schale garen, kurz abkühlen lassen und schälen. Dann den Kartoffeln mit dem Schälmesser die Form von „Bastschühchen" verleihen, [indem man außen das „Flechtwerk schnitzt", die Kartoffeln dann halbiert und die Hälften innen aushöhlt].
2. Die frischen Pilze waschen, dann klein schneiden. (Die getrockneten Pilze 3–4 Stunden in kaltem Wasser einweichen, abseihen, das Wasser aufbewahren, anschließend die Pilze nochmals waschen und wieder in das Wasser geben, in dem sie eingeweicht waren. Die Pilze darin ohne Salz weich kochen. Die Pilze abseihen – die Pilzbrühe aufbewahren – und in kleine Stücke schneiden.)
3. Für die Soße das Mehl rösten, bis es den Geruch von gebrannten Nüssen annimmt, abkühlen lassen und mit einem Teil der Pilzbrühe zu einer Konsistenz wie etwa flüssige saure Sahne verrühren. Die Soße aufkochen lassen.
4. Die Zwiebel klein hacken, mit Tafelbutter oder Pflanzenöl 5–7 Minuten glasig dünsten, die Pilze hinzugeben und zusammen kurz anbraten. Anschließend mit Salz und Pfeffer würzen, die Pilzsoße dazugießen und umrühren.
5. Die Kartoffel-„Bastschühchen" mit der so hergestellten Füllung auffüllen, auf ein mit Butter eingefettetes Backblech geben und mit geriebenem Käse oder gemahlenem Zwieback bestreuen. Anschließend bei 220 °C im Ofen backen, bis sich eine Kruste bildet.
6. Zum Servieren die Kartoffel-„Bastschühchen" noch mit Petersilie garnieren.

Golubzý s mjássom i ríssom – Kohlrouladen mit Fleisch und Reis

Dieses Gericht gelangte aus Litauen und der Ukraine in die russische Küche. Im 14.–15. Jh. wurde es von litauischen und ukrainischen Köchen aus der tatarischen und türkischen Küche übernommen, wo es *Dolma* hieß, und auf slawische Manier „umgestaltet": Die Weinblätter wurden durch Kohlblätter, das Hammelfleisch durch Schweinefleisch und der Reis ursprünglich durch Hirse ersetzt.

Die russische Bezeichnung *golubzý* erhielt dieses Gericht erst bedeutend später, Ende des 18. und Anfang des 19. Jh. Sie leitet sich von dem Wort *gólubj* [„Taube"] ab. Tauben oder Wachtelweibchen briet man als ganze Tiere auf einer Art Bratrost (*ráschpor*) und nannte dieses Gericht *krepinét* [von frz. *crepinette*][1]. Später bezeichnete man mit diesem Wort auch die sogenannten „falschen Tauben" (*lósehnye gólubi*), d. h. eine Fleischfüllung, die in Schweine- oder Hammelnetz eingewickelt auf dem Bratrost gegart wurde. Von daher erhielt in der Folge jedes Hackfleisch, welches in Kohlblätter eingewickelt wurde, im russischen Sprachraum die Bezeichnung *golubzý*. Eines der Geheimnisse der Zubereitung von Kohlrouladen sind die weichen Kohlblätter. Dazu sollte man den Kohlkopf als ganzen kochen oder seine Blätter auseinandernehmen und blanchieren [überbrühen] bzw. in Folie eingewickelt im Ofen für 5–7 Minuten dämpfen.

[1] Das französische Wort *crepinette* kommt von *crepir* [„verputzen"] oder *crepine* [„Bindegewebe", „Netz"]. Es handelt sich dabei um Fettgewebe, das die Gedärme des Tieres umspannt und vor allem zum Einrollen von Fleischspeisen verwendet wird (Netzbraten, Rindsrouladen, gefüllte Hühnerbrust).

14 Portionen
1 ½ kg Weißkohl
750 g Rindfleisch ohne Knochen
80 g Reis
200 g Zwiebeln
90 g Butterschmalz (davon 30 g zum Bestreichen des Backblechs)
Salz, gemahlener Pfeffer, Petersilie

Für die Soße:
40 g Weizenmehl
400 g Crème fraîche
400 g Kohlsud
80 g passierte Tomaten

1. Den Krautstrunk vom Kohlkopf entfernen und den Kohl in Salzwasser gar kochen [den Sud aufbewahren]. Bei einem schlaffen Kohlkopf kann man die Blätter gleich ablösen und in Schichten übereinandergelegt kochen, so werden sie gleichmäßiger durchgekocht. Von den gekochten Kohlblättern das dickere Blattstielende abschneiden.
2. Den Reis in Salzwasser gar kochen, wobei doppelt so viel Wasser wie Reis verwendet wird. Die Zwiebeln klein schneiden und mit einem Teil des Butterschmalzes glasig dünsten. Das Fleisch klein hacken und mit dem Reis und den gedünsteten Zwiebeln vermischen, das Ganze mit Salz und Pfeffer würzen und umrühren.
3. Diese Füllung auf die Kohlblätter legen und in Form eines Zylinders einrollen.
4. Für die Soße das Mehl rösten, ohne dass es seine Farbe verändert, abkühlen lassen und mit dem Kohlsud verrühren. Dann die Crème fraîche, Salz und gemahlenen Pfeffer hinzugeben und 5 Minuten kochen. Die passierten Tomaten unter ständigem Rühren bis zur Hälfte ihres ursprünglichen Umfangs zerkochen und in die Soße geben. Das Ganze zum Kochen bringen.
5. Die Kohlrouladen auf ein mit Butter eingefettetes Backblech legen und im Ofen vorbacken. Anschließend die Kohlrouladen mit der Soße übergießen und bei 230 °C bis zur Bildung einer Kruste fertig backen.
6. Vor dem Servieren die Rouladen mit Petersilie garnieren.

Schtschúka farschirówannaja – Gefüllter Hecht

Viele heute bekannte Fischgerichte sind uns aus uralter Zeit überliefert. Schon von alters her hatten russische Köche auch besondere Methoden der Zubereitung der einzelnen Fischarten ausgearbeitet. Besonders vielfältig waren die Verfahrensweisen mit dem Hecht. Dieser Fisch fällt besonders durch seinen Körperbau (den langen Rumpf, fast ohne Flossen auf dem Rücken) und das grätenarme Fischfleisch aus der Reihe. Deshalb begann man, ihn zu farcieren, indem man die Haut von seinem Körper gleich einem Strumpf abzog. Gefüllter Hecht ist eine der hervorragendsten Speisen der russischen Küche – ein Erbe aus alter Zeit.

Damals wurden Hechte allerdings nicht nur gefüllt, sondern man servierte sie auch gebraten, in Salz eingelegt, gedörrt und „gedreht", d. h. am Spieß gegrillt. Im „Verzeichnis der Zarenspeisen"[1] und in anderen Beschreibungen der Essgewohnheiten vornehmer Leute im alten Moskowien wird sehr oft „Hechtkopf mit Knoblauch" erwähnt. Weil das Fleisch des großen Hechtes grob und faserig ist und zudem oft nach Seetang riecht, aßen die vornehmen Leute – und umso mehr die Fürsten und Zaren – es nicht, sondern man reichte ihnen bei Tisch nur gekochten Hechtkopf, reichlich mit Knoblauchwürze übergossen.

1 *Róspis zárskim kúschanjam* [„Verzeichnis der Zarenspeisen"], 1610–1613. In: Historische Denkmäler, gesammelt und herausgegeben von der Archäographischen Kommission. Bd. 2: 1598–1613. St. Petersburg 1841, Nationalbibliothek WK 73694, Nr. 356. Es handelt sich hierbei um eine Aufzählung von Speisen, die zu verschiedenen Anlässen am Zarentisch serviert wurden.

6 Portionen
1 Hecht
180 g Weizenbrot
1 Glas (etwa 200 ml) Milch
2 Eier
2 Zwiebeln
1 Rote Bete
1 Karotte
2 Esslöffel Tafelbutter
1 Knoblauchzehe
300 g Tomatensoße
Dill, Salz, gemahlener schwarzer Pfeffer, Küchenkräuter

1. Den Hecht ausnehmen und von Gräten befreien und so zum Filet mit Haut verarbeiten. Einen Teil des Fischfleisches wegschneiden, so dass auf der Haut nur eine Fleischschicht von etwa ½ cm verbleibt.
2. Das weggeschnittene Fischfleisch und eine Zwiebel durch den Fleischwolf drehen [faschieren] und mit dem in Milch eingeweichten Brot, den Eiern und der Butter vermischen, mit Dill, Salz und Pfeffer würzen. Dieses Gemisch noch 2-mal durch den Fleischwolf drehen.
3. Die so hergestellte Füllung auf die Fischhaut legen und wie eine Roulade einrollen. Anschließend die Fischrolle in Portionen schneiden.
4. Eine Auflaufform mit geschälter, in kleine Scheiben geschnittener Roter Bete, Karotte und Zwiebel auslegen und darauf die Portionen gefüllten Hechtes legen. Anschließend den Fisch und das Gemüse mit Wasser übergießen, den klein gehackten Knoblauch hinzugeben und das Ganze 1 Stunde lang dünsten.
5. Den fertigen Fisch mit dem gedünsteten Gemüse in Portionen auf Teller legen. Getrennt kann man dazu Salzkartoffeln, bestreut mit klein gehackten Küchenkräutern, und die Tomatensoße servieren.

Pelméni Moskówskie – Moskauer Teigtaschen

In der russischen Küche gibt es eine sich großer Beliebtheit erfreuende Speise, die zu jedem Anlass passend auf den Tisch kommt, sei es alltags, sei es zu einem Festtag: die berühmten *Pelmeni*.

Im etymologischen Wörterbuch von Aleksandr G. Preobraschenskij[1] ist das Wort *pelméni* als ähnlich klingend mit *pelnjánj* aufgeführt. In der Übersetzung aus dem Komi-Permjakischen und Udmurtischen[2] bedeutet *pelnjánj* „Teigohr"

[1] Preobraschenskij, Aleksandr Grigorjewitsch: Etymologisches Wörterbuch der russischen Sprache. 1. Auflage (Originalausgabe): Bd. 1–2: Moskau 1910–1916, Bd. 3: Moskau/Leningrad (Akademie der Wissenschaften der UdSSR) 1949 und spätere Ausgaben, auch als *E-Book* im PDF-Format im Internet einsehbar. A. G. Preobraschenskij (1850–1918) war Gymnasiallehrer des 4. Moskauer Gymnasiums, sein Wörterbuch gilt immer noch als Standardwerk.
[2] Zwei permische Sprachen der uralischen Sprachfamilie, die wiederum der Kategorie der finno-ugrischen Sprachen zuzuordnen ist.

(von *pelj* – „Ohr", „Öhrchen" und *njanj* – „Teig", „Brot"). So hat die originelle Form der Speise ihren Namen gegeben. Mit der Zeit wurde das Wort entstellt, und aus *pelnjánj* wurde bald *pelmjánj*, welches sich dann zu *pelméni* abschliff.

Diese mit Hackfleisch gefüllten Nudeln sind bei vielen Völkern so beliebt, dass jedes Volk sich dieses Wunder von einer Speise als eigene Erfindung selber zuschreibt.

Es rankt sich darum eine Vielzahl an Legenden. So existiert z. B. bei den Bewohnern der entlegenen Dörfer Finnlands bis heute der Volksglaube, dass es irgendwann in grauer Vorzeit einem der Götter eingefallen sei, aus Teig und den Resten von Hammelhackfleisch etwas zu formen, das den heutigen *Pelmeni* ähnlich sieht. Der finnische Götze lachte über seine eigene Erfindung und warf sie den gewöhnlichen Sterblichen zu, womit er fast die Hälfte der Bevölkerung des kleinen Dörfchens,

das sich in der Nähe seiner Behausung befand, ernährte.

Bei den Tataren, Udmurten und Komi-Permjaken galt dieses Gericht generell als rituelle Speise. In ihr verkörperte sich symbolisch die Opferdarbringung aller Arten von Vieh, die der Mensch sich angeeignet hatte. Deshalb besteht im Ural die traditionelle Fleischfüllung aus drei Sorten von Fleisch: Rindfleisch, Hammelfleisch und Schweinefleisch, die in einer genau festgelegten Proportion zueinander vermischt werden.

In Russland erfuhr man von den *Pelmeni* das erste Mal Anfang des 15. Jh., nämlich als die Eroberung des Uralgebietes einsetzte. Weite Verbreitung fanden die *Pelmeni* jedoch in Russland erst Ende des 19. Jh., und von da an wurden sie zum Symbol der russischen Küche schlechthin.

8 Portionen

700 g Weizenmehl
2 Eier
260 g Wasser
350 g Rindfleisch
350 g Schweinefleisch (oder Hammelfleisch)
1 Zwiebel
170 g Milch (oder Wasser)
2 g Zucker
Salz für den Teig und die Fleischfüllung
gemahlener Pfeffer für die Fleischfüllung

Bemerkung: Man kann [ungekochte] *Pelmeni* entweder einfrieren (bis 1 Monat) oder im Kühlschrank für 1–2 Tage aufbewahren.

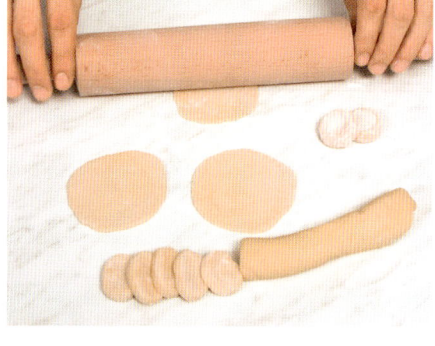

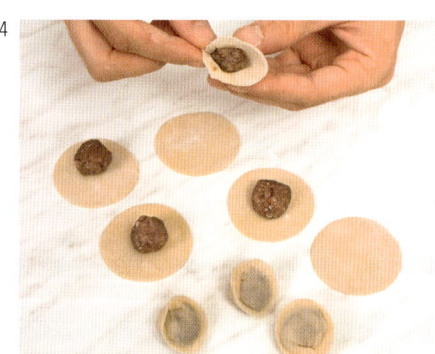

1. Das Mehl zu einem Hügel aufschütten, in der Mitte eine Vertiefung machen, in diese Mulde die Eier und warmes Wasser mit Salz geben und daraus einen festen Teig kneten. Den Teig in ein feuchtes Tuch einwickeln und 30–40 Minuten ruhen lassen.
2. Für die Fleischfüllung das Fleisch von Häuten und Sehnen befreien, in kleine Stücke schneiden und zusammen mit der Zwiebel zweimal faschieren (durch den Fleischwolf drehen). Mit Salz, Zucker und Pfeffer würzen, mit Milch oder Wasser verdünnen und gut umrühren.
3. Den Teig in lange, 1–1 ½ cm dicke Würste zerteilen, diese in kleine Stücke schneiden und zu dünnen runden Plätzchen ausrollen.
4. In die Mitte jedes Teigplätzchens einen Teelöffel der Fleischfüllung legen, die Ränder in Form eines Halbmondes zusammenfalten und fest zusammendrücken. Diese Form kann man entweder beibehalten oder aber die Enden des geformten Halbmondes nochmals zu einem Kringel zusammenfügen.
5. Die *Pelmeni* 7–10 Minuten in Salzwasser (im Verhältnis 1 kg zu 4 l) bei schwacher Hitze kochen, bis sie an der Oberfläche schwimmen, dann mit der Schaumkelle entnehmen und mit Butter, saurer Sahne, Senf oder Meerrettichsoße servieren.

Gusj, sapjetschónnyj s jáblokami – Gebratene Gans mit Äpfeln

6–8 Portionen
1 Gans
1 kg Antonow*-Äpfel[1]
2 Knoblauchzehen
Salz, Küchenkräuter
Früchte und Beeren zum Garnieren

1 Antonow*-Äpfel (*Antónowka*) sind eine in Russland kultivierte Herbst- und Wintersorte.

Gefüllte Gans war einst das Hauptgericht des Weihnachts- und des Neujahrstisches. Besonders aromatisch ist die mit Äpfeln, Kartoffeln oder gedörrten Pflaumen gefüllte Gans. Mit Fett durchtränkt wird die Füllung ganz besonders schmackhaft.

In alter Zeit füllte man die Gans auch mit Buchweizengrütze unter Hinzugabe von Rinderspeck. Oder man genoss geräucherte oder in Salz eingelegte Gans, im Winter mit Rettich und Essig gewürzt. Die Innereien der Gans wurden für eine Bouillon (*uchá*) oder für besondere Speisen aus dem Sud der Gans verwendet.

1. Die Gans waschen, abtrocknen, innen und außen salzen und mit den Knoblauchzehen einreiben.
2. Die Äpfel vom Kerngehäuse befreien, schälen und in Viertel schneiden.
3. Die Gans mit den vorbereiteten Äpfeln füllen, mit dem Rücken nach unten auf ein Blech legen und 2–3 Stunden im Backofen braten.
4. Während des Bratens die Gans von Zeit zu Zeit mit dem sich bildenden Saft übergießen. Zum Garnieren einige ganze Äpfel getrennt braten.
5. Die fertig gebratene Gans auf eine flache Schale legen, mit den Bratäpfeln garnieren und mit Früchten, Beeren und Küchenkräutern verzieren.

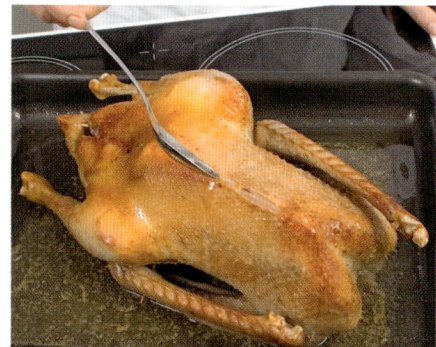

Kuropátka, ~~sch~~árennaja s prjánostjami – Gebratenes Rebhuhn mit Gewürzen

In alter Zeit galten das Rebhuhn ebenso wie das Haselhuhn und der Birkhahn als Winterspeisen. Birkhahn reichte man mit Milch, Rebhuhn dagegen briet man mit Pflaumen oder anderen Früchten und servierte es mit mariniertem Gemüse. Als besonders erlesene Speise galt Rebhuhn im eigenen Sud mit „Pantoffeln", d. h. mit gerösteten Brotstückchen. Im alten Moskowien gab es noch viele weitere Wildfleischsorten, die zwar billiger waren, sich aber geringerer Nachfrage erfreuten.

4 Portionen
4 Rebhühner
½ Zwiebel
1 Esslöffel klein gehacktes Koriandergrün
1 Teelöffel Thymian
1 Teelöffel Koriandersamen
1 Knoblauchzehe
2 Esslöffel Olivenöl
1 Prise gemahlener Cayennepfeffer, Salz
eingelegtes Gemüse, Moosbeeren oder Preiselbeeren zum Garnieren

1. Alle Zutaten außer den Rebhühnern und der Garnitur zusammenmischen und zu einer einheitlichen Gewürzmasse klein hacken.
2. Mit dieser vorbereiteten Gewürzmasse die Rebhühner einreiben und 2 Stunden einwirken lassen.
3. Die Rebhühner dann auf dem Grill eine Stunde lang braten, sie dabei von Zeit zu Zeit wenden. Statt des Grills kann auch der Backofen benutzt werden.
4. Mit eingelegtem Gemüse, Moosbeeren oder Preiselbeeren servieren.

Kúrnik – Hühnerpastete

Der *kúrnik* ist ein wahres kulinarisches Kunstwerk. Früher wurde er als Hochzeitspastete geschätzt; heute wird er vereinfacht und meist mit Blätterteig zubereitet. Ein gut zubereiteter *kúrnik* zeichnet sich durch einen vorzüglichen Geschmack aus.

In alter Zeit wurde er in mehreren Schichten gewöhnlich aus ungesäuertem Rührteig hergestellt und aufwendig dekoriert. Der ungesäuerte Teig verändert seine Form beim Backen nur wenig, und deshalb konnten geschickte Hausfrauen die Pastete mit besonders kunstvollen Ornamenten verzieren.

Die Hühnerpasteten wurden sowohl im Hause des Bräutigams als auch im Hause der Braut zubereitet. Dem Bräutigam überreichte man den *kúrnik* verziert mit Menschenfiguren aus Teig – ein Symbol für die künftige Familie. Den *kúrnik* der Braut schmückte man dagegen mit Blumenornamenten als Zeichen der jungfräulichen Reinheit und Zartheit.

6 Portionen
500 g Blätterteig
½ Ei zum Bestreichen

Für die Pfannkucheneinlagen:
40 g Mehl
2 g Zucker
½ Ei
100 g Milch
2 g Butterschmalz
Salz

Für die Füllungen:
450 g Hühnerfleisch
60 g Reis
2 gekochte Eier
150 g frische Pilze
(oder 50 g getrocknete Pilze)
50 g Tafelbutter
10 g klein gehackte Petersilie
Salz, gemahlener schwarzer Pfeffer

Bemerkung: Bevor man die größere Blätterteigscheibe über die Füllungen legt, ein rundes Loch in der Mitte ausschneiden („Kamin"), damit der Dampf entweichen kann.

1. Für die Hühnerfleischfüllung das Hähnchen kochen, das Fleisch von den Knochen lösen, klein schneiden und mit etwas Butter, Salz und Pfeffer vermischen. Für die Reisfüllung den körnigen Gabelreis kochen, mit etwas Butter versetzen, ¼ klein gehacktes Ei, einen Teil der Petersilie hinzugeben, mit Salz und Pfeffer würzen. Für die Pilzfüllung die klein geschnittenen frischen oder getrockneten Pilze braten [und würzen]. Die Eierfüllung wird aus den restlichen klein gehackten Eiern, Butter und Petersilie hergestellt und ebenfalls gewürzt.
2. Für die Pfannkucheneinlagen das Ei mit Zucker und Salz verrühren, mit Milch verdünnen und das Mehl hineinsieben. Daraus einen flüssigen Teig anrühren und in heißem Butterschmalz 4 Pfannkuchen daraus backen.
3. Den Blätterteig 4–5 mm dick ausrollen und zwei nicht gleich große runde Scheiben ausschneiden. Auf die kleinere Blätterteigscheibe einen Pfannkuchen legen.
4. Auf diesen Pfannkuchen eine der Füllungen geben, mit einem weiteren Pfannkuchen abdecken und so die weiteren Schichten mit den anderen Füllungen darauf aufbauen.
5. Die Ränder der unteren Blätterteigscheibe mit Ei beschmieren, mit der größeren Blätterteigscheibe das Ganze abdecken und die Ränder fest zusammendrücken, ohne sie zusammenzukneifen. Den so hergestellten *kúrnik* außen mit Ei bestreichen und mit Blätterteigfiguren bekleben. Das Ganze nochmals mit Ei bestreichen und bei einer Temperatur von 210–230 °C backen, bis sich eine goldgelbe Kruste bildet.
6. Den *kúrnik* in Portionen geschnitten servieren. Getrennt kann man dazu Pilzbouillon oder Hühnerbouillon reichen.

Kissélj mnogoslójnyj – Mehrschichtiger Kissel

Kissel war schon immer die wichtigste Süßspeise der russischen Küche. Früher bereitete man sie ohne Speisestärke (von Hafer oder Erbsen) zu. Um eine gallertartige Masse zu erhalten, ließ man Hafermilch gären, d. h. sauer (*kíslyj*) werden – daher auch die Bezeichnung *kissélj*.[1]

Nur wenige Gerichte können sich rühmen, eine wichtige Rolle in der Geschichte gespielt zu haben. Eine dieser berühmten Speisen war der *Kissel*. Die Chronik *Pówestj wrémennych ljet* [„Schilderung der vergangenen Jahre"][2] berichtet historisch glaubwürdig darüber, wie die Stadt Belgorod mit *Kissel* vor dem Fall gerettet wurde: Dieser Schilderung zufolge kreisten die Horden der Polowezer[3] die Stadt Belgorod ein. Die Belagerung dauerte so lange an, dass den Belgorodern die Lebensmittelvorräte ausgingen und eine Hungersnot drohte. Da beschlossen die Heerführer, die Stadt den Feinden zu übergeben, um die Bevölkerung vor dem Hungertod zu bewahren. Ein weiser Greis (*Starez*) gab ihnen jedoch einen guten Rat: Sie fanden in ihren Kellern noch etwas Hafer und Honig. Den Honig lösten sie in Wasser auf, und aus dem Hafer kochten sie einen Schleim. Kübel mit diesen Flüssigkeiten versenkten sie in einen Brunnen. Dann luden sie eine Abordnung der Polowezer zu Verhandlungen ein. Als diese eintraf, zogen die Belagerten die Kübel aus dem Brunnen und gossen deren Inhalt in einen Kessel, kochten daraus *Kissel* und begannen ihn zu essen. Die verwunderten Polowezer erbaten sich, davon zu kosten. Als ihr Khan davon probierte, sagte er: „Dieses Volk ist unbesiegbar, die Erde selbst ernährt es." Und er beendete die Belagerung und zog mit seinen Truppen ab.

Sehr fester *Kissel* – so dass man ihn mit dem Messer durchschneiden kann – wird vielerorts auch heute noch als unerlässliche Speise bei der Totengedächtnisfeier (*pomínki*) gereicht.

1 Vgl. dazu auch S. 11, Anm. 1.
2 Die *Pówestj wrémennych ljet* ist eine zwischen 1113 und 1118 unter der Redaktion des Silvester, eines Abtes im Wydubizkij-Kloster, aus mehreren Quellen kompilierte Chronik. Diese etwa in 2000 Abschriften und späteren Redaktionen vorliegende Geschichtsquelle ist gemeinhin unter der Bezeichnung „Nestorchronik" bekannt, da man die Verfasserschaft ab 1230 lange dem Hagiographen Nestor zuschrieb. Die meisten russischen Lokalchroniken schöpften für die Geschichte vor Beginn ihrer Aufzeichnungen direkt oder indirekt aus dieser Quelle. Nur wenige abseits gelegene Klöster konnten ihre Exemplare vor der Brandschatzung der Mongolen bewahren. Die heute vorliegenden Handschriften stammen größtenteils aus dem 15.–17. Jh.
3 Die Polowezer (auch unter der Bezeichnung Kyptschaken oder Kumanen bekannt) waren ein halbnomadisch lebendes Steppenturkvolk, das nach Westen drängend in die Gebiete der Kiewer Rus einfiel.

4 Portionen

1 Glas (etwa 200 ml) kaltes abgekochtes Wasser
1 Glas (etwa 200 ml) Milch
2 Esslöffel Kartoffelstärke
1 Glas (etwa 200 ml) Johannisbeersaft
1 Glas (etwa 200 ml) Sanddornsaft
4 Esslöffel Zucker
1 Esslöffel Vanillezucker
2 Teelöffel Puderzucker

1. Die Kartoffelstärke im kalten abgekochten Wasser auflösen.
2. Die Milch zum Kochen bringen, einen Teil des Zuckers und den Vanillezucker hinzugeben, ⅓ der aufgelösten Speisestärke hineingießen. Die so angedickte Milch nochmals aufkochen und dann abkühlen lassen.
3. Die Säfte einzeln zum Kochen bringen, den restlichen Zucker [auf beide verteilt] hinzugeben, jeweils ⅓ der aufgelösten Speisestärke hineingießen und beide Gemische aufkochen und abkühlen lassen.
4. In Gläser oder Dessertschälchen in Schichten die verschiedenen Sorten *Kissel* einfüllen, weiter abkühlen lassen und mit Puderzucker bestreuen.

Blíntschiki s jágodami – Pfannkuchen mit Beeren

Es ist nicht schwer zu erraten, dass die *blíntschiki* die nächsten Anverwandten der russischen Pfannkuchen (*bliný*)[1] sind. Gewöhnlich bäckt man *bliný* aus Hefeteig. Das ist ein aufwendiges Verfahren, weil man den Teig einige Stunden vorher ansetzen muss, bevor man den Pfannkuchen backen kann.

Doch man fand schnell eine einfache und zuverlässige Methode, Gebäck aus ungesäuertem Teig aufzulockern. Sie besteht darin, dass man den Teig sehr flüssig anrührt, ihn dann in einer dünnen Schicht in die Bratpfanne gießt, wobei sich beim Backen bildende Wasserblasen verdampfen, die auf diese Art und Weise den Teig auflockern. Was dabei herauskommt, sind eben die *blíntschiki*.

Zum Backen von *blíntschiki* sollte man besser eine gusseiserne Pfanne benutzen. Zuerst sollte man sie mit Salz auskochen und trocken reiben; dann dieses Verfahren noch einmal wiederholen. Bevor man den Teig eingießt, sollte die Pfanne mit Pflanzenöl oder ungesalzenem Speck eingefettet werden. In alter Zeit diente zum Einfetten eine Hasenpfote oder eine Kartoffelhälfte.

Nicht eine einzige Tafelrunde kam in der Rus ohne *bliný* oder *blíntschiki* aus. Sie wurden in der Regel aus Buchweizenmehl gebacken – so waren sie üppiger als Weizenmehlpfannkuchen und schmeckten sehr gut.

Am häufigsten servierte man *blíntschiki* mit Butter, saurer Sahne, Speckschwarten, Schmalz oder mit *Sjómga**-Lachs. Eine beliebte Leckerei waren *blíntschiki* mit süßem Aufstrich: mit Beeren, Mohn, Honig oder *warénje*[2].

[1] Das Wort *blíntschiki* ist eine Verkleinerungsform von *bliný* [„Pfannkuchen", „Plinse"].

[2] *Warénje*, vgl. S. 14, Anm. 2.

6 Portionen

2 Eier
500 g Milch
150 g Weizenmehl
½ Teelöffel Zucker
½ Teelöffel Salz
2 Esslöffel Butterschmalz
(Wald-)Erdbeeren

1. Die Eier verquirlen und etwas Milch hinzugeben.
2. Das Mehl, die restliche Milch, Zucker und Salz hinzugeben und so lange mit dem Schneebesen schlagen, bis sich eine einheitliche Masse bildet.
3. Die *blíntschiki* in einer mit Salz ausgekochten und mit Butterschmalz eingefetteten Pfanne backen.
4. Die *blíntschiki* mit (Wald-)Erdbeeren servieren.

Káscha gúrjewskaja – Gurjew-Grießbrei

Der Gurjew-Grießbrei ziert schon fast 200 Jahre die Speisekarten der besten Restaurants nicht nur in Russland, sondern auch in anderen Ländern. Sein Urheber Dmitriij A. Gurjew[1], ein bedeutender Würdenträger des ersten Viertels des 19. Jh., war für seinen erlesenen Geschmack berühmt. Seine Festmahle waren nicht nur in der Hauptstadt, sondern im ganzen Kaiserreich berüchtigt. Ihre Üppigkeit und Vielfalt setzten sogar die viel gereisten ausländischen Diplomaten in Erstaunen. Gurjew selbst erfand neue Gerichte, die in der Küche nach seinen Anweisungen zubereitet wurden.

Nach den Beschreibungen vieler überlieferter Gerichte zu urteilen, die den Namen Gurjew tragen, versuchte er vorhandenen traditionellen Speisen einen verfeinerten Geschmack zu verleihen. Der inzwischen jedermann bekannte süße Milchbrei aus Grieß kam aber offenbar nicht sofort in Umlauf. Er hatte auch seine Vorläufer, die allerdings nie diese Bekanntheit erreichten. Einzig der *Gúrjew-Káscha* war es beschieden, ein wahres Kunstwerk zu werden. Ursprünglich garnierte man sie mit „exotischen" Früchten wie Bananen, Ananas und Apfelsinen.

[1] Graf Dmitrij Aleksandrowitsch Gurjew (1751–1825) war Finanzminister unter Zar Alexander I.

14 Portionen
1 Glas (etwa 200 ml) Grieß
1 ⅕ l Milch für den Brei
1 Becher (etwa 250 ml) Sahne
1 Glas (etwa 200 ml) klein gehackte Walnüsse
120 g Zucker
2 Esslöffel Tafelbutter
2 Eier
6 Aprikosen
Salz, Vanillezucker
Früchte oder Sukkade[1] zum Garnieren

Für die Soße:
20 Aprikosen
4 Esslöffel Zucker
650 g Wasser

[1] *Sukkade:* kandierte Fruchtschalen (z. B. Zitronat oder Orangeat).

1. In die kochende Milch Salz und allmählich in einem Rinnsal den Grieß hineingießen, dabei fortwährend umrühren und so einen zähflüssigen Brei herstellen.
2. Den fertigen Brei etwas abkühlen lassen, die mit Zucker verrührten Eigelb, den Vanillezucker und die schaumig geschlagenen Eiweiß hinzugeben; ebenso ⅔ der mit Butter gerösteten, klein gehackten Walnusskerne. Alles vorsichtig unterrühren.
3. In die mit Butter eingefettete, hitzebeständige Bratpfanne eine Breischicht von 1–2 cm geben, darauf die entkernten Aprikosenhälften legen und mit einer Schicht geschlagener Sahne bedecken; das Ganze mit einer weiteren Schicht Grießbrei abdecken.
4. Die obere Grießbreischicht mit Zucker bestreuen und die Speise bis zur Bildung einer goldgelben Kruste im Ofen backen. Das fertige Gericht mit klein gehackten Nüssen bestreuen und mit Früchten oder Sukkade garnieren.
5. Für die Soße die frischen Aprikosen zerkleinern, mit Zucker vermischen und mit Wasser verdünnen. Dieses Gemisch 5–7 Minuten kochen. Die fertige Soße getrennt in einer Sauciere servieren.

In älterer Zeit verwendete man statt der Schlagsahne Milchschaum (den man nur aus Landmilch – am besten kuhwarmer, frisch gemolkener Milch – herstellen kann). Man stellte eine breite, niedrige Kasserolle mit Milch in den vorgeheizten Ofen. Den sich dabei bildenden Milchschaum nahm man von Zeit zu Zeit ab und gab ihn zwischen die Grießbreischichten.

Prjániki starorússkije – Altrussische Pfefferkuchen

Die *prjániki* [„Pfefferkuchen"] sind ein in der Rus seit Urzeiten bekanntes, köstliches süßes Gebäck. Um sie ranken sich im Volk eine Vielzahl an Sprichwörtern und Aphorismen, Märchen und Liedern. *Prjániki* schenkte man zum Zeichen der Ehrerbietung und Zuneigung an Festtagen, Geburtstagen und Namenstagen. Man buk sie „zur Ehrenbezeigung" manchmal sehr groß und wollte damit anschaulich machen, wie groß die Liebe oder Hochachtung des Schenkenden sei. Manchmal wogen sie einige *Pud*[1], und man musste sie auf zwei Schlitten nebeneinander transportieren. Sie wurden Kindern, jungen Paaren zur Hochzeit sowie zur Taufe geschenkt, man bot sie auf Märkten feil – sie waren mit einem Wort fester Bestandteil der russischen Lebenswelt.

Die ersten Pfefferkuchen waren einfache Plätzchen. Sie wurden aus Teig mit der Hand geformt und stellten Sterne, Vögel und andere Tiere dar. Einhergehend mit der Vervollkommnung des Pfefferkuchengewerbes kamen geschnitzte Holztafeln mit eingravierten Formen zum Einsatz. *Prjániki*, die mithilfe dieser Formen hergestellt wurden, nannte man „geprägte" Pfefferkuchen. Die geschnitzten Holztafeln wurden hoch geschätzt und sind bis heute wunderschöne Beispiele der russischen angewandten Dekorationskunst. Im 17.–19. Jh. war der Pfefferkuchenhandel ein wichtiger Erwerbszweig der russischen Volkswirtschaft, besonders in Archangelsk, Wjasma, Gorodjez, Moskau, Tula und Twer.

Man buk zweierlei Sorten von Pfefferkuchen: gesäuerte und ungesäuerte. Die einen wie die anderen stellte man auf der Grundlage von Melasse mit Honig her. Die Ersteren mit Sauerteig waren dicker und preiswerter als die ungesäuerten und hatten das Aussehen von Lebkuchen dunkelbrauner Farbe. Die Letzteren waren dünn und von goldgelber Farbe. *Prjániki* „aus *einem* Honig" [d. h. ohne Zuckerzusatz] mussten eigens bestellt werden und waren sehr teuer. Zuweilen versah man sie mit einer farbigen Glasur oder verschiedenen Glasuraufschriften.

Im 20. Jh. hat das Pfefferkuchengewerbe seine frühere Popularität eingebüßt, obwohl die *prjániki* zweifellos auch heute noch eine beliebte Leckerei sind.

[1] Der *Pud* ist ein ehemaliges russisches Gewichtsmaß aus der Zeit vor der Einführung des metrischen Systems und entspricht einer Menge von 16,38 kg.

8 Portionen
500 g Honig
500 g Weizenmehl
150 g Speisestärke
150 g Zucker
125 g Haselnüsse
1 Teelöffel gemahlener Zimt
1 Teelöffel gemahlene Gewürznelken
½ Teelöffel gemahlene Muskatnuss
½ Teelöffel Backpulver (oder Soda mit Essig)

1. Den Honig (einen Teil davon für die Verzierung zurückbehalten), den Zucker, einen Teil der klein gehackten Nüsse und die Gewürze (Nelke, Zimt und Muskatnuss) vermischen und in der Pfanne unter Umrühren rösten, bis die Honigmischung eine rötliche Färbung annimmt.
2. Das Mehl mit der Speisestärke und dem Backpulver vermischen, die Honigmischung hinzugeben und einen festen Teig kneten.
3. Den Teig 2 cm dick ausrollen, die Pfefferkuchen in gewünschter Form ausschneiden und in der Mitte jeweils eine Haselnuss eindrücken.
4. Die fertigen *prjániki* mit dem restlichen Honig bestreichen, auf ein leicht mit Mehl bestaubtes Backblech legen und im Ofen 10–15 Minuten bei 220 °C backen.

Chwórost – Krausgebäck

Bis zum 18. Jh. war der *chwórost* [„Gebäck aus gekrümmten Teigstreifen"] das Hauptgericht des Fastnachtstisches; erst später wurde er in dieser Rolle von den Pfannkuchen abgelöst.

Der *chwórost* ist durch viele Jahrhunderte hindurch fast unverändert überliefert. Der Name dieses zarten Gebäckes spricht für sich selbst: Er erinnert in seiner bizarren Form und Zerbrechlichkeit an trockenes Reisig.

Ursprünglich knetete man für dieses Gebäck aus Mehl, Wasser, Eiern und Salz einen sehr festen ungesäuerten Teig, den man dünn ausrollte und daraus Rosetten, Kronen u,nd Flechtwerk formte. Sie wurden in siedendem Öl gebacken, in eine Schale gelegt und mit Honig übergossen oder mit Zucker bestreut.

Später wurde dieses Verfahren verfeinert: Man mischte dem Teig Wodka bei, den ausgerollten Teig bestrich man mit Pflanzenöl und rollte ihn erneut aus. Dadurch wurde der *chwórost* noch zarter.

Besonders weite Verbreitung fand das Gebäck im städtischen Bürgertum Ende des 19. bis Anfang des 20. Jh. Später büßte der *chwórost* seine Popularität leider infolge des Aufkommens industriell gefertigter Back- und Konditoreiwaren ein.

6 Portionen
Weizenmehl (die Menge sollte einen sehr festen Teig ergeben)
1 Esslöffel Wodka
2 Eier
200 g Pflanzenöl (zum Frittieren)
2 Esslöffel Puderzucker
Salz

1. Die Eier und das Mehl unter Zugabe von Wodka und Salz zu einem festen Teig kneten, diesen mit einem feuchten Tuch bedecken und nicht weniger als 30 Minuten ruhen lassen. Den Teig dann zerteilen und die Teile sehr dünn ausrollen.
2. Aus dem ausgerollten Teig Plätzchen mit unterschiedlichem Durchmesser ausstechen (3–4 Plätzchen pro Gebäckstück).
3. Die ausgestochenen Plätzchen der Größe nach übereinanderlegen – das größte zu unterst. Die Plätzchen in der Mitte zusammendrücken und die Ränder zur Mitte hin einschneiden.
4. Den *chwórost* im heißen Öl frittieren, bis er eine goldgelbe Farbe annimmt, dann herausnehmen, abkühlen lassen und mit Puderzucker bestreuen.

Jáblotschnaja pletjónka – Geflochtener Apfelstrudel (Apfelpastete)

Pasteten backen konnte in der Rus jede Hausfrau, und diese Kunst lehrten sie auch die Mädchen, denn schließlich spiegelt die Pastete die Persönlichkeit der Hausfrau wider.

Die russische Küche kennt eine Unmenge an Rezepten für die unterschiedlichsten Pasteten. Sie unterscheiden sich nach der Art der Zubereitung des Teiges (Hefeteig, Blätterteig, ungesäuerter Teig usw.), nach ihrer Form (offene und bedeckte, kleine und große, runde und quadratische), nach dem Verfahren des Garens (in Öl frittierte und im Ofen gebackene) sowie nach ihrer Füllung (an fastenfreien Tagen bereitete man Fleischfüllungen zu, an Fasttagen solche aus Fisch, aber auch süße Pasteten waren und sind sehr beliebt).

Obwohl die Mehrzahl der Pasteten in der russischen Küche aus Hefeteig gebacken wird, erfreut sich der Blätterteig in letzter Zeit immer größerer Beliebtheit.

Es gibt einfachen und Hefe-Blätterteig. Letzteren nennt man häufig auch „sauren" oder „russischen Blätterteig". Diese Benennung kommt daher, dass der Hefe-Blätterteig in der Rus schon lange bekannt war, während der einfache Blätterteig erst Ende des 18. Jh. aufkam.

Von alters her waren Äpfel die beliebteste Füllung für süße Pasteten. Schon in grauer Vorzeit zog man verschiedene Apfelsorten. Bereits im *Domostrój* [dem altrussischen „Hausväterbuch"][1] gibt es Hinweise über die Verwendung von Äpfeln und ihren Anbau im Garten. Äpfel sind bis heute das am leichtesten zugängliche und meist gegessene Obst.

---
1 *Domostrój*, vgl. S. 24, Anm. 1.

6 Portionen
400 g Blätterteig
500 g Äpfel
1 Esslöffel Honig
1 Esslöffel klein gehackte Nüsse
1 Esslöffel Zitronat
1 Eiweiß
3 Esslöffel Puderzucker
1 Esslöffel Orangenlikör
2 Esslöffel Aprikosenkonfitüre

1. Den Teig ausrollen und zu einem Rechteck von 20 x 30 cm zurechtschneiden.
2. Die Äpfel schälen, das Kerngehäuse entfernen, in Viertel und dann in dünne Spalten schneiden. Den Honig, die klein gehackten Nüsse und das Zitronat hinzugeben und umrühren.
3. Die Apfelmasse in der Mitte des ausgerollten Teiges ausbreiten; dabei deutliche Ränder an den Längsseiten des Teigrechtecks freilassen und diese mit Eiweiß bestreichen.
4. Die gegenüberliegenden Ränder zur Mitte hin im Streifenabstand von 1 cm einschneiden und die so entstehenden Streifen über der Füllung zusammenflechten.
5. Den geflochtenen Apfelstrudel im Ofen 20–25 Minuten bei 200°C backen.
6. Für die Glasur den Puderzucker mit dem Orangenlikör vermischen und erhitzen. Den fertig gebackenen Apfelstrudel mit Aprikosenkonfitüre und anschließend mit der Zuckerglasur bestreichen.

Tschaj trawjanój – Kräutertee

Viele Jahrhunderte lang wärmten sich die Russen in den rauen Wintern mit aromatischen und heilenden heißen Getränken aus den gütigen Gaben der Wälder, Felder und Wiesen. An heißen Sommertagen stillte man damit wunderbar den Durst, und nach der berühmten russischen *bánja* [der „Sauna"] waren die Tees eigentlich unersetzlich. In jeder Bauernhütte wurden Vorräte an getrockneten Kräutern für Aufgüsse sorgsam aufbewahrt. Sie waren reich an Vitaminen, Geschmacks-, Aroma- und Heilstoffen. Die heißen Getränke halfen gegen Erkältungen, Fieberanfälle und andere Krankheiten.

Jedes Dorf und sogar jede Familie hatte ihre Lieblingstees: aus den Herbstblättern der Erdbeere, aus Beeren, Blüten und Blättern der Himbeere und Brombeere, aus aromatischer Pfefferminze, aus den Blättern der Johannisbeere, aus Gartenquendel oder Thymian, aus Lindenblüten usw.

2 Portionen
1 Esslöffel Lindenblüten
1 Esslöffel Blätter der Johannisbeere oder Himbeere
1 Esslöffel Pfefferminze oder Melisse
2 Glas Wasser

1. Die Teekanne mit kochendem Wasser ausspülen und die Lindenblüten, Beerenblätter und die Minze oder Melisse hineinstreuen.
2. Die Teekanne mit kochendem Wasser auffüllen und mit dem Deckel abdecken. Den Tee 15–20 Minuten ziehen lassen, den Aufguss anschließend durchseihen.
3. Den Tee mit Zucker oder Honig servieren.

1

2

Kwas kljúkwennyj – Moosbeeren-Kwass

Der russische Kwass ist eines der vorzüglichsten Getränke, ohne welches eine russische Tischgemeinschaft nicht vorstellbar wäre. Die Kunst des Herstellens von „kitzelnden" Getränken beherrschten die Slawen bereits vor der Gründung der Kiewer Rus. Im Geschmack gab es nichts dem Kwass Gleichwertiges. Vor mehr als tausend Jahren erfunden, erfreut sich der Kwass auch heute noch verdienter Beliebtheit.

In der Rus wurde der Kwass stets in großen Ehren gehalten. Man setzte ihn in Klöstern, Kasernen, Hospitälern, Krankenhäusern, Landgütern der Grundbesitzer und in Bauernhütten an. Nicht ein einziger Marktflecken kam ohne Kwass-Stände aus.

Die meist verbreitete Sorte war natürlich der Brotkwass (Rezept auf S. 10), aber man kannte in alter Zeit auch Obst-, Beeren- und Honigkwass sowie weitere Sorten. Das Rohmaterial zu ihrer Herstellung waren Früchte, Beeren, Honig, Zucker, verschiedene Gewürze, Kräuter und Wurzeln.

An Früchten und Beeren verwendete man hauptsächlich Moosbeeren, Preiselbeeren, Erdbeeren, Sumpfbrombeeren oder Moltebeeren, Johannisbeeren und Himbeeren sowie wild wachsende Äpfel und Birnen als Grundlage.

8 Portionen
300 g Moosbeeren
1 l Wasser
1 Glas (etwa 200 ml) Zucker
15 g gepresste Hefe

1. Die Moosbeeren zerstampfen und den Saft auspressen.
2. Die ausgepressten Beerenreste mit heißem Wasser auffüllen und 15 Minuten kochen lassen, danach durchseihen.
3. In den so vorbereiteten Sud den Zucker geben und aufkochen, danach bis 18 °C abkühlen lassen.
4. Diesen Sirup dann mit dem Moosbeerensaft und der Hefe vermischen und umrühren.
5. Den Kwass in Flaschen abfüllen, fest zukorken und 3 Tage gären lassen.

Traditionelle Gerichte der russischen Küche

68 Traditionelle Gerichte der russischen Küche

VORSPEISEN

Ssalát is bjelokotschánnoj kapústy – Weißkohlsalat

4 Portionen
300 g Weißkohl
½ Glas (etwa 100 ml) Moosbeeren
¼ Zwiebel
½ Karotte
2 Esslöffel Pflanzenöl
3%iger Essig, Zucker, Salz, Petersilie

1. Den Kohl in Streifen schneiden, salzen, mit Essig übergießen und einige Minuten anwärmen, ohne dass er weich wird.
2. Den Kohl abkühlen lassen, die Moosbeeren und Zucker hinzufügen, das Ganze umrühren.
3. Die Zwiebel und die Karotte in dünne Streifen schneiden und zum Salat hinzufügen. Den fertigen Salat mit Öl anmachen.
4. Beim Servieren mit Petersilie garnieren.

Ssalát seljónyj s jajzóm – Grüner Salat mit Ei

4 Portionen
200 g grüne Salatblätter
4 gekochte Eier
120 g saure Sahne
1 Teelöffel Zucker
1 Teelöffel 3%iger Essig
Salz

1. Die Eier klein hacken und mit der sauren Sahne vermengen.
2. Salz, Zucker und Essig vermischen und so lange umrühren, bis die Kristalle verschwinden. Das Ganze mit der Ei-Sahne-Mischung verrühren.
3. Die Salatblätter waschen, gut abtropfen lassen, in große Stücke schneiden oder zerpflücken, in eine Salatschüssel legen und mit der vorbereiteten Soße übergießen.

Ssalát „Ljéto krásnoje" – Salat „Schöner Sommer"

4 Portionen
150 g Karotte
100 g Weißkohl
50 g Selleriewurzel
50 g grüne Salatblätter
4 Tomaten
2 Gurken
200 g saure Sahne
1 Teelöffel 3%iger Essig
1 Teelöffel Zucker
Salz, Petersilie

1. Die Karotte, den Kohl und die Selleriewurzel putzen bzw. schälen, danach in Streifen schneiden.
2. Die Salatblätter waschen, gut abtropfen lassen und in Streifen schneiden.
3. Die Gemüsestreifen miteinander vermischen, mit Salz, Zucker und Essig anmachen und 5 Minuten kalt stellen.
4. Vor dem Servieren den Salat noch mit saurer Sahne anmachen, mit klein gehackter Petersilie bestreuen und mit Tomatenspalten und Gurkenscheiben verzieren.

Apfelessig

Für die alte russische Küche waren nicht so sehr Soßen als vielmehr verschiedene scharfe Beigaben charakteristisch – wie Salzlake, Senf, Meerrettich, scharfer Kwass und auch Essig. In den Beschreibungen des Kremlpalastes werden auch Keller zur Lagerung von „Rheinessig" und „Nowgoroder Essig" erwähnt. Beim „Rheinessig" handelte es sich offenkundig um importierten Weinessig. Den eigenen heimischen Essig bereitete man nach einem Rezept aus den *Knígi wo wjesj god jestwý podawátj*[1] zu, einer später verfassten Ergänzung zum *Domostrój* [dem altrussischen „Hausväterbuch" aus dem 16. Jh.][2].

Verwendung in der Kochkunst

Essig ist eine in der Kochkunst weit verbreitete Zutat, welche den Speisen einen scharfen Geschmack verleiht. Er wird zum Anmachen von Salaten und gemischten Gemüsesalaten (*winegrjét*[3]) sowie bei der Zubereitung von Fleisch- und Fischspeisen verwendet. Für das Marinieren von Gemüse und Pilzen ist Essig unerlässlich. Manchmal wird er auch für die Herstellung von Soßen für Sülze, Gelee- und Aspikspeisen verwendet. Er muss mengenmäßig jedoch sparsam dosiert werden.

Zubereitung von Apfelessig

Das weiche Apfelfallobst wird zerkleinert, der Saft ausgepresst und dieser in einem sauberen Gefäß kalt (auf Eis) gestellt. Nach drei Tagen gießt man den Saft vom Bodensatz in ein sauberes Gefäß ab (am besten verwendet man dafür kleine Eichenholzfässer) und fügt Honig im Verhältnis von 200 g auf jeden „Eimer" (*wjedró*)[4] Saft sowie etwas dunkle oder helle Melasse hinzu. Des Weiteren fügt man ein dick mit Honig bestrichenes Stück Weizenbrot hinzu. Die Öffnungen der Fässer werden fest verschlossen, und man lässt die Flüssigkeit mehrere Monate lang gären. Der fertige Essig wird gefiltert und in Flaschen abgefüllt.

Aufbewahrung

Natürlichen Apfelessig sollte man nicht länger als 3 Monate an einem dunklen Ort bei einer Temperatur von 0–20 °C und einer relativen Luftfeuchtigkeit von nicht mehr als 75 % aufbewahren.

---

1 *Knígi wo wjesj god jestwý podawátj* [„Verzeichnis, das ganze Jahr über Speisen zu reichen"], Ergänzung zum *Domostrój* des Protopopen („Oberpriesters") der Moskauer Mariä-Verkündigungskathedrale Silwestr. In: Jahrbuch der Kaiserlichen Moskauer Gesellschaft für russische Geschichte und Altertümer, Bd. 6, Moskau 1850, S. III. **Deutsche Übersetzung:** Birkfellner, Gerhard (Hrsg.): Altrussische Speiseordnung oder Was man das ganze Jahr über auf den Tisch bringt. Nach dem Domostroj (Der Hauswirt). Deutsche Erstausgabe und mittelrussischer Text [*Knígi wo wjesj god schto w stolý jestwú podajútj*] mit Kommentaren herausgegeben von Gerhard Birkfellner. Münster/Hamburg/Berlin u. a. (LIT Verlag Reihe: Münstersche Texte zur Slavistik, Bd. 1) 2004, 224 S.
2 *Domostrój*, vgl. S. 24, Anm. 1.
3 *Winegrjét*, vgl. S. 14, Anm. 2.
4 Ein „Eimer" (*wjedró*) ist eine alte russische Maßeinheit aus der Zeit vor der Einführung des metrischen Systems und entspricht einer Menge von aufgerundet 12,3 Litern (vgl. auch S. 24, Anm. 3).

Winegrjét s séldju – Gemüsesalat mit Hering

8 Portionen
200 g Salzheringfilets
180 g gekochte Kartoffeln
130 g gekochte Rote Bete
90 g gekochte Karotten
90 g Zwiebel
60 g eingelegte Zucchini (Gurkenkürbisse)
60 g Salzgurken
60 g Sauerkraut
30 g grüne Erbsen aus der Dose
50 g Pflanzenöl
50 g 3%iger Essig
Salz, Zucker, gemahlener schwarzer Pfeffer
Petersilie

1. Die Karotten, die Rote Bete und die Kartoffeln in kleine Würfel schneiden. Das Sauerkraut auspressen und so von der Salzlake befreien; auf einheitliche Größe klein hacken. Die eingelegten Zucchini, die Salzgurken und einen Teil der Zwiebel in kleine Würfel schneiden, den Rest der Zwiebel in Ringe schneiden.
2. Für die Marinade Öl, Essig, Salz, Zucker und gemahlenen Pfeffer mischen.
3. Die Rote Bete mit der vorbereiteten Marinade oder einer geringen Menge Pflanzenöl anmachen, damit sie bei der Vermengung nicht die anderen Gemüsesorten einfärbt.

4. Einen Teil der Heringsfilets in kleine Scheiben schneiden und für die Verzierung des Salates beiseitelegen; den Rest in Würfel schneiden.
5. Das in Würfel geschnittene Gemüse, den Hering und die Erbsen mit einander vermengen und mit der vorbereiteten Marinade anmachen.
6. Vor dem Servieren diesen Gemüsesalat mit Heringscheiben, Zwiebelringen und Petersilie garnieren.

Ikrá gribnája – „Pilzkaviar"

8 Portionen
400 g getrocknete Pilze
2 Zwiebeln
100 g Pflanzenöl
1 Teelöffel 3%iger Essig
3 Knoblauchzehen
Salz, schwarzer gemahlener Pfeffer
Frühlingszwiebelschloten
(die grünen Spitzen)

1. Die Pilze 6–12 Stunden einweichen, dann im selben, aber zuvor durchgeseihten Wasser kochen, abseihen und den Sud auffangen.
2. Die Pilze durch den Fleischwolf drehen [faschieren], salzen und pfeffern.
3. Die Zwiebeln klein hacken und mit dem Öl in der Pfanne anbraten, bis sie eine goldgelbe Farbe annehmen.
4. Die Pilze, die Zwiebeln, den klein gepressten Knoblauch, den Essig und etwas von der Pilzbrühe vermengen und erhitzen, dann abkühlen lassen.
5. Mit Frühlingszwiebelschloten garnieren.

Bemerkung:
Für den „Pilzkaviar" am besten Steinpilze, Rauhfußröhrlinge (Rotkappen) oder Birkenröhrlinge (Birkenpilze) auswählen. Die Pilze vor der Zubereitung heiß abspülen, um den Staub und Sand von ihnen zu entfernen, der sich schlecht mit kaltem Wasser abwaschen lässt.

Damit beim Zwiebelschneiden die Augen nicht tränen, das Messer von Zeit zu Zeit in kaltes Wasser tauchen.

Ssalát slojónyj s kúrizej – Schichtsalat mit Hühnerfleisch

10 Portionen
400 g gekochtes Hühnerfleisch
100 g Champignons aus der Dose
2 gekochte Eier
4 gekochte Karotten
3 gekochte Kartoffeln
50 g Hartkäse
2 Esslöffel klein gehackte Walnüsse
1 Glas (etwa 200 ml) Mayonnaise
ganze Walnusskerne, Petersilie

1. Die Karotten, den Käse, die Eier und die Kartoffeln mit der Raspel klein reiben.
2. Die Hälfte dieser vorbereiteten Zutaten [in einer größeren oder mehreren kleinen bodenlosen Formen auf einem Teller] übereinander in Schichten legen; dabei jede Schicht mit Mayonnaise bestreichen. Darauf das in kleine Scheiben geschnittene Hühnerfleisch und Champignons legen und mit klein gehackten Walnüssen bestreuen.

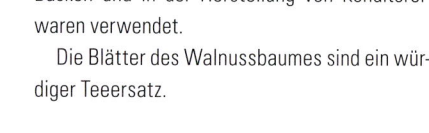

3. Darauf die zweite Hälfte der Zutaten in gleicher Weise übereinanderschichten, wiederum jede Schicht mit Mayonnaise bestreichen. Ebenso in kleine Scheiben geschnittenes Hühnerfleisch und Champignons darauflegen und mit klein gehackten Walnüssen bestreuen. Den Salat für 3 Stunden in den Kühlschrank stellen.
4. Vor dem Servieren [die Formen entfernen und] den Salat mit ganzen Walnusskernen und Petersilie garnieren.

Walnuss

Die „griechische Nuss" (*grézkij oréch*)[1] ist wohl bedeutend älter als das antike Griechenland, denn ihre erste Erwähnung ist mehr als viertausend Jahre alt. In Mesopotamien wurden Tontafeln mit Aufschriften gefunden, aus deren Inhalt hervorgeht, dass Walnussbäume in den berühmten Hängenden Gärten von Babylon wuchsen.

Die Walnuss besteht zu 75 % aus Fetten und ist der Kalorienmenge nach durchaus mit Fleisch oder Butter vergleichbar. An Vitamingehalt übertrifft die Walnuss die Zitrusfrüchte 50-mal und die schwarze Johannisbeere 8-mal. In der Antike glaubte man, dass die Walnuss die Denkfähigkeit anrege. Gerade deshalb verboten die babylonischen Priester gewöhnlichen Sterblichen, Walnüsse zu essen. Die heilenden Eigenschaften der Walnuss waren auch schon in der Antike bekannt. Ungeachtet der ungeheuren Menge an Fetten, helfen Walnüsse, den Cholesterinspiegel im Blut zu senken, und werden auch als Heilnahrung bei Magenschleimhautentzündung (*Gastritis*) empfohlen.

Verwendung in der Kochkunst
Die Walnuss ist ein wertvolles, sehr nahrhaftes Lebensmittel, das für pikante Soßen oder auch für Marinaden verwendet wird.

Aus den unreifen Früchten wird Marmelade gekocht, die sowohl als Diät- als auch als Heilnahrung dient.

Besonders häufig werden Walnüsse jedoch zum Backen und in der Herstellung von Konditoreiwaren verwendet.

Die Blätter des Walnussbaumes sind ein würdiger Teeersatz.

Vorbereitung
Die Nüsse werden von der Schale befreit und in der Bratpfanne langsam ohne Fett geröstet. Dann wird die Haut entfernt.

Aufbewahrung
Walnüsse in der Schale können sich 2–3 Jahre halten, ohne Schale nicht mehr als 4 Monate.

Am besten sollte man die Nüsse an einem dunklen, trockenen und kühlen Ort aufbewahren; Nüsse ohne Schale im Kühlschrank in einem geschlossenen Behältnis.

Mit Schale bewahren die Nüsse länger ihre wertvollen Inhaltsstoffe und ebenso ihre Geschmacksqualität.

1 So die russische Bezeichnung für „Walnuss".

Sakúska is séldji – Vorspeise mit Hering

6 Portionen
2 Salzheringe
2 Zwiebeln
2 Salzgurken
4 Esslöffel Pflanzenöl
2 Esslöffel 3%iger Essig
gemahlener schwarzer Pfeffer
Frühlingszwiebel
(den grünen Teil in Röllchen schneiden)

1. Die Heringe filetieren und das Filet von Haut und Gräten befreien.
2. Die Zwiebeln in Ringe schneiden und für 30 Minuten in Essig einlegen.
3. Zum Anmachen das Öl und den vom Zwiebeleinlegen übrig gebliebenen Essig unter Zugabe von gemahlenem Pfeffer miteinander verrühren.
4. Das Heringsfilet in kleine Scheiben schneiden.
5. Die Heringsfiletscheiben in eine längliche (fischförmige) Auflaufform legen, die marinierten Zwiebelringe darauflegen und hierauf wiederum die grob geriebenen Salzgurken. Die Vorspeise mit der vorbereiteten Essig-Öl-Mischung begießen und mindestens eine Stunde lang kalt stellen.
6. [Mit den grünen Röllchen von der Frühlingszwiebel garnieren und servieren.]

Sjómga otwarnája s garnírom – Gekochter Sjomga*-Lachs mit Beilagen

4 Portionen
500 g Sjomga*-Lachsfilet
100 g Weißkohl
2 Karotten
½ Zwiebel
100 g grüne Erbsen aus der Dose
1 Esslöffel Pflanzenöl
1 Teelöffel Zitronensaft
1 Lorbeerblatt
Salz, schwarzer Pfeffer (gemahlen und ganze Körner), Petersilie

1. Das Lachsfilet in Portionsstücke schneiden.
2. Diese in heißes Wasser geben. Eine Karotte, die Zwiebel, Pfefferkörner und ein Lorbeerblatt hinzugeben. Das Ganze gar kochen und in der Bouillon abkühlen lassen.
3. Die Weißkohlblätter in Quadrate, die zweite Karotte in Scheiben schneiden. Das vorbereitete Gemüse in leicht gesalzenem Wasser gar dünsten, dann abkühlen lassen.
4. Für die Marinade das Öl und den Zitronensaft unter Zugabe von Salz und gemahlenem Pfeffer miteinander verrühren.
5. Zum Servieren die Lachsstücke auf Tellern anrichten, daneben als Beilage die Erbsen, die gedünsteten Kohlblätter und Karottenscheiben. Die Beilagen mit der vorbereiteten Marinade begießen. Den Fisch mit Petersilie garnieren.

Sakúska is rákow – Vorspeise mit Krebsen

4 Portionen
12 Krebse
1 Karotte
1 Petersilienwurzel
1 Zwiebel
120 g Lachskaviar
1 Bund Dill
1 Lorbeerblatt
Piment-(Nelkenpfeffer-)körner, Salz

1. Die Krebse in kochendes Wasser geben, die Petersilienwurzel, die Karotte, die Zwiebel, Lorbeerblatt, Pimentkörner, Salz und den Dill hinzugeben und 8–10 Minuten kochen lassen.
2. Die Krebse in der Brühe abkühlen lassen und anschließend herausnehmen.
3. Ein Dessertschälchen mit Lachskaviar, umgeben von Eiswürfeln, in die Mitte eines Tellers platzieren. Die gekochten Krebse außen herumlegen und mit Dillzweigen garnieren.

Bemerkung:
Lebende Krebse vor dem Kochen in sauberes, kaltes Wasser legen (in einer großen Schüssel), damit sie sich selbst reinigen können.

Sakúska „Sastólnaja" – Tafelvorspeise (Rindfleisch mit Salzgurken)

8 Portionen
1 kg Rindfleisch (Fehlrippe)
300 g Mischung eingelegter Pilze
12 saure Gurken oder leicht gesalzene Gurken
200 g Meerrettichsoße
2 Esslöffel Butterschmalz
gemahlener schwarzer Pfeffer, gemahlener Kümmel, Salz, Petersilie

1. Das Rindfleisch mit Salz, Pfeffer und gemahlenem Kümmel einreiben und im heißen Butterschmalz anbraten, bis sich eine rotbraune Kruste bildet. Dann im Backofen bei 170 °C braten, bis das Fleisch gar ist. Das Fleisch abkühlen lassen und in Scheiben schneiden.
2. Die Rindfleischscheiben auf eine Servierplatte legen und mit in Streifen geschnittenen Gurken garnieren.
3. Die eingelegten Pilze hinzulegen und das Ganze mit Petersilie garnieren.
4. Die Meerrettichsoße getrennt in einer Sauciere reichen.

Bemerkung:
Wenn Butterschmalz nicht vorrätig ist, kann man zum Anbraten des Fleisches auch Pflanzenöl verwenden. Am besten passt hierzu Sonnenblumen- oder Rapsöl.

Das Fleisch erhält einen besonders feinen Geschmack, wenn es mit einer Mischung aus Butter und Pflanzenöl angebraten wird. Diese Fettmischung sollte vorher stark erhitzt werden.

Stúdjenj – Sülze

8 Portionen
250 g Schweinefüße
750 g mageres Schweinefleisch ohne Knochen
150 g Suppengrün (Karotte, Zwiebel, Sellerie, Petersilie)
1–2 Lorbeerblätter
2 Knoblauchzehen
Piment- und schwarze Pfefferkörner, Salz
Petersilie

1. Das Schweinefleisch und die Schweinefüße in 1 ½ Liter Wasser bei schwacher Hitze 3 Stunden kochen. Dann das klein geschnittene Gemüse hinzugeben und so lange kochen, bis sich das Fleisch von den Knochen ablöst. Gegen Ende des Garens den Sud salzen, die Lorbeerblätter und die Pfeffer- und Pimentkörner hinzugeben.
2. Den Sud durchseihen; das Fleisch der Schweinefüße von den Knochen lösen und das ganze Schweinefleisch in Würfel schneiden.
3. Das klein geschnittene Schweinefleisch wieder in den Sud geben und mit dem in Salz zerriebenen Knoblauch würzen, alles zum Kochen bringen und danach zum Abkühlen in Formen gießen.

4. Vor dem Servieren von der Oberfläche der Sülze das Fett entfernen; die Sülze auf einen Teller stürzen, portionieren und mit Petersilie garnieren. Getrennt kann man dazu Essig, Senf oder Meerrettichsoße reichen.

Lorbeerblatt

Das **Lorbeerblatt** ist ein Blatt des Edlen Lorbeers, eines immergrünen subtropischen Strauches.

Er wird in warmen Ländern mit Küstenklima kultiviert, wie z. B. in Italien, Albanien, Griechenland, Jugoslawien, Frankreich, Spanien, Portugal und Guatemala.

Die Blätter und Zweige des Lorbeers waren schon seit jeher ein Symbol für den Sieg, für Ruhm und Größe.

Aus ihnen wurden Kränze geflochten, mit denen man die Statuen von Göttern schmückte, aber auch die Sieger von Schlachten und sportlichen Wettkämpfen, Dichter, Gelehrte, Propheten, Sänger und Staatsmänner krönte.

Zum Gebrauch des Lorbeers als Speisegewürz verhalfen die alten Griechen und Römer.

Die getrockneten Lorbeerblätter weisen einen schwach aromatischen und würzigen Geruch auf und schmecken bitter.

Verwendung in der Kochkunst

Das Lorbeerblatt kann praktisch für die Zubereitung der gesamten Palette an sauren Speisen verwendet werden, z. B beim Einlegen von Gemüse, besonders von Gurken und Kohl, für die Zubereitung von Wild und verschiedenen anderen Sorten gebratenen Fleisches. Man kann es auch Pilzen beigeben.

Hauptsächlich wird das Lorbeerblatt beim Kochen von Fisch, Krabben und Krebsen sowie für die Zubereitung von Suppen, Hering und Fischmarinaden verwendet.

Das Lorbeerblatt verleiht Sülzen, Gulasch und verschiedenen Soßen einen angenehmen Geschmack. Jedoch sollte man es den Speisen nicht in zu großer Menge beigeben.

Aufbewahrung

Gewürze und Gewürzkräuter sollte man an einem trockenen Ort in fest verschlossenen Gefäßen aufbewahren.

Buschenína domáschnjaja – Hausgemachter Kochschinken

8 Portionen
1 kg mageres Schweinefleisch ohne Knochen
2 Esslöffel Butterschmalz
1 Zwiebel
1 l Sauerkrautsalzlake
1 Esslöffel Kümmelsamen
600 g Sauerkraut
300 g eingelegte Preiselbeeren
3 Esslöffel Pflanzenöl
schwarze Pfefferkörner
Petersilie

1. Das Schweinefleisch im heißen Butterschmalz rundum anbraten, bis sich eine rotbraune Kruste bildet.
2. Das gebratene Schweinefleisch in eine Auflaufschüssel legen und mit der grob geschnittenen Zwiebel umgeben.
3. Das Fleisch mit den Kümmelsamen und den Pfefferkörnern bestreuen, die Sauerkrautsalzlake daraufgießen und das Ganze bei schwacher Hitze gar schmoren. Das gegarte Schweinefleisch in der Salzlake abkühlen lassen.
4. Dem Sauerkraut die Preiselbeeren beigeben und mit Pflanzenöl anmachen.
5. Vor dem Servieren den fertigen Kochschinken in Scheiben schneiden und den Sauerkraut-Preiselbeeren-Salat beigeben. Das Ganze mit Petersilie garnieren.

Petschónotschnyj ruljét s petrúschkoj – Leberrolle mit Petersilie

12 Portionen
1 kg Rinderleber
3 Esslöffel Pflanzenöl
3 gekochte Eier
300 g Tafelbutter
100 g Petersilie
2 Teelöffel Senf
2 Esslöffel Weinbrand
2 Lorbeerblätter
4 Pimentkörner
Salz, eingelegte Pilze, Schnittlauch

1. 200 g Tafelbutter mit dem Schneebesen schlagen, den Senf und die klein gehackte Petersilie hinzufügen und verquirlen.
2. Die Leber in Stücke schneiden und im heißen Pflanzenöl bis zur Bildung einer Kruste anbraten. Dann die Pimentkörner und die Lorbeerblätter beigeben und die Pfanne mit dem Deckel abdecken. Gar schmoren und abkühlen lassen.
3. Die gegarte Leber und die geschälten Eier fein faschieren [mit einem Stabmixer oder durch den Fleischwolf drehen]. Dann salzen, zu einer einheitlichen Masse mixen und dabei allmählich die restliche Tafelbutter und den Weinbrand beigeben.
4. Die so erhaltene Lebermasse gleichmäßig auf ein Pergamentpapier verteilen, darauf die mit Senf und Petersilie verquirlte Buttermasse gleichmäßig aufstreichen. Das Ganze zu einer Rolle zusammenrollen und etwa eine Stunde abkühlen lassen.
5. Zum Servieren die Rolle in Scheiben schneiden, mit eingelegten Pilzen und Schnittlauch garnieren.

Bemerkung:
Vor dem Zubereiten die Leber auftauen, die Gallenblasengänge herausschneiden. Dann die Leber mit der flachen Seite des Messers klopfen, die Haut anschneiden und abziehen.

Statt der frischen Petersilie kann man auch eingefrorene Petersilie verwenden. Zu diesem Zweck kann man im Sommer oder Herbst Bündel frischer Petersilie in Folie einwickeln und einfrieren. Im noch gefrorenen Zustand die Petersilie mit der Schere klein schneiden und der Speise beigeben.

Kúriza farschirówannaja – Gefülltes Hähnchen

8 Portionen
1 Hähnchen

200 g Schweinefleisch
100 g Reis
1 Ei
3 gekochte Karotten
1 Zwiebel
100 g Milch
40 g Tafelbutter
Salz, gemahlener schwarzer Pfeffer
Tomaten, Frühlingszwiebeln

1. Die Haut des Hähnchens längs des Rückens einschneiden und abziehen. Das Hähnchenfleisch von den Knochen lösen.
2. Das Hähnchenfleisch zusammen mit dem Schweinefleisch durch den Fleischwolf drehen [faschieren].
3. Den Reis in Salzwasser halb gar kochen. Die Zwiebel klein hacken und in der heißen Butter glasig braten. Das Ei mit der Milch verquirlen.
4. Das zerkleinerte Fleisch, den Reis, die glasig gebratene Zwiebel und die Ei-Milch-Mischung vermengen und mit Pfeffer würzen.
5. Mit der so vorbereiteten Füllung die Haut des Hähnchens füllen, wobei in die Füllung längs die drei ganzen gekochten Karotten gelegt werden. Die Hähnchenhaut an der Schnittstelle zunähen oder mit Rouladennadeln zusammenheften.
6. Das gefüllte Hähnchen in ein Tuch einwickeln und mit einem Bindfaden zubinden, dann in Salzwasser oder Brühe bei schwacher Hitze gar kochen.
7. Nach dem Kochen das gefüllte Hähnchen in der Brühe abkühlen lassen. Das Tuch und die Fäden entfernen und die Oberfläche von Eiweißklumpen reinigen.
8. Zum Servieren das gefüllte Hähnchen in Scheiben schneiden, auf eine Servierschale legen und mit Tomatenspalten und Frühlingszwiebeln garnieren.

2

4

5

Jájza, farschirówannyje paschtjétom – Eier, gefüllt mit Leberpaste

8 Portionen
3 Eier
100 g Leber
2 Karotten
2 Zwiebeln
50 g Butterschmalz
60 g Tafelbutter
Petersilie

1. Die Eier hart kochen, schälen, in Hälften schneiden und jeweils das Eigelb herausnehmen.
2. Die Leber zusammen mit den klein geschnittenen Zwiebeln und Karotten im heißen Butterschmalz anbraten. Dann abkühlen lassen und durch den Fleischwolf drehen [faschieren].
3. Zur so erhaltenen Lebermasse das Eigelb und die Tafelbutter hinzugeben und zu einer einheitlichen Masse mixen.
4. Die hart gekochten Eiweißhälften mit der fertigen Leberpaste füllen und mit Petersilie garnieren.

Traditionelle Gerichte der russischen Küche

SUPPEN

Schtschi „bogátyje" – „Reiche" Kohlsuppe

6 Portionen
750 g Rindfleisch ohne Knochen
750 g Weißkohl
4–5 frische Steinpilze
½ Glas (etwa 100 ml) eingelegte Pilze
1 Karotte
3 Kartoffeln
1 Steck- oder Kohlrübe
2 Zwiebeln
1 Sellerieknolle mit Grün
1 Petersilienwurzel mit Grün
1 Esslöffel Dill
3 Lorbeerblätter
4–5 Knoblauchzehen
1 Esslöffel Tafelbutter oder Butterschmalz
100 g saure Sahne
8 schwarze Pfefferkörner, Salz

1. Das Rindfleisch in 2 ½ Liter kaltes Wasser legen, die Hälfte des Wurzelgemüses (Karotte, Petersilie, Sellerie) und eine Zwiebel beigeben, salzen und gar kochen. Die Fleischbrühe durchseihen (und aufbewahren) und das Fleisch in Scheiben schneiden.
2. In einen Tontopf den in Streifen zerkleinerten Kohl legen, mit ½ Liter der Fleischbrühe auffüllen, die Butter hinzugeben und zugedeckt in den mäßig vorgeheizten Ofen stellen.
3. Die Steinpilze in Streifen, die Kartoffeln in Würfel schneiden, in einen tiefen Schmortopf geben, mit einem Teil der Fleischbrühe auffüllen und fast gar kochen.
4. Den Rest der Fleischbrühe zum Kochen bringen. Das in Scheiben geschnittene Fleisch, eine klein gehackte Zwiebel, das restliche Wurzelgemüse und die in Streifen geschnittene Steck- oder Kohlrübe, die Lorbeerblätter und die Pfefferkörner hinzugeben, salzen und zum Kochen bringen. Anschließend den Kohl, die Kartoffeln und die Steinpilze beigeben und alles zusammen 20 Minuten lang kochen.
5. Die fertige Kohlsuppe mit Dill und klein gehacktem Knoblauch würzen und 15 Minuten ziehen lassen.
6. Vor dem Servieren die Suppe mit den grob geschnittenen eingelegten Pilzen und einem Häubchen saurer Sahne garnieren.

2

3

4

Schwarze Pfefferkörner

Der Pfeffer wird seit alters her „brennende Rose des Ostens" genannt. Im Mittelalter diente der Pfeffer als Handelswährung – um an dieses exotische Gewürz zu gelangen, wurden ganze Expeditionen ausgerüstet, die versuchten, die Küsten Indiens zu erreichen. Im 16.–17. Jh. wurde der Pfeffer aus Indien und dem Iran über einen alten Handelsweg nach Russland geliefert.

Unter natürlichen Bedingungen ist der Pfeffer eine Kletterpflanze mit kleinen Früchten. Die Pflanze liefert drei Sorten von Pfefferkörnern: schwarze, weiße und grüne. Es handelt sich dabei um dieselben Früchte, die sich je nach der Zeit ihrer Ernte und der Art ihrer Verarbeitung voneinander unterscheiden. Um schwarzen Pfeffer zu erhalten, werden die Früchte noch unreif geerntet, für kurze Zeit kochendem Wasser ausgesetzt und dann an der Sonne getrocknet, wodurch sie ihr charakteristisches runzliges Aussehen erhalten und schwarz werden.

Verwendung in der Kochkunst
Schwarzer Pfeffer wird zum Würzen sowohl von kalten als auch heißen Fleisch-, Fisch-, Gemüse-, Pilz- und Eiergerichten verwendet. Er ist Bestandteil von Marinaden und wird zum Konservieren von Gemüse und Pilzen gebraucht. In Suppen, Soßen und Würsten wird er gemahlen verwendet.

Schtschi seljónyje s krapíwoj – Grüne Gemüsesuppe mit Brennnesseln

4 Portionen
700 g Fleisch- oder Gemüsebrühe
400 g junge Brennnesseln
100 g Sauerampfer
200 g Kartoffeln
2 Eier
50 g saure Sahne
Salz, gemahlener schwarzer Pfeffer
Dill

1. Die Brennnesseln abbrühen und zusammen mit dem Sauerampfer klein hacken.
2. Die Kartoffeln in Würfel schneiden, die Eier verquirlen.
3. Die Kartoffelwürfel in die kochende Fleisch- oder Gemüsebrühe geben und gar kochen, salzen und pfeffern. Die Brennnesseln und den Sauerampfer hinzugeben und die *Schtschi* zum Kochen bringen.
4. In die fertige *Schtschi* unter ständigem Umrühren die verquirlten Eier gießen und die Suppe nochmals aufkochen.
5. Die Suppe mit einem Häubchen saurer Sahne sowie klein gehacktem Dill garniert servieren.

Rassólnik domáschnij – Hausgemachter Rassolnik

4 Portionen
750 g Fleischbrühe
100 g gekochtes Fleisch
100 g Weißkohl
180 g Kartoffeln
60 g Salzgurken
20 g Selleriewurzel
1 Karotte
1 Zwiebel
1 Petersilienwurzel
20 g Butterschmalz
100 g saure Sahne
1 Lorbeerblatt
Salz, gemahlener schwarzer Pfeffer, Petersilie, Salzgurkenlake

1. Die Karotte und die Zwiebel in Streifen schneiden und im heißen Butterschmalz kurz anbraten. Den Kohl, die Selleriewurzel und die Petersilienwurzel in dünne Streifen schneiden; die Kartoffeln schälen und in Stangen [wie Pommes frites] schneiden.
2. Die Salzgurken schälen, längs in Scheiben schneiden und diese Scheiben nochmals schräg in Streifen schneiden [siehe Abbildung!], anschließend mit etwas Fleischbrühe zugedeckt dünsten.
3. In die restliche kochende Brühe den in Streifen geschnittenen Kohl hineingeben und zum Sieden bringen. Anschließend die Kartoffelstangen und das in Streifen geschnittene weiße Wurzelgemüse hinzugeben – nach weiteren 5 Minuten auch die angebratenen Karotten- und Zwiebelstreifen sowie die gedünsteten Gurkenstreifen. Mit Lorbeerblatt, Pfeffer und Salz würzen und gar kochen.
4. Den fertigen *Rassólnik* mit der durchgeseihten und der abgekochten Salzgurkenlake verfeinern.
5. Vor dem Servieren in den *Rassólnik* Kochfleischstücke geben und mit Häubchen saurer Sahne und klein gehackter Petersilie garnieren.

Pochljóbka gribnája – Pilzsuppe

4 Portionen
2 Glas (etwa 200 ml) Pilzbrühe
300 g Steinpilze
2 Kartoffeln
1 Karotte
1 Zwiebel
2 Esslöffel Pflanzenöl
50 g gekochte Buchweizengrütze
1 Lorbeerblatt
½ Becher (etwa 125 ml) saure Sahne
Salz, gemahlener schwarzer Pfeffer
Petersilie

1. Die Pilze in Scheiben schneiden und überbrühen, Pilze aus der Brühe nehmen.
2. Die Kartoffeln, die Karotte und die Zwiebel klein schneiden und in heißem Pflanzenöl anbraten.
3. Die Pilzbrühe zum Kochen bringen, das Gemüse hinzugeben und 20 Minuten kochen lassen. Anschließend die Pilze, die Buchweizengrütze und das Lorbeerblatt beigeben, mit Salz und Pfeffer würzen und nochmals 15 Minuten kochen lassen.
4. Vor dem Servieren mit klein gehackter Petersilie garnieren. Die saure Sahne getrennt reichen.

Ssup goróchowyj s koptschónostjami – Erbsensuppe mit Räucherfleisch

8 Portionen

1,6 l Fleischbrühe
160 g geräucherte Schweinebrust
280 g getrocknete Erbsen
26 g Petersilienwurzel
100 g Zwiebel
100 g Karotte
Salz, gemahlener schwarzer Pfeffer
Petersilie

1. Die getrockneten Erbsen für 3–4 Stunden in kaltem Wasser einweichen.
2. In der [aus Brühwürfeln] zubereiteten Fleischbrühe die geräucherte Schweinebrust kochen; das Fleisch herausnehmen und abkühlen lassen.
3. Zwiebel, Karotte und Petersilienwurzel in kleine Würfel schneiden.
4. Die gekochte Schweinebrust in Stücke schneiden und bis zum Schmelzen des Fettes anbraten. Anschließend die Zwiebel hinzugeben und 5 Minuten glasig braten; dann die Karotte und die Petersilienwurzel hinzugeben und alles ohne Krustenbildung braten, bis das Fett glasig ist.
5. In die kochende Fleischbrühe die aufgequollenen Erbsen geben und ohne Beigabe von Salz gar kochen. Dann das angebratene Gemüse mit dem Schweinebrustfleisch hinzugeben, mit Salz und Pfeffer würzen und alles zusammen 15–20 Minuten kochen lassen.
6. Vor dem Servieren die Suppe in Teller füllen und mit klein gehackter Petersilie garnieren.

Ssup molótschnyj ss owoschtschámi – Milchsuppe mit Gemüse

4 Portionen
500 g Milch
200 g Wasser
200 g Kartoffeln
100 g Weißkohl
100 g Schnittbohnen
1 Karotte
40 g Tafelbutter
Salz, Petersilie

1. Die Karotte und den Kohl in Streifen, die geschälten Kartoffeln in Würfel und die Bohnen in Stücke schneiden.
2. Die Karotte in heißer Butter kurz anbraten, mit kochendem Wasser auffüllen und 5–10 Minuten kochen lassen. Die Kartoffeln, die Bohnen und den Kohl hinzugeben und bei schwacher Hitze kochen.
3. 5 Minuten vor dem Garende die Milch dazugießen und salzen.
4. Vor dem Servieren einen Stich Butter hinzugeben und mit Petersilie garnieren.

Tafelbutter und Butterschmalz

Tafelbutter (*slíwotschnoje máslo*) ist eine Sorte der von der Kuh gewonnenen Butter. Eine andere Sorte ist Butterschmalz bzw. Schmelzbutter (*tóplennoje máslo*).

Schon die alten Griechen und Römer gewannen durch das Schlagen von Sahne Butter; in Irland hat man aus Sahne bereits im 5. Jh. Butter geschlagen.

Auch in der Rus konnte man Butter schon in grauer Vorzeit herstellen. Hier gewann man Butter, indem man die Sahne oder saure Sahne im Ofen erhitzte und die dabei entstehende Rahmschicht abschöpfte und steif schlug. Die auf diese Weise gewonnene Butter wurde geschlämmt, ausgepresst und kühl gelagert. Um die Butter noch haltbarer zu machen, wurde sie „umgeschmolzen" und von der Molke getrennt. Diese Butter nannte man „Butterschmalz", „Schmelzbutter" oder auch einfach „russische" Butter.

Butter hat einen hohen Kaloriengehalt und ist gut verdaulich; sie enthält die Vitamine A, D und E. Wegen ihrer chemischen Zusammensetzung, ihres Kaloriengehalts, niedrigen Schmelzpunkts und hohen Nährwerts eignet sie sich zur diätetischen und Kinderernährung.

Verwendung in der Kochkunst
Es gibt eine große Palette an Tafelbuttersorten. Die beliebtesten russischen Sorten sind die „Wologda-Butter"* (*wologódskoje máslo*), die „Liebhaber-"* (*ljubítelskoje máslo*) und die „Schokoladen-Butter"* (*schokoládnoje máslo*).

Tafelbutter wird hauptsächlich zum Servieren bei Tisch, zum Bestreichen von Broten und (manchmal zerlassen) zum Untermischen bei Speisen verwendet.

Butterschmalz ist dagegen wegen seines höheren Fettgehalts (98 % Fett) ergiebiger und kann außerdem zu einer höheren Temperatur erhitzt werden, weshalb man es gerne zum Braten verwendet. Es ist auch Bestandteil einer Reihe von Teigwaren.

Aufbewahrung
Tafelbutter und Butterschmalz müssen kühl gelagert werden. Durch Zugabe von Salz wird eine längere Haltbarkeit bei der Lagerung erreicht.

Ssup-lapschá domáschnjaja ss kúrizej i gribámi – Hausgemachte Nudelsuppe mit Hühnerfleisch und Pilzen

8 Portionen
500 g Hühnerfleisch
3 l Wasser
200 g Steinpilze
2 Zwiebeln
2 Karotten
2 Esslöffel Butterschmalz
140 g Weizenmehl
1 Ei
Salz, gemahlener schwarzer Pfeffer
Schnittlauch

1. Das Hühnerfleisch ins Wasser geben und zum Kochen bringen. Dann Salz, eine ganze Zwiebel und eine Karotte hinzugeben und 30 Minuten lang bei schwacher Hitze kochen lassen. Anschließend die ganzen Pilze beigeben und gar kochen.
2. Die Brühe durchseihen und aufbewahren, das Hühnerfleisch von den Knochen lösen. Das Hühnerfleisch und die Pilze in Streifen schneiden.
3. Für die Nudeln das Mehl auf den Tisch zu einem Hügel sieben und in der Mitte eine Mulde machen. Allmählich eine Mischung aus Ei, Salz und etwas Wasser hineingießen und die Masse zu einem festen Teig kneten. Den Teig 20 Minuten ruhen lassen.
4. Den Teig anschließend 1–1 ½ mm dick ausrollen, in 3–4 cm breite Streifen und diese wiederum quer in Bandnudelstreifen schneiden.
5. Das restliche Gemüse in dünne Streifen schneiden und im heißen Butterschmalz kurz anbraten.
6. In die kochende Hühnerbrühe die in Streifen geschnittenen Pilze, das Hühnerfleisch und das Gemüse geben und aufkochen lassen. Die Bandnudeln beigeben, mit Salz und Pfeffer würzen und bei schwacher Hitze 2–3 Minuten kochen lassen. Anschließend 10 Minuten ziehen lassen.
7. Vor dem Servieren mit Schnittlauchröllchen garnieren.

Ssup-pjuré is morkówi – Karottenpüreesuppe

8 Portionen
1,3 l Gemüsebrühe oder Wasser
640 g Karotten
1 kleine Zwiebel
40 g Weizenmehl
40 g Tafelbutter
40 g gekochter Reis
Salz

Für die Variante „Karottencremesuppe"
(siehe Bemerkung) zusätzlich:
400 g Milch
2 Eigelb

1. Die Karotten klein schneiden und in der heißen Butter kurz anbraten. Dann die klein geschnittene Zwiebel hinzufügen und alles unter Zugabe von etwas Wasser oder Gemüsebrühe zugedeckt dünsten, anschließend durch ein Sieb passieren.
2. Das Mehl in der Pfanne rösten, ohne dass es Farbe annimmt, abkühlen lassen und mit der restlichen Gemüsebrühe verrühren. 5–10 Minuten kochen lassen und anschließend durchseihen.
3. Zur passierten Karotten-Zwiebel-Mischung die durchgeseihte Einmach geben, salzen und unter Umrühren 7–10 Minuten lang kochen.

4. Vor dem Servieren etwas gekochten Reis in die Teller geben und mit der fertigen Püreesuppe auffüllen, mit Reis garnieren.

Bemerkung:
Um der Püreesuppe die nötige Dicke zu verleihen, kann man Baguettekrumen vorher in der Brühe einweichen, durch ein Sieb passieren und der Suppe beigeben.

Püreesuppen sind für den Organismus leicht verdaulich, weshalb sie in der Schonkost und Kinderernährung breite Verwendung finden. Sie werden aus Gemüse, Pilzen, Getreidegrützen, Bohnen und Fleischwaren zubereitet. Eine Abart der Püreesuppen sind die *Cremesuppen*. Sie werden auf Milchbasis zubereitet und mit einer Ei-Milch- oder einer Ei-Sahne-Mischung verfeinert.

Buljón mjasnój s piroschkámi – Fleischbouillon mit kleinen Pasteten

8 Portionen

Für die Bouillon:
250 g Suppenknochen
1 kg Rindfleisch ohne Knochen (Schulterstück)
1,2 l Wasser
1 Zwiebel
1 Karotte
½ Petersilienwurzel
Salz, gemahlener schwarzer Pfeffer
Schnittlauchröllchen

Für die kleinen Pasteten:
400 g Schweinefleisch
400 g Kalbfleisch oder Rindfleisch
750 g Weizenmehl
375 g Margarine
1 Ei
2 Knoblauchzehen, 1 Zwiebel
6 cl Weinbrand
Salz, gemahlener schwarzer Pfeffer, Petersilie

1. Die Suppenknochen in das kalte Wasser geben und zum Kochen bringen, den Schaum und das Fett abschöpfen. Die Brühe bei schwacher Hitze 1 Stunde lang kochen lassen. Dann das Fleisch hinzugeben, 20 Minuten lang kochen, salzen, noch einmal Fett und Schaum abschöpfen und das Fleisch gar kochen.
2. Die Zwiebel, die Karotte und die Petersilienwurzel grob zerkleinern, auf ein Blech legen und im Ofen kurz backen. Das Gemüse der Brühe beigeben und 30 Minuten

gar kochen. Die fertige Bouillon durchseihen und pfeffern.
3. Für die kleinen Pasteten aus Mehl, Margarine, Ei und Salz einen Teig kneten und 1 Stunde im Kühlschrank ruhen lassen.
4. Das Fleisch und die Zwiebel durch den Fleischwolf drehen [faschieren], mit Salz und Pfeffer abschmecken. Die klein gehackte Petersilie, den gepressten Knoblauch und den Weinbrand dazugeben und untermischen.
5. Den Teig ausrollen und aus ihm dünne runde Plätzchen ausstechen. Darauf die vorbereitete Fleischfüllung legen und den Teig (durch Zusammenfalten in Halbmondform und Zusammenkneifen der Teigränder) zu Pasteten formen.
6. Die geformten Pasteten auf ein eingefettetes Blech legen und bei einer Temperatur von 230°C 20–25 Minuten lang backen.
7. Die heiße Bouillon mit den Pasteten in vorgewärmten Tellern oder Suppentassen anrichten; mit Schnittlauchröllchen bestreuen.

Botwínja – Kalte Kwasssuppe mit Gemüse und Fisch

8 Portionen
1,4 l Brotkwass (Rezept auf S. 10)
300 g Spinat
200 g Sauerampfer
8 Zitronenscheiben
20 g Zucker
Salz, geriebene Zitronenschale

Für die Beilagen:
220 g Ossetra*-Stör (oder Hausen)
300 g Gurken
100 g Meerrettichwurzel
100 g Schnittlauch
40 g Zwiebel
30 g Petersilienwurzel
60 g Dill

*Statt Ossetra-Stör oder Hausen eignen sich viele andere Fischarten (z. B. Wels, Karpfen, Zander, Lachs).

1. Die Fischfilets waschen und in heißes Wasser geben, die Zwiebel und die Petersilienwurzel hinzugeben, salzen und bei schwacher Hitze kochen. In der Brühe abkühlen lassen.
2. Den Spinat und den Sauerampfer einzeln dünsten, durch ein Sieb passieren und abkühlen lassen. Salz, Zucker und geriebene Zitronenschale dazugeben und mit dem Kwass verrühren.
3. Die Gurken in Würfel schneiden, die Meerrettichwurzel mit der Raspel klein reiben, den Schnittlauch in feine Röllchen schneiden.
4. Zum Kwass mit dem passierten Spinat und Sauerampfer die in Würfel geschnittenen Gurken, den geriebenen Meerrettich und die Schnittlauchröllchen dazugeben.

5. Vor dem Servieren jeweils ein Stück Fisch in die Suppenteller legen und mit der fertigen *Botwínja* auffüllen, je eine Zitronenscheibe hineinlegen und die Suppe mit klein gehacktem Dill bestreuen.

Bemerkung:
Der Name der Suppe *Botwínja* kommt von dem Wort *botwá* [„Kraut"]. *Botjétj* bedeutete einst „fett, dick werden", „zunehmen", deshalb wurden mit *botwá* die dicken Wurzelfrüchte und ihre Blätter bezeichnet. Mit der Zeit hielt sich diese Bezeichnung nur noch für die oberirdischen (grünen) Teile der Wurzelfruchtpflanzen. Früher bereitete man die *Botwínja* aus den Blättern der Roten Bete und anderem Grüngemüse zu. Später begann man pürierten Sauerampfer und Spinat auf Kwassgrundlage zu verwenden, aber die alte Bezeichnung blieb erhalten. Bis zum 19. Jh. reichte man die *Botwínja* nicht als kalte Suppe, sondern als Vorspeise.

Swjekólnik – Rote-Bete-Suppe

8 Portionen
1,3 l Brotkwass (Rezept auf S. 10)
400 g junge Rote Bete mit Blättern
100 g Karotten
2 Esslöffel 3%iger Essig
100 g Schnittlauch
250 g Gurken
4 gekochte Eier
1 Teelöffel Zucker
80 g klein gehackter Dill
200 g saure Sahne
Salz

1. Die Rote Bete vom Blattwerk trennen, schälen und in Streifen schneiden. Vom Blattwerk die Blattstiele abschneiden, diese in Stücke schneiden und mit der zerkleinerten Roten Bete vermischen. Das Ganze mit heißem Wasser auffüllen und unter Zugabe von Essig zugedeckt gar dünsten.
2. Kurz vor Garende die ebenfalls in Streifen geschnittenen Rote-Bete-Blätter hinzugeben, nochmals zum Kochen bringen und dann abkühlen lassen.
3. Die Karotten in Streifen schneiden, gar dünsten und dann abkühlen lassen. Die Gurken in Streifen schneiden und den Schnittlauch in feine Röllchen schneiden. Den Kwass durchseihen.
4. Einen Teil der sauren Sahne, Salz, Zucker und Schnittlauch verrühren, zusammen mit den gedünsteten Karotten und den Gurken in den Sud mit der Roten Bete sowie den Bete-Blättern geben, mit Kwass auffüllen und umrühren.
5. Beim Servieren in die Mitte des fertigen *Swjekólnik* jeweils ein halbes gekochtes Ei legen und mit einem Häubchen saurer Sahne und klein gehacktem Dill garnieren.

Dill

Dill war schon den alten Ägyptern, Israeliten, Griechen und Römern bekannt. Man sah ihn jedoch nicht immer als Gemüsepflanze an. Im antiken Griechenland zum Beispiel pflanzte man ihn an, um damit Blumensträuße zu verzieren.

Dillbüschel schenkte man heldenmütigen Kriegern, mit dem filigranen Grüngemüse belohnte man eine edle Tat. Im Lebensalltag heilte man mit dem Sud der Pflanze einige Krankheiten und bekämpfte mit Dill Insektenschädlinge. Als Gemüsekultur wurde der Dill erst im Mittelalter anerkannt.

Das Dillgrün ist reich an wertvollen Inhaltsstoffen, besonders an Karotin, und enthält eine bedeutende Menge an Vitamin C, Nikotin- und Folsäure, aber auch Rutin, die Salze Kalzium und Kalium sowie Eisen, Phosphor, Phytonzide und ätherisches Öl. Auch Dillsamen enthalten viele wichtige Inhaltsstoffe.

Verwendung in der Kochkunst
Das junge Dillgrün wird frisch Salaten, Vorspeisen und kalten Suppen wie der *Okróschka* und der *Botwínja* beigegeben, man verfeinert mit ihm aber auch heiße Suppen und Hauptgerichte. Der Dill ist als Gewürz unerlässlich beim Einlegen in Salz und Marinieren von Gurken, Tomaten und Pilzen. Mit Dillgrün werden aber auch verschiedene Speisen garniert.

Um Brot- und Backwaren, Tee, Essig und Marinaden ein angenehmes Aroma zu verleihen, verwendet man Dilltropfen, die aus den Dillsamen gewonnen werden.

Vorbereitung
Vor der Zubereitung wird Dillgrün so behandelt wie auch die Blätter des Sauerampfers.

Aufbewahrung
Im frischen Zustand sollte das Dillgrün noch am gleichen Tag aufgebraucht werden. Wenn man es jedoch mit Wasser anfeuchtet und in einem fest verschlossenen Glas im Kühlschrank aufbewahrt, kann es sich 1–2 Tage halten.

Vorrätig hält man Dill in Salz eingelegt oder getrocknet, und da er sein Eigenaroma ziemlich gut beibehält, kann man ihn auch gut im Winter verwenden.

Ssup is tscherníki – Heidelbeersuppe

8 Portionen
200 g getrocknete Heidelbeeren
800 g Wasser
100 g Zucker
2 Teelöffel Kartoffelstärke
40 g gekochter Reis
160 g Sahne
Zitronensaft

1. Die Heidelbeeren für 10 Minuten in einer geringen Menge kalten Wassers einweichen. Dann im kalten Wasser zum Kochen bringen und 5 Minuten kochen lassen.
2. Zu den Heidelbeeren den Zucker hinzugeben und weitere 5–7 Minuten kochen. Dann die im restlichen Wasser aufgelöste Kartoffelstärke dazugießen und aufkochen lassen, danach abseihen.
3. Vor dem Servieren erst jeweils etwas Reis in die Teller geben und dann mit der fertigen Heidelbeersuppe auffüllen. Je nach Geschmack mit Zitronensaft beträufeln und mit Sahne verzieren.

Ssup is wischen s warénikami – Kirschsuppe mit Nudelteigtaschen

4 Portionen
700 g Sauerkirschen
200 g Zucker
20 g Speisestärke
100 g Mehl
40 g Milch
1 Ei
100 g saure Sahne
Salz

1. Die Hälfte der Sauerkirschen entkernen. Die restlichen Sauerkirschen mit Kernen zerquetschen, mit kaltem Wasser auffüllen und 5–6 Minuten kochen. 30 Minuten ziehen lassen. Anschließend durchseihen und die Kirschen durch das Sieb passieren.
2. In den Sud einen Großteil des Zuckers geben und zum Kochen bringen. Die zuvor in einem Teil des abgekühlten Suds aufgelöste Speisestärke hineinrühren, aufkochen und abkühlen lassen.
3. Aus dem Mehl, dem Ei und der Milch unter Zugabe von Salz und 1 Prise Zucker einen Teig für die Kirschtaschen kneten.
4. Für die Füllung die entkernten Sauerkirschen mit dem restlichen Zucker vermengen. Den Teig ausrollen und daraus Nudelteigtaschen mit Kirschen herstellen.
5. Die gefüllten Nudelteigtaschen in Salzwasser kochen und danach abkühlen lassen. Die Teigtaschen in Suppenteller legen und mit Kirschsuppe auffüllen.
6. Vor dem Servieren mit saurer Sahne garnieren.

HAUPTGERICHTE

Ogurzý, farschirówannyje mjássom – Gurken, gefüllt mit Fleisch

4 Portionen
12 Salzgurken
300 g Hackfleisch
2 Tomaten
⅔ Glas (etwa 130 ml) Fleischbrühe
½ Glas (etwa 100 ml) geriebener Hartkäse
2 Teelöffel Maisstärke
4 Esslöffel Tafelbutter
1 Esslöffel klein gehackter Knoblauch
Salz, gemahlener schwarzer Pfeffer

1. Die Gurken in Hälften schneiden. Die Fleischbrühe mit Knoblauch und Pfeffer würzen und zum Kochen bringen. Darin die Gurken zugedeckt dünsten, bis sie weich werden, dann herausnehmen und abkühlen lassen. Die Gurken in der Mitte aushöhlen.
2. Die verbliebene Fleischbrühe zum Kochen bringen, die in etwas Wasser aufgelöste Maisstärke hineinrühren und bis zum Dickwerden kochen.
3. Das Hackfleisch mit Butter unter Umrühren 5 Minuten lang braten, dann die Fleischbrühe mit der Maisstärke dazugießen.
4. Die Tomaten in Würfel schneiden, unter das Hackfleisch mischen, salzen und pfeffern.

5. Die ausgehöhlten Gurkenhälften mit der Hackfleischmischung füllen, auf ein mit Butter eingefettetes Blech legen, mit dem geriebenen Käse bestreuen und 10–15 Minuten im Ofen überbacken.

Knoblauch

Die Heimat des Knoblauchs sind die Steppen Zentralasiens, von wo aus er sich in grauer Vorzeit über ganz Zentral- und Kleinasien bis nach Ägypten ausbreitete.

In Europa kam der Knoblauch vor mehr als 5000 Jahren auf, und schon im antiken Griechenland und Rom wurde er zur Opferdarbringung verwendet. Pythagoras bezeichnete den Knoblauch als „König der Gewürze".

Seinen spezifischen Geruch verdankt der Knoblauch den in ihm enthaltenen ätherischen Ölen. Im Knoblauch wurden Phytonzide und Bakterizide entdeckt. Er enthält auch Polysacharide, Jod und die Vitamine B1 und C.

Verwendung in der Kochkunst

In der Küche wird Knoblauch als Würze vielen heißen und kalten Speisen beigegeben. Hauptsächlich wird er bei der Zubereitung von Hammelfleisch, Wild, von geschmortem und gebratenem Fleisch, besonders Schweinefleisch, verwendet. Er wird Suppen, Salaten, Beefsteaks und Soßen beigegeben und passt ausgezeichnet zu weichen Käsesorten und Quark. Knoblauch sollte man jedoch mäßig dosieren.

Vorbereitung

Aus der Knoblauchzwiebel die Zehen entnehmen und einzeln schälen, danach entweder klein schneiden, klein hacken, pressen oder mit Salz zerreiben.

Aufbewahrung

Knoblauch kann man am besten bei 1–2°C aufbewahren. Bei höherer Temperatur verdirbt er oder trocknet aus. Bei seiner Lagerung sollte eine mäßige Luftfeuchtigkeit von 70–80 % aufrechterhalten werden.

Kartófelnaja sapjekánka po-derewjénski – Kartoffelauflauf nach Bauernart

4 Portionen
500 g Kartoffeln
250 g Hackfleisch
1 Esslöffel Weizenmehl
1 Esslöffel Pflanzenöl
3 Tomaten
100 g saure Sahne
100 g geriebener Käse
1 Lorbeerblatt
Salz, gemahlener schwarzer Pfeffer

1. Das Hackfleisch mit Pflanzenöl braten, dabei ununterbrochen umrühren, so dass das Hackfleisch locker und bröselig wird. Das Mehl in einer Pfanne leicht rösten, mit einem Glas (etwa 200 ml) kaltem Wasser ablöschen, gut verquirlen und diese Masse zum Hackfleisch dazugießen. Ein Lorbeerblatt beigeben, das Ganze salzen, pfeffern, umrühren und 10 Minuten schmoren lassen.
2. Die geschälten Kartoffeln in dünne Scheiben schneiden und mit einem Drittel davon den Boden einer eingefetteten Auflaufform auslegen. Darüber die Hälfte der Hackfleischfüllung verteilen, eine weitere Schicht Kartoffelscheiben darauflegen und wieder mit Hackfleisch bedecken.
3. Die Tomaten in halbe Scheiben schneiden und im Wechsel mit den restlichen Kartoffelscheiben auf die oberste Fleischschicht legen.
4. Die saure Sahne auf dem Auflauf verteilen, mit Käse bestreuen und 45 Minuten bei 200°C im Ofen überbacken.

Sapjekánka is týkwy – Kürbiskuchen

8 Portionen
1 kg Kürbisfleisch
80 g Grieß
500 g Milch
9 Eier
120 g Tafelbutter
60 g geriebener Käse
60 g kernlose Rosinen
1 Esslöffel Zucker
Salz, Weizenmehl
Melisseblätter

1. Das Kürbisfleisch in Würfel schneiden, diese in einem Topf mit der Milch gar kochen.
2. Zum gegarten Kürbisfleisch den Grieß dazuschütten und unter Umrühren 10–15 Minuten lang kochen. Diese Masse durch ein Sieb passieren.
3. In den so erhaltenen Brei die Rosinen und die mit Salz und Zucker verrührten Eigelb hinzugeben und umrühren. Die Eiweiß zu steifem Eischnee schlagen und unter den ausgekühlten Brei heben.
4. Den fertigen Brei in eingefettete und mit Mehl bestaubte Formen verteilen, mit geriebenem Käse bestreuen, mit zerlassener Butter beträufeln und bei 180°C 20 Minuten backen.
5. Vor dem Servieren die Kuchen aus den Formen stürzen und mit Melisseblättern garnieren.

Bemerkung:
Die Kürbiswürfel zugedeckt bei schwacher Hitze gar kochen.
  Den Grieß in einem dünnen Strahl allmählich und unter ständigem Umrühren zur Milch mit den Kürbiswürfeln dazugießen, damit sich keine Grießklümpchen bilden.

Kotschán farschirówannyj – Gefüllter Weißkohl

10 Portionen
2 kg Weißkohl

Für die Füllung:
700 g Karotten
300 g Zwiebeln
300 g Tomaten
250 g Auberginen oder Paprika
100 g gekochter Reis
5 gekochte Eier
100 g Pflanzenöl

Für die Soße:
500 g Fleischbrühe
500 g Crème fraîche
50 g Weizenmehl
100 g passierte Tomaten
Salz, gemahlener schwarzer Pfeffer
Petersilie

1. Den Strunk aus dem Kohlkopf herausschneiden. Den Kohl in Salzwasser halb gar kochen. Die Kohlblätter ablösen und die Blattstiele abschneiden.
2. Für die Füllung das Gemüse (Karotten, Zwiebeln, Tomaten und Auberginen bzw. Paprika) klein schneiden, im heißen Pflanzenöl braten, den Reis und die klein gehackten Eier hinzugeben, salzen und pfeffern.
3. Auf ein mit Wasser angefeuchtetes Geschirrtuch die größten Kohlblätter mit der Stielseite nach unten legen. Darauf jeweils einen Teil der Füllung legen, wobei bei jedem Kohlblatt jeweils ein Rand von 2–3 cm freigelassen werden soll. Hierauf wiederum versetzt kleinere Kohlblätter mit Füllung legen usw.
4. In die Mitte das nicht mehr teilbare Herzstück des Kohlkopfes legen. Anschließend die Enden des Geschirrtuches zusammenschnüren, sodass der Kohlkopf seine ursprüngliche Form wiedererhält, und 20 Minuten lang in den Kühlschrank stellen.
5. Für die Soße das Mehl anschwitzen, leicht abkühlen lassen, mit der Fleischbrühe ablöschen, gut verquirlen und unter ständigem Rühren zum Kochen bringen. Die Crème fraîche dazugeben und die Soße unter stetem Umrühren 7 Minuten lang kochen. Die passierten Tomaten bis zur Hälfte ihres ursprünglichen Umfangs verkochen lassen, mit

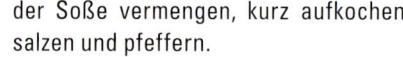

der Soße vermengen, kurz aufkochen, salzen und pfeffern.
6. Den Kohlkopf in eine mit Öl eingefettete Bratform legen, wobei das Geschirrtuch vorsichtig vom Kohlkopf abgezogen wird. Den Kohlkopf dann im Backofen bei 180°C braten, zwischendurch mit der Soße übergießen und fertig braten, bis sich eine schöne Kruste bildet.
7. Vor dem Servieren den Kohlkopf in Portionsstücke schneiden und mit Petersilie garnieren.

Traditionelle Gerichte der russischen Küche

Gribý w smjetánje – Rahmpilze

8 Portionen
1,2 kg Pilze
200 g Crème fraîche
200 g Butterschmalz
1 große Zwiebel
30 g Weizenmehl
Salz, gemahlener schwarzer Pfeffer
Muskatnuss, Petersilie

1. Die Pilze klein schneiden und 15 Minuten in Salzwasser kochen. Dann in einem Durchschlag abtropfen lassen.
2. Die Zwiebel in Würfel schneiden und im heißen Butterschmalz 5–7 Minuten lang braten. Die Pilze, das Mehl und etwas Salz hinzugeben und unter Umrühren noch weitere 15–20 Minuten braten.
3. Gegen Ende des Bratvorgangs die Crème fraîche untermischen, mit Pfeffer und geriebener Muskatnuss würzen, umrühren und kurz aufkochen lassen.
4. Zum Servieren die Pilze mit klein gehackter Petersilie bestreuen.

Kljócki gribnýje sso smjetánnym ssóussom – Pilzknödel mit Sahnesoße

8 Portionen
1 kg gekochte Steinpilze
200 g trockenes Weizenbrot
2 Zwiebeln
1 Glas (etwa 200 ml) Milch
2 Eier
½ Glas (etwa 100 ml) Semmelbrösel
1 Esslöffel klein gehackte Petersilie
200 g Pflanzenöl
Salz, gemahlener schwarzer Pfeffer
Petersilie

Für die Soße:
1 Becher (etwa 250 ml) Sahne
1 Esslöffel Weizenmehl
1 Esslöffel Tafelbutter
½ Glas (etwa 100 ml) Fleischbrühe
Salz, gemahlener schwarzer Pfeffer

1. Die Pilze durch den Fleischwolf drehen. Die Zwiebeln klein hacken und in etwas heißem Öl glasig braten. Das Brot in der Milch einweichen.
2. Die Pilze, die Zwiebeln, das Brot, die Eier und die klein gehackte Petersilie unter Zugabe von Salz und Pfeffer gut vermengen, sodass eine einheitliche Masse entsteht.
3. Aus der Pilzmasse Bällchen formen, mit den Semmelbröseln panieren und im heißen Pflanzenöl braten.
4. Für die Soße das Mehl mit der Butter anschwitzen, abkühlen lassen, mit der Fleischbrühe unter ständigem Rühren aufgießen, weiterrühren und die Sahne hinzugießen. Die Soße 10 Minuten kochen lassen, salzen und pfeffern.
5. Vor dem Servieren die Pilzknödel auf Tellern anrichten, mit einem Teil der Sahnesoße übergießen und mit Petersilie garnieren. Die restliche Soße getrennt reichen.

Petersilie

Ihre Heimat sind die östlichen Mittelmeergebiete, wo sie auch wild wächst.

Schon in grauer Vorzeit war die Petersilie als Heil- und Gewürzpflanze bekannt. Die Griechen hielten sie jedoch für eine geheiligte Pflanze und verwendeten sie daher nicht als Nahrungsmittel. Von Griechenland und Rom aus verbreitete sich die Petersilie über die ganze Welt. In Deutschland wurde sie auf Geheiß Karls d. Großen als Gewürzpflanze kultiviert.

Im Petersiliengrün und auch in der Wurzel ist eine bedeutende Menge Askorbin- und Folsäure enthalten sowie Karotin, Vitamine der Gruppe B, Kalium- und Magnesiumsalz, Eisen und Phosphor.

Verwendung in der Kochkunst

In der Kochkunst finden sowohl das Petersiliengrün als auch die Petersilienwurzel Verwendung. Das Petersiliengrün wird für die Zubereitung von Salaten, Vorspeisen, Fleisch- und Fischgerichten, Suppen wie die *Okróschka*[1] und verschiedenen Soßen verwendet. Mit Petersiliengrün werden Tunken, Füllungen, Frikadellen, Pasteten, Käse und Quark geschmacklich verfeinert.

Die Petersilienwurzel, aber ebenso das getrocknete Petersiliengrün wird beim Einlegen von Gemüse, beim Suppenkochen sowie auch bei der Zubereitung von Soßen und Gemüsespeisen verwendet. Petersilie eignet sich gut zur diätetischen Ernährung, besonders bei Leber- und Gallenblasenerkrankungen.

Vorbereitung

Die Petersilie wird aussortiert, die groben Stiele, die verdorrten und vergilbten Blätter werden entfernt. Dann wird die Petersilie sorgfältig gewaschen und auf einen Bratrost oder ein Sieb gelegt und nochmals unter fließendem Wasser abgespült.

Das auf diese Weise vorbereitete Petersiliengrün wird klein geschnitten und der Speise vor dem Servieren beigegeben.

Die Petersilienwurzel wird ebenfalls gewaschen, geputzt und geschält, danach in Stücke geschnitten und etwa 20 Minuten vor dem Garen der Speise beigegeben.

Aufbewahrung

Im frischen Zustand kann Petersilie nicht lange aufbewahrt werden. Sie sollte nach Möglichkeit am gleichen Tag aufgebraucht werden. Für eine längere Lagerung werden sowohl das Petersiliengrün als auch die Wurzel getrocknet. Außerdem kann man die Petersilie aber auch in Salz einlegen.

---

1 *Okróschka*, vgl. das Rezept auf S. 41 dieses Buches.

Slojónyj grétschnik – Buchweizenschichtkuchen

4 Portionen
4 Glas (etwa 800 ml) lockere Buchweizengrütze
300 g Champignons
2 Zwiebeln
3 Esslöffel Tafelbutter
150 g saure Sahne
2 Eier
150 g geriebener Käse
Salz, gemahlener schwarzer Pfeffer
Petersilie

1. Die Zwiebeln zerkleinern und in der heißen Butter 3–5 Minuten braten. Die klein geschnittenen Pilze hinzufügen und zusammen noch weitere 10 Minuten braten.
2. Mit der Hälfte der fertig gekochten Buchweizengrütze den Boden einer mit Butter eingefetteten Auflaufform bedecken, darauf die Pilz-Zwiebel-Mischung verteilen und diese wiederum mit einer Buchweizenschicht bedecken.
3. Die saure Sahne mit den verquirlten Eiern verrühren, salzen, pfeffern und mit dieser Mischung den Buchweizenschichtkuchen übergießen, anschließend mit dem geriebenen Käse bestreuen und 10 Minuten im Ofen überbacken.
4. Den Buchweizenauflauf in Stücke schneiden und mit Petersilie garniert servieren.

Pschónnyj karawáj – Hirsekuchen

6 Portionen
1 ½ Glas (etwa 300 ml) Hirse
3 Glas (etwa 600 ml) Milch
3 Eier
50 g Tafelbutter
½ Glas (etwa 100 ml) Semmelbrösel
½ Glas (etwa 100 ml) Rosinen
1 Esslöffel Zucker
Vanillin, Sahne, warénje* (oder Marmelade)

1. Einen zähflüssigen Hirsebrei auf Milchbasis kochen und abkühlen lassen.
2. Die Eigelb von den Eiweiß trennen. Die Eigelb mit Zucker verquirlen und mit dem abgekühlten Hirsebrei vermengen. Die Eiweiß steif schlagen und ebenfalls unter den Hirsebrei heben.
3. Zum vorbereiteten Hirsebrei die Rosinen und das in etwas heißem Wasser aufgelöste Vanillin hinzugeben und umrühren.
4. Eine runde Kuchenform mit Butter einfetten und mit den Semmelbröseln bestreuen. Den Brei darin verteilen und bei 230 °C 15–20 Minuten backen.
5. Den fertigen Kuchen mit steif geschlagener Sahne oder warénje* [„marmeladenartig eingekochte Früchte"] servieren.

Rýba w gortschítschnom ssóusje – Fisch in Senfsoße

6 Portionen
1 kg Heringsfilets mit Haut
3 Zwiebeln
2 Esslöffel Tafelbutter
4 Esslöffel klein gehackter Dill
2 Esslöffel Semmelbrösel
Salz, gemahlener schwarzer Pfeffer
gekochte Salzkartoffeln

Für die Soße:
2–3 Esslöffel Senf
50 g 3%iger Essig
100 g Pflanzenöl
40 g Zucker

1. Die Zwiebeln in Scheiben schneiden und in heißer Tafelbutter (1 Esslöffel) braten. Anschließend in eine mit Tafelbutter eingefettete Auflaufform geben.
2. Die Heringsfilets mit Salz und Pfeffer würzen und mit klein gehacktem Dill bestreuen. Dann die Heringsfilets mit der Haut nach außen einrollen und auf die Zwiebelschicht in die Auflaufform legen.
3. Für die Soße Pflanzenöl mit Senf, Salz, Zucker und Essig verquirlen.
4. Über die Heringsfilets in der Auflaufform die fertige Soße gießen und die Oberfläche mit den Semmelbröseln bestreuen. Das Ganze dann bei 250°C 25 Minuten im Backofen garen, ohne dass die Oberfläche des Fisches angebräunt wird.
5. Getrennt als Beilage zum Fisch gekochte Salzkartoffeln servieren.

Rýba w rassólje – Fisch in Gurkensalzlake

4 Portionen
700 g Kabeljau
240 g Salzgurken
220 g Champignons
30 g Zwiebel
30 g Petersilienwurzel
1–2 Teelöffel Zitronensaft
450 g Fischbrühe
20 g Weizenmehl
30 g Tafelbutter oder Margarine
Salz und Pfeffer, Petersilie
400 g gekochte Salzkartoffeln

1. Den Kabeljau in Filets mit Haut zerteilen, entgräten und dann in rechteckige Portionen schneiden, die Haut einritzen.
2. Aus den Gräten eine Brühe kochen und diese durchseihen.
3. Den Fisch in eine tiefe Pfanne legen, mit einer geringen Menge heißer Brühe (vom Kochen der Gräten) übergießen und zum Kochen bringen.
4. Die Salzgurken schälen und die Schalen sowie die Lake aufbewahren. Zum Fisch grob geschnittene Zwiebel, Petersilienwurzel und Gurkenschalen dazugeben, die durchgeseihte Salzgurkenlake dazugießen, würzen und bei schwacher Hitze zugedeckt 15–20 Minuten dünsten.

5. Die Gurken ohne Schale und Samen klein schneiden und in der restlichen Gräten-Brühe dünsten. Die Pilze in Scheiben schneiden, mit etwas Wasser übergießen und 7–10 Minuten zugedeckt dünsten.
6. Für die Soße das Mehl in heißer Butter oder Margarine ohne Veränderung seiner Farbe und bis zur Annahme eines Geruches von gerösteten Nüssen anschwitzen. Dann abkühlen lassen, mit der beim Dünsten des Fisches gewonnenen, abgekühlten Brühe unter ständigem Rühren aufgießen und 7–10 Minuten lang bis zum Dickwerden kochen. Die gedünsteten Gurken und Champignons dazugeben, salzen, den Zitronensaft hinzufügen und 5–7 Minuten kochen lassen.
7. Jeweils ein Stück Fisch mit der Haut nach oben auf den in Scheiben geschnittenen heißen Salzkartoffeln anrichten, mit Soße übergießen und mit Petersilie garnieren.

Rýba, tuschónnaja ss ówotschtschami – Fisch, gedünstet mit Gemüse

6 Portionen
950 g Fischfilets
300 g Fischbrühe
270 g Karotten
1 Petersilienwurzel
¼ Selleriewurzel
2 Zwiebeln
100 g passierte Tomaten
4 Esslöffel Pflanzenöl
2 Esslöffel 3%iger Essig
1 Esslöffel Zucker
1 Lorbeerblatt
Gewürznelke, Zimt, Salz, Pfeffer
Dill
gekochte Salzkartoffeln
Schnittlauchröllchen

1. Die Fischfilets in Portionsstücke schneiden und wechselweise mit dem in Streifen geschnittenen Gemüse in insgesamt vier Schichten in einen tiefen Schmortopf legen.
2. Mit der Fischbrühe auffüllen und zum Kochen bringen.
3. Das Öl, die passierten Tomaten, Essig, Salz und Zucker hinzufügen. Zugedeckt bei schwacher Hitze 50–60 Minuten dünsten lassen. Etwa 10 Minuten vor dem Garende mit Gewürznelke, Lorbeerblatt, Zimt, Salz und Pfeffer würzen.
4. Den Fisch zusammen mit dem Gemüse und der Soße, in der er gedünstet wurde, anrichten und mit Dill garnieren. Als Beilage reicht man Salzkartoffeln, bestreut mit Schnittlauchröllchen.

Karp sapetschónnyj – Überbackener Karpfen

4 Portionen
900 g Karpfen
200 g Zwiebeln
100 g Pflanzenöl
80 g saure Sahne
1 Teelöffel Paprikapulver
Salz, Pfeffer
gekochte Salzkartoffeln

1. Den vorbereiteten ganzen Karpfen mit Salz einreiben, alle 3 cm schräge Einschnitte vornehmen.
2. Die Zwiebeln klein schneiden, in heißem Pflanzenöl anbraten, salzen und pfeffern.
3. In jeden Einschnitt des Fischkörpers gebratene Zwiebeln schieben; die restlichen Zwiebeln auf dem Boden eines viereckigen Brattopfs oder auf einem Backblech ausbreiten.
4. Auf die Zwiebelschicht den Fisch legen und im Backofen braten. Anschließend die mit dem Paprikapulver vermischte saure Sahne daraufstreichen und bis zur Bildung einer rotbraunen Kruste überbacken.
5. Den Karpfen mit gekochten Salzkartoffeln servieren.

Bemerkung:
Frischer Karpfen lässt sich schwer abschuppen, weil er glitschig ist. Deshalb wird er beim Abschuppen und Säubern mit Salz eingerieben, wobei man von Zeit zu Zeit die Finger in Salz eintaucht, damit der Fisch nicht wegrutscht.

Den Fisch im gut vorgeheizten Backofen braten. So bildet sich an der Oberfläche eine rotbraune Kruste, und die Speise wird saftig.

Swinína glasirówannaja – Glasiertes Schweinefleisch

6 Portionen
900 g zartes Schweinefleisch ohne Knochen (Karreestück)
2 Esslöffel Gewürznelken
2 Esslöffel Pflanzenöl
1 Esslöffel Puderzucker
2 saure Äpfel
100 g Backpflaumen ohne Kerne
100 g Kwass* (Rezept auf S. 10)
50 g Sahne
2 Teelöffel Kartoffelstärke
Salz, gemahlener schwarzer Pfeffer

1. Das Schweinefleisch mit Salz und Pfeffer würzen. Mit einem scharfen Messer das Fleisch an der Oberfläche netzförmig einritzen. In jedes durch das geritzte Netz entstehende Quadrat eine Gewürznelkenknospe stecken. Das Fleisch mit einer dünnen Schicht Puderzucker bestreuen, in eine eingefettete hitzebeständige Bratpfanne legen und im Backofen bei 230°C 40–50 Minuten garen.
2. Die in Spalten geschnittenen Äpfel und die vorher eingeweichten Backpflaumen dem Fleisch beigeben und alles nochmals 30 Minuten garen.
3. Das Fleisch mit dem Obst aus der Pfanne nehmen. Den durch das Braten entstandenen Saft durchseihen, den Kwass und die Sahne dazugeben, zum Kochen bringen und die Kartoffelstärke unter stetem Umrühren darin auflösen, damit sich keine Klümpchen bilden. Nochmals aufkochen lassen und salzen.
4. Vor dem Servieren das Fleisch zusammen mit dem Obst in der vorbereiteten Soße aufwärmen.

Gewürznelke

Die nicht aufgegangenen und getrockneten Blütenknospen des Gewürznelkenbaumes – seine Heimat sind die Molukken, eine Inselgruppe Indonesiens – sind wohl das älteste und erlesenste Gewürz, welches lange vor unserer Zeit in China und Indien bekannt war. Vor mehr als 2000 Jahren befahlen die verzärtelten Kaiser der Han-Dynastie (206 v. Chr.–220 n. Chr.) ihren Untergebenen, vor einer Audienz eine Knospe der Gewürznelke zu kauen – um den Regenten nicht durch übel riechenden Atem zu beleidigen. Im alten Ägypten schmückte man die Leiber der Verstorbenen mit Gewürznelkenhalsbändern. Auch die Griechen kannten sie, und unter den römischen Kaisern verbreitete sich die Gewürznelke über den gesamten Mittelmeerraum – sie galt zu jener Zeit als große Kostbarkeit.

Die vom Baum abgelesenen und an der Sonne getrockneten Knospen wurden in dichte Säcke verpackt und über Ceylon, die Häfen des Roten Meeres und weiter mittels Karawanen nach Alexandrien und Konstantinopel geliefert, von wo aus sie nach Europa gelangten. Ihr Preis überstieg sogar den des Goldes.

Es ist interessant, dass die erste Weltumsegelung der Europäer, die Expedition (des Seefahrers Ferdinand) Magellan (1480–1521) vollständig aus dem Verkauf von Gewürznelken finanziert wurde. Er stellte seine kleine Flottille mit geliehenem Geld zusammen und versprach den Financiers, das investierte Kapital mit Gewürzen zurückzuzahlen. Er hielt sein Wort, kam aber selbst auf einer der exotischen Inseln ums Leben. Das kleinste Schiff der Flottille lieferte schließlich 381 Säcke mit Gewürznelken nach Spanien, was ausreichte, um die offenen Rechnungen zu begleichen.

Bei den Gewürznelken handelt es sich um die Blütenknospen eines immergrünen Baumes. Sie werden geerntet, wenn sie eine bordeauxrote Farbe erreichen, und dann getrocknet, was ihnen die Form von kleinen, dicken Nägeln verleiht.

Verwendung in der Kochkunst

Wegen ihres starken eigentümlichen Aromas ist die Gewürznelke – die besten Sorten werden von den Inseln Sansibar und Pemba importiert – unersetzlich. Mit ihr wird eingelegtem Obst Aroma verliehen. Man gibt sie Rotkohl- und Kohlrabispeisen bei und würzt damit in Verbindung mit schwarzem Pfeffer Fleisch – besonders Schweine- und Hammelfleisch – sowie auch Pilze. Gewürznelke wird beim Marinieren von Hering und bei der Zubereitung von Sülzwurst und Pasteten aus Wildfleisch verwendet. Ohne sie – so meinen Feinschmecker – erlangen dunkle Fleischsoßen und Geleespeisen aus Fleisch keinen abgerundeten Geschmack. Gewürznelke verbessert auch den Geschmack von Suppen mit Fleisch, wie der *uchá* sowie der Fleischbouillon und – zusammen mit Zwiebeln und Kohlrabiblättern – auch des Sauerkrauts. Man sollte dieses Gewürz jedoch mengenmäßig eher sparsam anwenden.

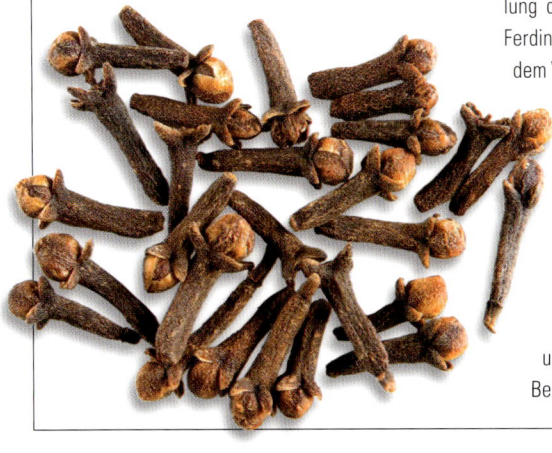

Tjelnóje – Gefüllte Fischfrikadellen

4 Portionen
400 g Fischfilet
100 g trockenes Weizenbrot
1/2 Glas (etwa 100 ml) Milch (oder Wasser)
2 Zwiebeln
2 g Butterschmalz
120 g Pilze
2 Eier
½ Glas (etwa 100 ml) Semmelbrösel
Pflanzenöl
Salz, Pfeffer
Buchweizengrütze (oder Kartoffelpüree)
Tomatensoße

1. Das Brot in Milch oder Wasser einweichen; wenn es aufgequollen ist, die Flüssigkeit auspressen.
2. Das Fischfilet in kleine Stücke schneiden, mit dem eingeweichten Brot vermengen und weiter zerkleinern. Die Fischmasse in die nach dem Einweichen ausgepresste Flüssigkeit geben, mit Salz und Pfeffer würzen, umrühren und zu einem einheitlichen Brei mixen.
3. Für die Füllung die Pilze kochen und in Scheiben schneiden. Die Zwiebeln klein hacken und im heißen Butterschmalz goldgelb glasig braten. Ein klein gehacktes gekochtes Ei, die geschnittenen Pilze sowie einen Esslöffel Semmelbrösel dazugeben und umrühren.
4. Die Fischmasse auf einem angefeuchteten Tuch zu runden Scheiben (1 cm dick) formen und in die Mitte die Füllung legen. Danach jede Scheibe einmal zusammenfalten, die Ränder zusammenkneifen und ihnen so die Form von Halbmonden verleihen.
5. Die so gefüllten Frikadellen in ein verquirltes Ei eintunken und mit Semmelbröseln panieren. Anschließend in reichlich Pflanzenöl knusprig braten, aus dem Fett nehmen und im Backofen bei 170°C 5–7 Minuten fertig garen.
6. Mit lockerer Buchweizengrütze oder Kartoffelpüree als Beilage servieren; getrennt kann man dazu Tomatensoße reichen.

Bemerkung:
Gefäße, in denen Fisch zubereitet wurde, behalten den spezifischen Geruch gewöhnlich lange bei. Um sie davon zu befreien, sollte man sie mit altem, abgestandenem Tee ausreiben.

Swinína farschirówannaja – Gefülltes Schweinefleisch

10 Portionen
1,7 kg Schweinebrust mit Rippenknochen
900 g Äpfel
800 g frischer Weißkohl
750 g Sauerkraut
300 g Zwiebeln
250 g Tafelbutter
Salz, gemahlener weißer Pfeffer
Dill und Petersilie
Bratkartoffeln

1. Für die Füllung den frischen Kohl vom Strunk befreien, klein schneiden, leicht mit Salz vermengen und den sich bildenden Saft auspressen. Das Sauerkraut überbrühen und ebenfalls den Saft auspressen. Die Äpfel schälen und klein schneiden, mit dem Kohl und dem Sauerkraut vermischen und mit geschmolzener Tafelbutter anmachen.
2. Bei der Schweinebrust das Fleisch am Rand 1½–2 cm breit von den Rippen schneiden und die Rippenknochen hier restlos säubern.
3. Zwischen Rippenknochen und dem verbliebenen Fleisch eine Aushöhlung in Form einer Tasche schneiden und diese mit dem Kohl-Apfel-Gemisch füllen. Die Ränder zunähen.
4. Die gefüllte Schweinebrust salzen, mit klein zerstoßenen Zwiebeln und Pfeffer einreiben und zunächst im Backofen bei 270 °C bis zur Bildung einer rotbraunen Kruste braten, dann die Temperatur auf 170 °C reduzieren und fertig garen lassen.
5. Vor dem Servieren die Fäden und die Knochen entfernen und das gefüllte Schweinefleisch in Scheiben schneiden. Mit Bratkartoffeln als Beilage und mit Dill und Petersilie garniert servieren.

Swinína na dránikach – Schweinefleisch auf Kartoffelpuffern

4 Portionen
600 g Schweinefleisch ohne Knochen
50 g Butterschmalz
Salz, Pfeffer
mariniertes oder in Salz eingelegtes Gemüse

Für die Kartoffelpuffer:
2 Kartoffeln
1 Ei
1 Teelöffel Weizenmehl
60 g Pflanzenöl
1 Esslöffel klein gehackte Petersilie
Salz, gemahlener schwarzer Pfeffer

1. Die Kartoffeln mit der Raspel klein reiben, Ei, Mehl, Salz, Pfeffer und die klein gehackte Petersilie hinzufügen und umrühren.
2. Aus der so vorbereiteten Kartoffelmasse dünne Kartoffelpuffer formen und diese in etwas heißem Pflanzenöl knusprig braten.
3. Das Schweinefleisch in Portionsstücke schneiden, klopfen, salzen und pfeffern. Anschließend im heißen Butterschmalz braten.
4. Zum Servieren die gebratenen Fleischportionen jeweils zwischen zwei Kartoffelpuffer legen. Mariniertes oder in Salz eingelegtes Gemüse als Beilage reichen.

Gowjádina, farschirówannaja gribámi i oréchami – Rindfleisch, gefüllt mit Pilzen und Nüssen

6 Portionen

1 kg Rindfleisch (aus der Fehl- oder Hochrippe)
200 g Pilze
2 Esslöffel Zirbelkerne*[1]
4 Esslöffel trockener Rotwein
1 Glas (etwa 200 ml) Fleischbrühe
1 Esslöffel Weizenmehl
4 Knoblauchzehen
1 Teelöffel gemahlener Rosmarin
4 Esslöffel Pflanzenöl
Salz, gemahlener schwarzer Pfeffer

1. Die Pilze in Scheiben schneiden, leicht in etwas heißem Pflanzenöl anbraten und mit den Zirbelkernen und dem Rosmarin vermengen.
2. Das Fleisch in Portionen schneiden, klopfen, salzen und pfeffern.
3. In die Mitte jedes Fleischstückes etwas Pilzmasse geben.
4. Das Fleisch wie Rouladen einrollen, mit einem Bindfaden umwickeln oder mit Zahnstochern zusammenheften.
5. Die Rindfleischröllchen in etwas heißem Pflanzenöl bis zur Bildung einer rotbraunen Kruste braten, dann auf ein eingefettetes Blech legen und im Backofen bei 220 °C fertig garen.
6. Den Wein zur Fleischbrühe geben, den gepressten Knoblauch hinzugeben, das in heißem Öl angeschwitzte Mehl einrühren und diese Soße bis zum Dickwerden kochen.
7. Zum Servieren die Fleischröllchen mit Weinsoße übergießen.

Bemerkung:
Fleisch sollte man rasch als ganzes Stück waschen und erst dann in Portionen schneiden, andernfalls würde ein Teil der Nährstoffe durch das Wasser ausgeschwemmt werden. Das Fleisch wird zarter, wenn man es während des Bratens mit einer geringen Menge Weinbrand beträufelt.

---

1 Bei diesen wohlschmeckenden Samen handelt es sich um die „Zedernnüsse" der Sibirischen Zirbelkiefer. Früher auch im Alpenraum als Nahrungsmittel verwendet, sind sie in Russland als Speisezutat auch heute noch durchaus gebräuchlich. Sie ähneln zwar Pinienkernen, sind jedoch meist nicht ganz so länglich in der Form, etwas weicher in der Konsistenz und schmecken mehr wie Walnüsse; sie enthalten 70 % Fette und 20 % Eiweiß.

Gowjádina rubljónaja – Rinderfrikadellen

12 Portionen
1,8 kg Rindfleisch ohne Knochen
120 g Butterschmalz
150 g Meerrettichwurzel
60 g Senf
1 Glas (etwa 200 ml) Semmelbrösel
Salz, Pfeffer
gebratenes oder mariniertes Gemüse

1. Das Rindfleisch durch den Fleischwolf drehen oder mit einem Hackbeil fein hacken, salzen und pfeffern. ½ Glas (etwa 100 ml) Wasser hinzugießen und gut vermischen.
2. Aus der Fleischmasse Frikadellen formen.
3. Die Frikadellen mit Semmelbröseln panieren und im heißen Butterschmalz knusprig braten.
4. Die Meerrettichwurzel mit der Raspel reiben und mit dem Senf vermengen.
5. Mit diesem Meerrettich-Senf-Gemisch die Frikadellen bestreichen und im Backofen bei 170 °C 20 Minuten lang überbacken.
6. Die Frikadellen mit gebratenem oder mariniertem Gemüse servieren.

Meerrettichwurzel

Meerrettich ist das schärfste von allen „brennenden" Gewürzen und kommt ursprünglich aus Südosteuropa und Kleinasien.

Die Wurzel des Meerrettichs enthält eine bedeutende Menge Vitamin C, die Vitamine B1 und B2, Kohlenhydrate, Speisestärke und Mineralsalze (Kalium, Kalzium, Phosphor, Eisen, Kupfer, Chlor und Schwefel).

Die besten Wurzeln liefert der ein- oder zweijährige Meerrettich. Alte Wurzeln verholzen und werden zu bitter.

Verwendung in der Kochkunst

Die frisch geriebene Meerrettichwurzel wird als Gewürz verwendet. So bereitet man z. B. aus Meerrettich eine dickflüssige kalte Soße, die man zu Kochfleisch reicht.

Vermengt mit Preiselbeere und saurer Sahne wird er zu Wild serviert. Ohne Zusätze passt er zu heiß geräuchertem Fleisch und Fisch wie auch zu gekochtem Fleisch.

Sehr schmackhaft ist klein geriebener Meerrettich mit Schlagsahne und klein gehackten Nüssen – so wird er zu kaltem gekochtem Schinken gereicht.

Meerrettichwurzel wird auch beim Einlegen von Gurken, Roter Bete und Tomaten als Zusatz verwendet.

Vorbereitung

Die Meerrettichwurzel vor dem Gebrauch waschen, die kleinen Stiele entfernen, schälen, danach mit der Raspel klein reiben oder klein schneiden.

Zubereitung von Meerrettichsoße

Eine der beliebtesten und weithin bekannten Soßen in der russischen Küche wird traditionell zu kalten und heißen Fleisch- und Fischgerichten, aber auch zu Sülze serviert.

150 g Meerrettichwurzel
125 g 3%iger Essig
225 g Wasser
Zucker, Salz

Die Meerrettichwurzel mit der Raspel reiben, in einen Topf geben, mit kochendem Wasser überbrühen und zugedeckt stehen lassen. Bevor die Masse erkaltet, Essig, Salz und Zucker beigeben und umrühren.

Aufbewahrung

Dank des Vorhandenseins von Phytonziden kann Meerrettich zwei Wochen lang im Kühlschrank aufbewahrt werden.

Gowjádina tuschónaja po-rússki – Rinderschmorfleisch nach russischer Art

6 Portionen
900 g Rindfleisch ohne Knochen
2 Esslöffel Weizenmehl
300 g Zwiebeln
1 Karotte
¼ Selleriewurzel
60 g *Borodínskij**-Roggenbrot
90 g Schweinespeck
60 g Pflanzenöl (oder Schweineschmalz)
600 g Fleischbrühe (eventuell aus einem Brühwürfel hergestellt)
60 g Crème fraîche
Pfefferkörner, Lorbeerblatt
gekochte Salzkartoffeln, Dill

* Statt *Borodínskij*-Brot kann beliebiges Roggenbrot mit Kümmel verwendet werden.

1. Das Rindfleisch quer zur Maserung in Portionen schneiden, mit Mehl panieren und in heißem Schweineschmalz oder Pflanzenöl bis zur Bildung einer rotbraunen Kruste braten.
2. Den Boden einer Bratform mit dünnen Scheiben Schweinespeck auslegen.
3. Die Karotte, die Selleriewurzel und die Zwiebeln in Streifen schneiden. Auf den Speck die Hälfte der Fleischstücke legen, diese mit der halben Menge der Gemüsestreifen bedecken und salzen. Die Hälfte vom in Würfel geschnittenen Brot, Pfefferkörner und das Lorbeerblatt beigeben und nochmals mit je einer Schicht Fleisch, Brotwürfeln und Gemüsestreifen bedecken und würzen. Das Ganze mit der Fleischbrühe übergießen, so dass die obere Fleischschicht bedeckt ist.

4. Die Bratform zunächst auf die Herdplatte stellen und die Fleischbrühe zum Kochen bringen, dann zudecken und im Backofen bei 170 °C 1 ½–2 Stunden schmoren lassen. 30 Minuten vor dem Garende die Crème fraîche hinzugeben und mit Salz abschmecken.
5. Das Fleisch zusammen mit dem Gemüse servieren und mit der Soße übergießen, die sich beim Schmoren gebildet hat. Als Beilage Salzkartoffeln, mit klein gehacktem Dill bestreut, reichen.

Gowjádina s kapústoj – Rindfleisch mit Sauerkraut

4 Portionen
600 g Rindfleisch ohne Knochen
400 g Sauerkraut
4 Esslöffel Butterschmalz
2 Glas (etwa 400 ml) Brühe
2 Zwiebeln
2 Esslöffel passierte Tomaten
10 g Petersiliengrün
Salz, Pfeffer

1. Das Fleisch in rechteckige Stücke schneiden und in heißem Butterschmalz hellbraun anbraten.
2. Das Sauerkraut klein hacken, die Zwiebeln in Scheiben und dann in halbe Ringe schneiden.
3. Das Fleisch und das Sauerkraut in kleine Tontöpfe geben. Die Zwiebeln, die Brühe, die in heißem Butterschmalz kurz erhitzten passierten Tomaten und das klein gehackte Petersiliengrün sowie Salz und Pfeffer hinzugeben.
4. Die Tontöpfe zudecken und das Ganze 1 ½–2 Stunden schmoren lassen.

Schárkoje w gorschótschkje – Gebratenes Gemüse und Fleisch im Topf

12 Portionen
1 Kürbis
1 kg Rindfleisch ohne Knochen
5 Zwiebeln
4 Karotten
6 Kartoffeln
300 g grüne Erbsen
(frisch oder aus der Dose)
2 Glas (etwa 400 ml) Fleischbrühe
2 Esslöffel passierte Tomaten
4 Esslöffel Pflanzenöl
2 Teelöffel Kümmel
Salz, gemahlener schwarzer Pfeffer

1. Die Karotten und die Zwiebeln in Spalten schneiden und in etwas heißem Pflanzenöl ohne Krustenbildung kurz anbraten.
2. Das Fleisch in Würfel schneiden und im restlichen heißen Pflanzenöl braten.
3. In einen Tontopf das Fleisch, den Kürbis und die Kartoffeln (beide geschält und ebenfalls in Würfel geschnitten) legen, das kurz angebratene Gemüse, die grünen Erbsen und den Kümmel dazugeben. Das Ganze mit Fleischbrühe übergießen und die passierten Tomaten hinzufügen, salzen und pfeffern. Zugedeckt im Backofen garen.

Jasýk pod gribným ssóussom – Zunge mit Pilzsoße

4 Portionen
800 g Rinderzunge
4 Karotten
1 Selleriewurzel
2 Petersilienwurzeln
2 Zwiebeln
Salz
Petersiliengrün

Für die Soße:
100 g Steinpilze
2 Esslöffel Weizenmehl
2 Glas (etwa 400 ml) Pilzbrühe
6 Esslöffel Tafelbutter

1. Die Zwiebeln und Karotten in Scheiben schneiden und in der Pfanne ohne Fett anbraten.
2. Die Zunge in Salzwasser kochen, und etwa 20 Minuten vor dem Garende die Sellerie- und Petersilienwurzeln und die angebratenen Zwiebeln und Karotten hinzugeben.
3. Die gegarte Zunge in kaltem Wasser abschrecken und – ohne sie erkalten zu lassen – die Haut abziehen. Dann die Zunge in Scheiben schneiden und im eigenen Sud erhitzen.
4. Für die Soße in einer Pfanne das Mehl in der heißen Tafelbutter hell anschwitzen und mit der Pilzbrühe verrühren. Die in Scheiben geschnittenen und gebratenen Pilze hinzufügen und 15 Minuten kochen lassen.
5. Zum Servieren die Zunge in Scheiben auf eine Servierplatte legen und mit Pilzsoße übergießen.
6. Mit Petersilie garnieren.

Mjásso duchowóje – Geschmortes Fleisch

6 Portionen
1 kg Rindfleisch ohne Knochen
(oder 950 g Hammelfleisch ohne Knochen
oder 900 g Schweinefleisch ohne Knochen)
90 g Butterschmalz (oder Pflanzenöl)
600 g Kartoffeln
150 g Kürbis
210 g Karotten
90 g Petersilienwurzel
3 Zwiebeln
120 g passierte Tomaten
1 Esslöffel Weizenmehl
1 Brühwürfel
1 Lorbeerblatt
Salz, gemahlener schwarzer Pfeffer, Pfefferkörner, getrocknete und klein gehackte frische Petersilie, Liebstöckel, Dill

1. Das Fleisch in 1–2 Stücke pro Portion schneiden, salzen, pfeffern und im heißen Butterschmalz oder Pflanzenöl bis zur Bildung einer Kruste braten. Zum Schluss die passierten Tomaten dazugeben und alles zusammen nochmals 5–7 Minuten braten. Anschließend mit Brühe (aus einem Brühwürfel zubereitet) oder mit Wasser so auffüllen, dass die Fleischstücke vollkommen bedeckt sind, und bei schwacher Hitze schmoren, bis das Fleisch fast gar ist.
2. Das Gemüse in Spalten oder Würfel schneiden und die einzelnen Sorten getrennt knusprig anbraten.
3. Das Gemüse mit Ausnahme der Kartoffeln mit dem Fleisch vermengen und 15–20 Minuten schmoren. Anschließend die Kartoffeln, Pfefferkörner, ein Lorbeerblatt, getrocknete Petersilie, Liebstöckel und Dill beigeben und schmoren, bis das Fleisch durch ist.
4. Das Mehl in der Pfanne ohne Fett goldgelb rösten, abkühlen lassen und mit einem Teil der beim Schmoren des Fleisches entstandenen, abgekühlten Brühe verrühren. Diese Soße auf das Fleisch mit dem Gemüse gießen. Alles zusammen nochmals 5 Minuten aufwärmen.
5. Zum Servieren das Fleisch zusammen mit dem Gemüse und der Soße auf Tellern anrichten und mit klein gehackter Petersilie bestreuen.

Zwiebel

Die Zwiebel ist eine der am meisten verbreiteten Gemüsekulturen. Ihre Heimat sind Zentralasien und Afghanistan.

Die Zwiebel enthält bis zu 10 % Zucker, darüber hinaus Eiweiße, Fette, Mineralsalze und Vitamine. In ihrem Nährwert steht sie unter den Gemüsesorten an dritter Stelle, nach der Roten Bete und der Petersilienwurzel.

Die Fähigkeit der Phytonzide (also der flüchtigen Stoffe) in der Zwiebel, Krankheitserreger zu zerstören, ist von der Medizin lange anerkannt und wird in der Prophylaxe gegen Erkältungskrankheiten eingesetzt. Nicht umsonst hält sich im Volk über die Zwiebel das Sprichwort: *Luk – ot sjemí niedúg!* – „Zwiebel – gegen sieben Übel!"

Verwendung in der Kochkunst

In der Kochkunst kommt die Zwiebel frisch, gebraten, gedünstet oder mariniert in fast in allen Gerichten vor – mit Ausnahme von Getränken und Süßspeisen.

Nicht nur ihre Knollen werden verwendet, sondern auch das Zwiebelgrün (die grünen Röhrenblätter, auch „Federn" oder „Schloten" genannten). Die scharfen Sorten der Zwiebel werden meistens für Sude, geschmorte Speisen, Suppen, Pastetenfüllungen, Fleisch-, Fisch- und Gemüsespeisen verwendet. Die süßen Sorten der Zwiebel werden dagegen im frischen oder marinierten Zustand in Salaten, als Vorspeise oder Beilage verwendet.

Vorbereitung

Die Zwiebelknolle oben und unten beschneiden und die trockenen Zwiebelschalen abziehen. Die geschälte Zwiebel wird unter fließendem Wasser gewaschen und anschließend geschnitten.

Aufbewahrung

Zwiebeln werden an einem dunklen Ort bei 1–2 °C gelagert.

Kúriza w gorschótschkje – Hähnchen im Topf

4 Portionen
4 Hühnerbrüstchen
4 Kartoffeln
1 Karotte
2 Tomaten
1 Zwiebel
1 Knoblauchzehe
4 Esslöffel Pflanzenöl
2 Esslöffel Gemüsegewürzmischung

1. Die Kartoffeln, die Zwiebel und die Karotte in Spalten schneiden, in einem Teil des heißen Pflanzenöls leicht anbraten, in einen Tontopf legen und mit Gemüsegewürz bestreuen.
2. Die Hühnerbrüstchen im restlichen heißen Pflanzenöl knusprig braten.

3. Das angebratene Hähnchenfleisch in einen Tontopf auf das gebratene Gemüse legen und mit in Spalten geschnittenen Tomaten bedecken. Die klein gehackte Knoblauchzehe hinzufügen, mit einem halben Glas (etwa 100 ml) Wasser auffüllen, den Tontopf mit Folie abdecken und alles zusammen im Backofen bei 180 °C 30 Minuten lang schmoren.
4. Das Hähnchenfleisch mit dem Gemüse und der beim Schmoren entstandenen Soße servieren.

Bemerkung:
Hühnerfleisch wird weiß und zart, wenn es vor der Zubereitung mit Zitronensaft eingerieben oder mit Zitronensäurelösung beträufelt wird.

Kotljéty is ptízy – Frikadellen aus Geflügelfleisch

4 Portionen
300 g Hühner- oder Putenfleisch ohne Knochen
80 g trockenes Weizenbrot
100 g Milch oder Wasser
40 g Tafelbutter
50 g Butterschmalz
40 g Weizensemmelbrösel
Salz, Petersilie
Bratkartoffeln oder Pommes frites, grüne Erbsen aus der Dose

1. Das Geflügelfleisch durch den Fleischwolf drehen, mit dem vorher in Milch oder Wasser eingeweichten Weizenbrot vermengen und nochmals durch den Fleischwolf drehen. Diese Masse salzen, die Hälfte der Tafelbutter dazugeben und mixen.
2. Aus der so vorbereiteten Fleischmasse Frikadellen formen.
3. Die Frikadellen mit den Semmelbröseln panieren und im heißen Butterschmalz braten. Anschließend im Backofen oder zugedeckt warm halten.
4. Zum Servieren die Frikadellen mit der restlichen, zerlassenen Tafelbutter übergießen. Mit grünen Erbsen und Bratkartoffeln oder Pommes frites anrichten und alles mit Petersilie garnieren.

Królik w bjélom winjé ss owoschtschámi – Kaninchen in Weißwein mit Gemüse

4 Portionen
4 Kaninchenkeulen
200 g Kasslerfleisch (geräuchertes Bruststück)
2 Zwiebeln
2 Paprikaschoten
4 Tomaten
1 Glas (etwa 200 ml) Hühnerbrühe
½ Glas (etwa 100 ml) trockener Weißwein
2 Knoblauchzehen
5 Esslöffel Pflanzenöl
100 g entkernte Backpflaumen
3 Lorbeerblätter
1 Prise gemahlener Koriander
Salz, gemahlener schwarzer Pfeffer

1. Das Kaninchenfleisch salzen und pfeffern. Das Kasslerfleisch in Scheiben schneiden und im heißen Pflanzenöl anbraten. Das Kaninchenfleisch dazugeben und bis zur Bildung einer rotbraunen Kruste braten.
2. Die in Spalten geschnittenen Zwiebeln und Knoblauchzehen hinzufügen und alles zusammen weitere 5–7 Minuten braten. Die Hühnerbrühe und den Weißwein dazugießen und 20 Minuten schmoren lassen.
3. Die Tomaten mit heißem Wasser überbrühen, abkühlen lassen und die Haut abziehen, anschließend das Tomatenfleisch in Würfel schneiden. Die Paprikaschoten von den weißen Adern und Kernen befreien und in Streifen, die Backpflaumen in Stücke schneiden. Dann das Gemüse dem Fleisch beigeben und weiter schmoren lassen. 5 Minuten vor dem Garende die Lorbeerblätter und den Koriander dazugeben.
4. Das Fleisch zusammen mit dem Gemüse und der beim Schmoren entstandenen Soße servieren.

Salz

Die Salzgewinnung ist eines der ältesten Gewerbe auf dem Gebiet des russischen Staates. Die Anfänge der Salzsiederei sind mit Galizien und den urslawischen Stämmen verbunden und gehen auf das 5. vorchristliche Jahrhundert zurück. Im 12. Jh. war die Salzsiederei in den Küstenregionen weit verbreitet. Zu dieser Zeit gelang es den Nowgorodern, bis zum Weißen Meer vorzudringen und hier die Salzsiederei zu begründen. Im 16. Jh. begann die Erschließung der Salzvorkommen im Kamagebiet – Städte wie Ssolikámsk, Ussólje[1], Tschérdynj und andere wuchsen förmlich auf dem Salz empor. In damaliger Zeit waren die Besitzer der Siedereien meist Moskauer Fürsten und Bojaren, aber auch bedeutende Klöster und Kirchen.

Vom Jahre 1705 an wurde der Verkauf von Salz auf Erlass Peters d. Großen hin Staatsmonopol. Zunächst wurde es als Mangelware aus England nach Russland importiert. Doch zu Anfang des 20. Jh. ging der Importumfang deutlich zurück, was mit der erhöhten Einfuhr von billigerem Krimsalz über die Ostseehäfen verbunden war.

Salzsorten und Verwendung in der Kochkunst

Salz ist das erste Gewürz und die älteste Zutat, welche dem Menschen schon in der Frühsteinzeit bekannt

1 Die Verbundenheit dieser Städte mit dem Salz (russ. *ssolj*) geht schon aus deren Namen hervor.

war. Es wird durch Wasserverdampfung gewonnen oder als natürliches Vorkommen abgebaut.

Obwohl alles in der Natur vorkommende Kochsalz chemisch gesehen gleich ist, so unterscheidet man doch in der Kochkunst verschiedene Salzsorten, abhängig vor allem von ihrer Herkunft oder Art der Gewinnung. Die Unterschiede hängen mit den jeweiligen örtlichen Beimischungen zum Salz zusammen.

So ist beispielsweise Salz, welches in den Küstenregionen gewonnen wurde, unersetzlicher Bestandteil beim Einpökeln von Fisch. Als beste Sorten gelten in Russland das *Iljézkaja*- (Stadt Ssolj-Ilézk im Südural) und das *Ussóljskaja*-Salz (Stadt Ussólje in Sibirien). An zweiter Stelle folgt das *Baskuntschákskaja*-Sedimentsalz [Salzsee Baskuntschák im Gebiet Astrachan].

Fein gemahlenes und raffiniertes Salz eignet sich zum Salzen von fertigen Speisen, jedoch sollte man es nicht zum Einpökeln von Fisch und Gemüse, für die Zubereitung von heißen Speisen (besonders Suppen) und auch nicht beim Dünsten oder Schmoren verwenden.

Perepjelá w smjetánje s ssýrnymi knjéljami – Wachteln in Sahnesoße mit Käseknödeln

10 Portionen
20 Wachteln
500 g Sahne
3 Esslöffel Mehl
200 g Butterschmalz
2 Glas (etwa 400 ml) Hühner- oder Fleischbrühe
4 Eier
250 g harter Käse
100 g Grieß
Salz, Petersilie

1. Die vorbereiteten Wachteln im heißen Butterschmalz bis zur Bildung einer rotbraunen Kruste braten, mit der Hälfte der Brühe auffüllen und schmoren lassen, die Wachteln dann aus der Pfanne nehmen und beiseitegeben.
2. In die Pfanne, in der die Wachteln gebraten wurden, das Mehl streuen und goldgelb anschwitzen lassen. Leicht abkühlen lassen, die restliche Brühe dazugießen, mit dem Schneebesen gut verrühren und 5–7 Minuten kochen. Die Sahne hinzugeben, salzen und zum Kochen bringen.
3. Mit der so vorbereiteten Soße die Wachteln übergießen und zum Kochen bringen.
4. Für die Käseknödel die verquirlten Eigelb mit dem Grieß und dem geriebenen Hartkäse vermengen, salzen und 1 Stunde ziehen lassen. Die Eiweiß schlagen und unter die Grieß-Käse-Masse heben.
5. Diese auf einem mit Wasser angefeuchteten Tuch zu einer Rolle formen, fest darin einwickeln und die Enden des Tuches zuschnüren. Diese Grieß-Käse-Rolle in kochendes Salzwasser geben und so lange kochen, bis sie obenauf schwimmt, dann herausnehmen, aus dem Tuch auswickeln und in Scheiben schneiden.
6. Je zwei Wachteln mit Käseknödelscheiben anrichten. Die Knödelscheiben mit der Soße begießen, in der die Wachteln gekocht wurden. Alles mit Petersilie garnieren.

Bemerkung: Nach dem Ausnehmen das Wildgeflügel für 1–1 ½ Stunden in kaltes Wasser legen, dann wird das Fleisch beim Zubereiten weich, saftig und weiß.

Zum Kochen der Käseknödelmasse sollte ein Leinentuch verwendet werden.

Traditionelle Gerichte der russischen Küche

Ruljét „Ráduga" – Regenbogenrolle

8 Portionen
400 g Quark
200 g getrocknete Aprikosen
2 Rote Bete-Knollen
4 Karotten
2 Eier
2 Esslöffel Grieß
2 Esslöffel Weizenmehl
2 Eigelb
2 Esslöffel Zucker
Semmelbrösel

1. Die Rote Bete und die Karotten getrennt kochen, abkühlen lassen und mit der Raspel klein reiben. Das Gemüse miteinander vermengen, zwei Eier und das Mehl hinzugeben und umrühren.
2. Die getrockneten Aprikosen in kaltes Wasser einweichen, dann im selben Wasser weich kochen und zerkleinern.
3. Zum Quark den Zucker und den Grieß hinzugeben und umrühren.
4. Auf ein mit Semmelbröseln bestreutes Tuch eine Schicht der Gemüsemischung legen, darauf eine Schicht Quarkmasse und dann eine weitere Schicht mit Aprikosen, alles mithilfe des Tuches zusammenrollen.
5. Die Rolle mithilfe des Tuches auf ein eingefettetes Blech legen. Die Oberfläche der Rolle mit Eigelb bestreichen. Im Backofen bei 180 °C 30 Minuten lang backen.
6. Vor dem Servieren die Rolle in Scheiben schneiden.

Bemerkung:
Das Gemüse in einem zugedeckten Topf mit wenig Flüssigkeit gar dünsten, denn sonst verliert es viele Nährstoffe. Am besten bleiben die Nährstoffe erhalten, wenn das Gemüse gedämpft wird.

Sapjekánka tworóschnaja – Quarkauflauf

4 Portionen
300 g Quark
2 Eier
1 gekochte Karotte
20 g Tafelbutter
20 g Honig
15 g kernlose Rosinen
100 g Wasser
1 Messerspitze Vanillin
Salz

1. Den Quark durch ein Sieb passieren. Salz, in etwas heißem Wasser aufgelöstes Vanillin, die Eier und die Tafelbutter hinzugeben und mixen.
2. Die Karotte mit der Raspel grob reiben und unter den Quark mischen.
3. Die vorbereitete Masse in eine eingefettete Auflaufform geben und 10–12 Minuten im Backofen bei 220 °C backen.
4. Für die Soße die Rosinen mit heißem Wasser übergießen und weich kochen. Dann zerkleinern und nochmals zum Kochen bringen, abkühlen lassen und mit Honig vermengen.
5. Den Quarkauflauf in Portionen teilen und mit der vorbereiteten Soße begießen.

Dratschóna s grenkámi – Eierauflauf mit gerösteten Brotwürfeln

4 Portionen
8 Eier
100 g Milch
1 Esslöffel Weizenmehl
40 g saure Sahne
4 Scheiben Roggenbrot
2 Esslöffel klein gehackter Dill
20 g Butterschmalz
20 g Tafelbutter
Salz

1. Von den Brotscheiben die Kruste abschneiden, in kleine Würfel schneiden und diese leicht im heißen Butterschmalz anbraten.
2. Die Eier mit Salz verquirlen, mit der Milch verdünnen, das Mehl und die saure Sahne hinzugeben und gut mixen. Die gerösteten Brotwürfel und den klein gehackten Dill dazugeben und umrühren.
3. Die Eier-Brot-Masse in eine mit Butter eingefettete Auflaufform gießen, im Backofen bei 170 °C bis zur Bildung einer rotbraunen Kruste backen und anschließend sofort servieren, da der Auflauf schnell absackt.
4. Vor dem Servieren mit zerlassener Tafelbutter begießen.

Bemerkung:
Statt der Brotwürfel (oder zusätzlich) kann man als Zutaten auch gekochte Karotten, Kürbis oder Kartoffeln, entweder in Würfel geschnitten oder mit der Raspel klein gerieben, verwenden, aber auch in Scheiben geschnittene Fleischprodukte.

DESSERTS

Dessért s karamélju – Aprikosenpudding mit Karamell

4 Portionen
100 g getrocknete Aprikosen
1 Esslöffel Weinbrand
2 Esslöffel Zucker
2 Teelöffel Gelatine
4 Esslöffel Sahne (etwa 30 % Fett)
2 Esslöffel Vanillinzucker

Für den Karamell:
1 Glas (etwa 200 ml) Zucker
4 Esslöffel Wasser

1. Die Gelatine im Verhältnis 1 zu 6 in abgekochtem kaltem Wasser einweichen, bis sie aufquillt, dann im Wasserbad auflösen.
2. Die getrockneten Aprikosen mit einem Glas (etwa 200 ml) Wasser begießen und kochen; Zucker und Weinbrand hinzugeben.
3. Die gekochten Aprikosen mit dem Sud pürieren und mit der vorbereiteten Gelatine vermischen.

4. In das Aprikosenpüree die mit Vanillinzucker geschlagene Sahne hinzugeben, umrühren und in Dessertschälchen füllen. Zum Erstarren darin abkühlen lassen.

5. Aus Zucker und Wasser Karamell kochen und auf einem Pergamentpapier damit beliebige Muster ziehen; kalt werden lassen. Mit den erkalteten bizarren Formen den Pudding garnieren.

Zucker

Als Konditoreirohstoff war Zucker den Arabern seit dem 7. Jh. (wahrscheinlich aus Indien kommend) bekannt, in Europa dagegen erst ab dem 16. Jh., als die Spanier ihn aus Amerika einzuführen begannen.

Die Verwendung von Zucker hatte im europäischen Konditoreigewerbe einen bahnbrechenden Umschwung ausgelöst, weil Honig, der vorher als Süßungsmittel gebraucht wurde, nicht die Eigenschaft des Karamellisierens aufwies. Seit dem 18. Jh. ist Zucker in Russland bekannt; die ersten zuckerverarbeitenden Fabriken wurden gegründet. Ab dem 19. Jh., besonders ab der zweiten Hälfte, wurde Zucker in Russland aus dem billigeren heimischen Rohstoff hergestellt und wurde so zum Massenprodukt.

Verwendung in der Kochkunst

Zucker bildet im Konditoreiwesen die Grundlage aller Konfekte, Glasuren sowie von *Halwá*[1] und Nougat.

Auf der Basis von Zucker werden auch alle Sorten von *warénje*[2], Marmeladen, *powídlo*[3], *dschem*[4], Konfitüren[5], *pastilá*[6] und Sukkaden [kandierte Fruchtschalen] hergestellt. Ohne Zucker ist die Herstellung von süßem Teig oder überhaupt von Süßspeisen undenkbar.

Aufbewahrung

Zucker kann man jahrelang aufbewahren. Die Besonderheit besteht hier darin, dass man ihn zu diesem Zweck nicht in Räumlichkeiten mit erhöhter Luftfeuchtigkeit lagern sollte, weil er hygroskopisch [wasseranziehend] ist und dann klumpt.

---

1 *Halwá* (arab. für „Süßigkeit") besteht aus gerösteten, geriebenen Getreidekörnern, Sesam oder Nüssen, vermengt mit einer Karamellmasse, die mit einem schaumbildenden Stoff (z. B. dem Sud von Seifenwurzel) geschlagen wird. In der russischen Küche wird *chalwá* meist aus Sonnenblumenkernen hergestellt.

2 *Warénje*, vgl. hierzu S. 14, Anm. 2.
3 *Powídlo*, vgl. hierzu S. 22, Anm. 7.
4 *Dschem*, vgl. hierzu S. 22, Anm. 8.
5 *Konfitüre* ist Marmelade (vgl. S. 22, Anm. 9) aus nur einer Obstart mit noch erkennbaren Obststücken.
6 *Pastilá*, vgl. hierzu S. 15, Anm. 4.

Jágody sso slíwkami – Beeren mit Schlagsahne

6 Portionen
500 g frische Beeren
1 Glas (etwa 200 ml) Sahne (etwa 30 % Fett)
6 Esslöffel Puderzucker

1. Die Sahne steif schlagen.
2. In die steif geschlagene Sahne [mit dem Schneebesen] den Puderzucker unterrühren.
3. Die gezuckerte Schlagsahne und die frischen Beeren dekorativ in Kelchbecher füllen.

Kissélj is schipównika – Hagebutten-Kissel

6 Portionen
1 Glas (etwa 200 ml) Hagebutten
1 l Wasser
5 Esslöffel Zucker
2 Esslöffel Speisestärke

1. Die Hagebutten waschen, mit heißem Wasser übergießen und zugedeckt 15 Minuten lang kochen. Anschließend 6 Stunden ziehen lassen.
2. Den Hagebuttensud durchseihen und in einem Teil des Suds die Speisestärke auflösen. In den restlichen Sud den Zucker geben und unter stetem Umrühren zum Kochen bringen.
3. Sobald der Zucker aufgelöst ist, unter stetem Umrühren die aufgelöste Speisestärke dazugießen, aufkochen und abkühlen lassen.
4. Zum Servieren den Hagebutten-Kissel in Cocktailgläser füllen.

Kompót is suchofrúktow – Kompott aus getrocknetem Obst

6 Portionen
60 g getrocknete Äpfel
60 g getrocknete Birnen
60 g gedörrte Aprikosen
60 g Backpflaumen (gedörrte Pflaumen)
50 g Rosinen
150 g Zucker
1,1 l Wasser
1 Messerspitze Zitronensäure

1. Das getrocknete bzw. gedörrte Obst zuerst auslesen und dann nach Sorten voneinander trennen (wegen der unterschiedlichen Garzeiten). Die großen Äpfel und Birnen in Stücke schneiden. Das Obst in warmem Wasser waschen.
2. Den Zucker ins kochende Wasser geben, ihn mittels Umrühren auflösen und zum Kochen bringen. Im so erhaltenen Sirup zunächst die in Stücke geschnittenen Äpfel und Birnen 20 Minuten lang kochen.
3. Die gedörrten Aprikosen und die Backpflaumen hinzugeben und 10 Minuten lang kochen. Danach die Rosinen beigeben und nochmals 4–5 Minuten lang kochen. Gegen Ende des Kochvorgangs die Zitronensäure zur Verbesserung des Geschmacks hinzugeben.
4. Das fertige Kompott abkühlen und 10–12 Stunden ziehen lassen.
5. Die Früchte und Beeren gleichmäßig in Gläsern oder Kelchbechern verteilen und servieren.

Bemerkung:
Wenn das Kompott aus einer Mischung von Trockenobst zubereitet wird, dann sollten die Birnen und Äpfel zuerst in den kochenden Sirup gelegt werden, denn sie brauchen zum Garen wesentlich länger als andere Früchte.

Die Zitronensäure wird dem Kompott [bei teilweiser Verwendung von Frischobst] nicht nur zur Geschmacksverbesserung beigegeben, sondern auch zum Erhalt der Obstfarben.

Dessért jágodnyj – Dessert aus Beeren

8 Portionen
500 g frische Beeren
200 g fetter Quark
200 g Roggenbrotbrösel
100 g Sahne
1 Esslöffel Zucker
2 Esslöffel Puderzucker

1. Von den Beeren einen Teil zum Garnieren ganz lassen, den Rest durch ein Sieb passieren und mit Puderzucker mischen.
2. Den Quark verquirlen und dabei nach und nach den Zucker und die Sahne hinzugeben.
3. In die Dessertschälchen in Schichten zuerst das Beerenpüree, dann die Roggenbrotbrösel füllen und darauf schließlich die Quarkcreme mit einem Spritzbeutel dekorativ dressieren. Das Ganze mit frischen ganzen Beeren garnieren.

Krjem tworóschnyj s klubníkoj – Quarkcreme mit Erdbeeren

8 Portionen
500 g Quark
150 g Erdbeeren
4 Zweige Pfefferminze oder Melisse
50 g Milch
80 g Honig

1. Den Quark mit dem Honig, der Milch und einem Teil der Erdbeeren mixen.
2. Einen Teil der Pfefferminze- oder Melisseblätter klein hacken, in die Quarkmasse geben und umrühren.
3. Einen weiteren Teil der Erdbeeren in Würfel schneiden und unter die Quarkcreme mischen.
4. Zum Servieren die Erdbeercreme in die Dessertschälchen füllen und mit in Spalten geschnittenen Erdbeeren sowie den übrigen Pfefferminze- oder Melisseblättern garnieren.

Traditionelle Gerichte der russischen Küche 145

Muss kljúkwjennyj – Moosbeerenschaumspeise

6 Portionen
200 g Moosbeeren
200 g Zucker
60 g Grieß
450 g Wasser
Zucker für den Sirup

1. Die Moosbeeren auslesen, waschen und den Saft auspressen. Den Saft in einem nicht oxydierenden Gefäß in den Kühlschrank stellen.
2. Das ausgepresste Fruchtfleisch mit heißem Wasser übergießen, 10 Minuten kochen lassen und durchseihen.
3. In den fertigen Sud den Zucker geben, zum Kochen bringen und in einem dünnen Strahl allmählich unter stetem Umrühren den Grieß hinzugeben. Nochmals 10–15 Minuten bis zum Dickwerden kochen. Etwa zwei Drittel des Saftes dazugießen, umrühren und abkühlen lassen.
4. Den restlichen Saft mit dem restlichen Zucker im Verhältnis 1 zu 1 zu Sirup kochen und abkühlen lassen.

5. Die erkaltete Grieß-Frucht-Masse zu einem steifen Schaum schlagen. Die Schaummasse sollte dabei im Umfang um das 2–3-Fache zunehmen.
6. Den Moosbeerenschaum mit einem Spitzbeutel in Dessertschälchen dressieren und mit Sirup übergießen.

Bemerkung:
Eine solche Schaumspeise kann man aus beliebigem *warénje*[1] zubereiten, das je nach Geschmack mit Wasser verdünnt und durchgeseiht und in dessen Sirup der Grieß eingekocht wird. Je 100 g Sirup nimmt man 10 g Grieß.

---
[1] *Warénje*, vgl. hierzu S. 14, Anm. 2.

Dessért mákowyj – Mohndessert

4 Portionen
50 g Mohn
50 g Milch
2 Eiweiß
25 g Gelatine
1 Glas (etwa 200 ml) Crème fraîche
½ Glas (etwa 100 ml) Sahne
4 Esslöffel Zucker
200 g getrocknete Aprikosen
2 Esslöffel Moosbeerensirup
Pfefferminzblätter

1. Die Milch mit dem Mohn zum Kochen bringen und abkühlen lassen. Die Gelatine einweichen und im Wasserbad auflösen.
2. Die Eiweiß mit der Hälfte des Zuckers zu steifem Eischnee schlagen, den restlichen Zucker hinzugeben und verquirlen.
3. Die Crème fraîche mit der Sahne vermengen und die Gelatine, die Mohnmilch sowie den Eischnee hinzugeben und umrühren.
4. Diese Mohnmischung in Halbkugelformen gießen und zum Erstarren abkühlen lassen.
5. Für die Soße die getrockneten Aprikosen in kaltem Wasser einweichen, dann mit 1 Glas (etwa 200 ml) heißem Wasser übergießen und bis zum Verdampfen des Wassers kochen. Die Aprikosen mit dem Stabmixer zerkleinern und mit dem Moosbeerensirup verrühren.
6. Zum Servieren die erstarrte Schaumspeise aus den Formen stürzen, die Halbkugeln zu Kugeln zusammenfügen, je eine Kugel auf einen Teller legen, mit Aprikosensoße umgießen und mit Pfefferminzblättern garnieren.

Kuragá – Getrocknete Aprikosen

Mit *kuragá* werden [im Gebiet der ehemaligen Sowjetunion] entkernte, getrocknete Aprikosen bezeichnet. Aber für diese bemerkenswerte Frucht existieren in der russischen Kochkunst noch weitere Bezeichnungen, abhängig von ihrem Zustand: gedörrt oder getrocknet. So sind z. B. mit *scheptalá* die besten, größten und süßen Früchte in leicht gedörrtem Zustand gemeint, mit *kajssá* die in Hälften geschnittenen gedörrten Früchte, mit *urjúk* die aufgeschnittenen, aber mit Kernen getrockneten Früchte. *Kuragá*, *urjúk* und *kajssá* sind hervorragende Lieferanten von Kalium, Karotin, Phosphor, Kalzium, Eisen und auch Vitamin B5. Außerdem ist es wissenschaftlich erwiesen, dass der regelmäßige Verzehr von getrockneten Aprikosen die Wahrscheinlichkeit von Krebserkrankungen erheblich senkt.

Verwendung in der Kochkunst

Aus *kuragá* werden Kompotte, Kissel und Soßen gekocht sowie Füllungen für Piroggen und kleine Pasteten zubereitet. Breite Verwendung findet *kuragá* auch in diversen Konditoreiwaren: Torten, Kuchen, Gebäck, Cremes, Schaumspeisen, *sambúk* [„mit Zucker und Eiweiß geschlagenes Obstmus"] usw.

Um den Speisen ein erlesenes und einzigartiges Aroma zu verleihen, werden getrocknete Aprikosen auch beim Schmoren von Fleisch und Geflügel verwendet.

Vorbereitung

Vor dem Zubereiten das getrocknete Obst sorgfältig waschen, um es von Schmutz zu reinigen, aber auch um den Schwefel und andere Chemikalien zu beseitigen, mit denen Trockenobst während des Trockenvorgangs nicht selten bearbeitet wird. Die auf diese Weise vorbereiteten getrockneten Aprikosen werden für 1–2 Stunden in kaltem Wasser eingeweicht.

Aufbewahrung

Lagern kann man nur getrocknetes, aber nicht gedörrtes Trockenobst, weil Letzteres wegen des Restbestandes von enthaltener Feuchtigkeit schnell schimmlig werden kann. Am besten sollte man getrocknete Aprikosen in dicht verschlossenen Gläsern aufbewahren. Papiertüten oder Leinensäcke eignen sich dafür weniger, weil sich in ihnen Ungeziefer ansiedeln kann.

Krjem sawarnój – Gekochte Milchcreme

4 Portionen
370 g Milch
1 ½ Esslöffel Weizenmehl
5 Esslöffel Zucker
3 Eier
1 Esslöffel Vanillinzucker
2 Esslöffel Tafelbutter
Obst, Beeren oder Marmelade zum Garnieren

1. Den Zucker in die Milch geben, zum Kochen bringen und 1–2 Minuten kochen.
2. Das Mehl in der trockenen Bratpfanne unter stetem Umrühren hellbraun rösten, bis ein Aroma von gerösteten Nüssen entsteht. Anschließend abkühlen lassen und mit den Eiern verquirlen.
3. Unter stetem Umrühren mit dem Schneebesen allmählich in dünnem Strahl die gezuckerte Milch in die Mehlmasse gießen. Diese Creme bei schwacher Hitze oder in einem Wasserbad unter ununterbrochenem Umrühren kochen, bis sie dick wird.
4. Die Creme auf Zimmertemperatur abkühlen lassen, die Tafelbutter und den Vanillinzucker hinzugeben und leicht mixen. Die Creme für 30 Minuten in den Kühlschrank stellen.
5. Zum Servieren die Creme in Dessertschälchen füllen und mit frischem Obst, Beeren oder Marmelade garnieren.

2

3

4

Meschótschki s jáblokami i isjúmom – Pfannkuchensäckchen mit Äpfeln und Rosinen

6 Portionen
125 g Weizenmehl
2 Eier
125 g Milch
125 g Mineralwasser
1 Esslöffel Butterschmalz
1 Esslöffel Zucker
1 Prise Salz
Pfefferminze- oder Melissenstiele

Für die Füllung:
5 Äpfel
3 Esslöffel Rosinen
1 Esslöffel Zucker

1. Die Eier, die Milch, das Mineralwasser, Salz und Zucker vermengen, allmählich das Mehl hinzugeben und zu einer einheitlichen Masse schlagen. Den Teig 30 Minuten quellen lassen.
2. Den Teig in kleinen Portionen in eine heiße, mit Butterschmalz eingefettete Bratpfanne geben und goldgelbe Pfannkuchen backen.
3. Die geschälten und in Spalten geschnittenen Äpfel blanchieren, dann abkühlen lassen und die Rosinen und den Zucker hinzugeben.
4. In die Mitte der Pfannkuchen jeweils etwas Apfelfüllung geben und die Pfannkuchen mit je einem Pfefferminze- oder Melissenstiel zu einem Säckchen zusammenbinden.
5. Vor dem Servieren die Pfannkuchensäckchen mit Puderzucker bestreuen.

Bemerkung: Geschälte Äpfel werden an der Luft schnell braun. Um dies zu vermeiden, sollte man sie mit Zitronensaft oder Zitronensäurelösung beträufeln.

Den Flüssigteig in möglichst dünner Schicht in die Bratpfanne gießen, dann werden die Pfannkuchen locker und porös.

Zur Verbesserung der Qualität der Pfannkuchen das Mehl zuerst sieben und dann erst die benötigte Menge abmessen.

Sapjekánka mánnaja s jágodami – Grießauflauf mit Beeren

4 Portionen
150 g Grieß
300 g verschiedene Beeren
1 ½ Glas (etwa 300 ml) Wasser
½ Glas (etwa 100 ml) Milch
10 g Tafelbutter
½ Ei
2 Teelöffel Sahne
30 g kernlose Rosinen
1 Esslöffel Zucker
1 Esslöffel Weizensemmelbrösel
1 Glas (etwa 200 ml) Aprikosensoße
1 Prise Salz

1. Die Milch mit Wasser verdünnen, Zucker und Salz hinzugeben und zum Kochen bringen. In dünnem Strahl den Grieß hineingießen und unter Umrühren bis zum Dickwerden kochen.
2. Dem Brei die Butter und die Rosinen beimengen.
3. In einer mit Butter eingefetteten und mit Weizensemmelbröseln bestreuten Auflaufform den Brei mit einer Zwischenschicht Beeren verteilen.
4. Die Oberfläche des Auflaufs mit einer Mischung aus Ei und Sahne bestreichen. Im Backofen bei 200 °C 40 Minuten backen.
5. Zum Servieren den Auflauf in Portionen schneiden und mit Aprikosensoße oder *warénje*[*1] [bzw. Marmelade] begießen.

---
1 *Warénje*, vgl. hierzu S. 14, Anm. 2.

Jábloki, sapetschónnyje s suchofrúktami – Bratäpfel mit getrocknetem Obst

4 Portionen
4 Äpfel
4 getrocknete Aprikosen
2 entkernte Backpflaumen
8 Lambertsnüsse[1] (oder Haselnüsse)
8 Mandeln
80 g Zucker
20 g Tafelbutter
1 Zitrone

---

[1] Lambertsnüsse (Corylus tubulosa) sind eine Haselnussart.

1. Für die Füllung die getrockneten Aprikosen und die Backpflaumen in kaltem Wasser einweichen, dann in diesem Wasser 5 Minuten lang kochen. Die getrockneten Früchte anschließend in kleine Würfel schneiden und mit den klein gehackten Nüssen und Mandeln, der Hälfte des Zuckers und der Butter vermischen.
2. Bei den Äpfeln das Kerngehäuse mit einem Teil des Fruchtfleisches ausstechen. Die Äpfel mit Zitronensaft beträufeln.
3. Die Äpfel mit der Frucht-Nuss-Mischung füllen, auf ein mit Butter eingefettetes Backblech legen und etwas Wasser dazugießen. Die Äpfel mit Zucker bestreuen und im Backofen bei 180 °C so lange braten, dass sie innen noch nicht ganz weich sind.
4. Servieren kann man die Äpfel sowohl heiß als auch kalt.

GEBACKENES

Búbliki týkwjennyje – Kürbiskringel

8 Portionen
600 g Weizenmehl
200 g Kürbis
20 g Hefe
1 Ei
2 Esslöffel Zucker
1 Glas (etwa 200 ml) Wasser
4 Esslöffel Tafelbutter
50 g klein gehackte Mandeln
1 Prise Salz

1. Die Hefe in warmem Wasser auflösen, das Mehl hinzugießen, Zucker, Salz, ein Ei und Butter dazugeben und einen Teig kneten. Den Teig abdecken und 3 Stunden aufgehen lassen, währenddessen noch zweimal durchkneten.
2. Den Kürbis mit der Raspel grob reiben.
3. Den geriebenen Kürbis in den Teig mengen und den Teig weiter aufgehen lassen.
4. Aus dem Teig Kugeln formen, diese ausrollen und in der Mitte ein Loch ausschneiden.
5. Die so erhaltenen Teigkringel auf ein mit Pergamentpapier ausgelegtes Backblech legen, aufgehen lassen, mit klein gehackten Mandeln bestreuen und im Backofen bei 200 °C 20 Minuten backen.

Kürbis

Der Kürbis ist eine der ältesten Gemüsekulturen. In Amerika wurde der Kürbis bereits vor 3000 Jahren angebaut. Nach der Entdeckung der Neuen Welt wurden die Samen dieses Gewächses zusammen mit anderen nach Europa gebracht. Inzwischen wird der Kürbis in vielen südrussischen Gebieten als angestammte russische Gemüsekultur betrachtet.

Im Fruchtfleisch des Kürbis sind bis zu 8–10 % Zucker enthalten sowie Mineralsalze, Karotin, die Vitamine C, B1, B2, E und auch BT [Carnitin], welches der Beschleunigung der Austauschprozesse im Organismus dient, der intensiven Verdauung von Fleisch und anderer schwerer Kost und dadurch der Verfettung des Organismus entgegenwirkt. Seinem Eisengehalt nach ist der Kürbis der unangefochtene Sieger unter den Gemüsesorten. In seinen Samen sind bis zu 52 % Fette und bis zu 28 % Eiweiße enthalten, viel Zinksalz und Vitamin E – deshalb haben sie einen höheren Nährwert und sind gesünder als Sonnenblumenkerne.

Verwendung in der Kochkunst
Kürbis wird in frischem Zustand verzehrt, Salaten beigefügt, gebraten, gebacken und mariniert. Er wird für die Zubereitung von Grützen, Suppen, Püree und Piroggenfüllungen verwendet. Dank seiner guten Lagerfähigkeit können Kürbisse den ganzen Winter über zu Speisen verarbeitet werden.

Vorbereitung
Der Kürbis wird gewaschen, abgetrocknet und in zwei Hälften geschnitten. Mithilfe eines Löffels wird das Herzstück mit den Samen entfernt, danach wird die Frucht geschält und das Fruchtfleisch je nach Rezept klein geschnitten oder mit der Raspel gerieben.

Aufbewahrung
Für eine längere Aufbewahrung eignen sich lange lagerfähige Kürbissorten, welche viel Speisestärke enthalten. Notwendige Voraussetzungen für eine längere Lagerung sind gute Durchlüftung und Schutz vor Sonnenlicht. Deshalb sollte man Kürbisse in gut durchlüfteten Räumlichkeiten bei einer Temperatur von 3–8 °C und einer durchschnittlichen Luftfeuchtigkeit von 60–75 % lagern.

Die Früchte einiger Sorten halten sich lange, wenn man sie an einem dunklen Ort bei Zimmertemperatur lagert.

Kulebjáka s sjómgoj i ríssom – Pastete mit Sjomga*-Lachs und Reis

4 Portionen

750 g gekochtes *Sjomga**-Lachsfilet
(oder beliebiges anderes Lachsfilet)
250 g Fischbrühe
400 g Blätterteig
150 g Pilze
100 g gekochter Spinat
½ Glas (etwa 100 ml) Langkornreis
100 g Tafelbutter, 2 Zwiebeln
2 Esslöffel Zitronensaft
1 Esslöffel geriebene Zitronenschale
3 Esslöffel klein gehackter Dill
1 rohes Ei, 5 gekochte Eier
Salz, gemahlener schwarzer Pfeffer
Zitronenscheiben

1. Eine klein gehackte Zwiebel in einem Teil der heißen Butter 2–3 Minuten lang glasig braten. Den Reis hinzufügen und weitere 2 Minuten braten, bis der Reis ganz mit Butter überzogen ist. Fischbrühe hinzugießen und 16–18 Minuten dünsten; abkühlen lassen.
2. Eine weitere Zwiebel klein hacken, die Pilze in Scheiben schneiden und beides in der restlichen heißen Butter nur kurz braten; abkühlen lassen.
3. Die klein gehackten gekochten Eier mit geriebener Zitronenschale, Zitronensaft und Pilz-Zwiebel-Mischung vermengen. Spinat und klein gehackten Dill hinzufügen, salzen und pfeffern.
4. Die Hälfte des Blätterteiges in ein Quadrat (28–30 cm) ausrollen, die andere Hälfte 2 cm größer.
5. Das kleinere Quadrat auf ein mit Butter eingefettetes Backblech legen. Gleichmäßig die Hälfte der Pilzmischung darauf verteilen und eine zweite Schicht mit der Hälfte der Reismischung.
6. Auf diese Reisschicht die in Scheiben geschnittenen Fischfilets legen. Auf den Fisch die restliche Reismischung und darauf die zweite Schicht Pilzmischung verteilen.
7. Die Teigränder mit verquirltem Ei bestreichen, das größere Teigquadrat auf die Füllung legen und die Ränder zusammendrücken. Die Pastete mit Ei bestreichen und im Backofen bei 220 °C 35–40 Minuten goldgelb backen.
8. Die Pastete in Portionen schneiden und mit Zitronenscheiben garnieren.

Piróg s líwerom – Pastete mit Innereien

8 Portionen

1 kg Hefeteig
1 kg Herz und Lunge
1 Bund Schnittlauch
2 Zwiebeln
¾ Glas (etwa 150 ml) Pflanzenöl
1 rohes Ei
3 gekochte Eier
Salz, gemahlener schwarzer Pfeffer

1. Den Schnittlauch und die Zwiebeln klein schneiden und in einem Teil des heißen Pflanzenöls braten.
2. Herz und Lunge kochen und durch den Fleischwolf drehen.
3. Die zerkleinerten Innereien in heißem Pflanzenöl braten und mit Salz und Pfeffer abschmecken. Die gekochten Eier in Scheiben schneiden.
4. Zwei Drittel des Hefeteiges zu einem Rechteck ausrollen und auf ein eingefettetes Backblech legen. Auf den Teig die Zwiebel-Schnittlauch-Mischung, in einer weiteren Schicht die gebratenen Innereien und darauf wiederum die Eierscheiben legen. Dabei einen Teigrand freilassen.
5. Die Füllung mit dem ausgerollten restlichen Teig abdecken und die Teigränder zusammenkneifen.
6. Die Pastete 30 Minuten stehen lassen, dann mit verquirltem Ei bestreichen und im Backofen bei 240 °C 1 Stunde lang backen.

Oládji – Apfelkrapfen

6 Portionen
450 g Weizenmehl
1 Ei
450 g Milch oder Wasser
12 g Hefe
90 g Zucker zum Bestreuen
18 g Zucker für den Teig
120 g Äpfel
50 g Butterschmalz
120 g Sahne
Salz

1. Die Hefe in warmer Milch auflösen, ein mit Zucker und Salz verquirltes Ei hineinrühren und unter stetem Umrühren das Mehl hinzugeben. Den Teig mit einem Geschirrtuch abdecken und zum Aufgehen an einen warmen Ort stellen.
2. Die Äpfel schälen und das Kerngehäuse herausschneiden, Äpfel in dünne Spalten schneiden.
3. Vor dem Backen die Apfelspalten in den fertigen Teig geben und vorsichtig unterheben.

4. Die aus dem Teig geformten Krapfen in einer mit Butterschmalz eingefetteten Pfanne mit dickem Boden backen. Den Teig mit einem von Zeit zu Zeit in Wasser eingetauchten Löffel in der Pfanne ausbreiten. Die Krapfen von beiden Seiten bis zur Bildung einer rotbraunen Kruste backen.
5. Die Krapfen mit geschlagener Sahne versehen und mit Zucker bestreuen.

Traditionelle Gerichte der russischen Küche 157

Schanjéschki – Sahneteilchen

8 Portionen

Für den Teig:
8 Glas (etwa 1,6 l) Weizenmehl
2 Glas (etwa 400 ml) Milch
½ Glas (etwa 100 ml) Zucker
3 Esslöffel Zucker zum Bestreuen
150 g Tafelbutter
2 Eier
40 g Hefe
Salz

Für die Sahnecreme
6 Esslöffel saure Sahne
3 Esslöffel Mehl
100 g Tafelbutter
Salz

1. Für die Zubereitung des Teiges die Hefe in warmer Milch auflösen, die Hälfte des Mehls hinzugeben, gut umrühren und an einem warmen Ort zum doppelten Umfang aufgehen lassen. Danach Salz und das mit Zucker verquirlte Eigelb dazugeben, umrühren, das restliche Mehl hinzugeben und einen Teig kneten. Gegen Ende des Knetvorgangs die zerlassene Tafelbutter hinzufügen. Ein gut durchgekneteter Teig darf nicht an den Händen oder Gefäßwänden kleben bleiben. Den Teig mit einem Tuch bedecken und an einem warmen Ort für 1 ½–2 Stunden weiter aufgehen lassen. Währenddessen noch 2–3-mal durchkneten.
2. Wenn der Teig erneut den doppelten Umfang erreicht hat, auf ein mit Mehl bestreutes Brett legen. Den Teig in Stränge zerteilen, diese in Stücke schneiden und Letztere zu Kugeln formen. Die Teigkugeln nochmals an einem warmen Ort aufgehen lassen.
3. Die Kugeln zu Plätzchen ausrollen und im Abstand von 5–6 cm auf ein mit Butter eingefettetes Pergamentpapier legen und nochmals an einem warmen Ort 20 Minuten lang gehen lassen.
4. Für die Sahnecreme alle Zutaten vermengen und zu einer Masse von einheitlicher Konsistenz mixen.
5. Die Teigplätzchen mit der Sahnecreme bestreichen, mit Zucker bestreuen und im Backofen bei 230 °C 12–15 Minuten backen.

Oládji dútyje – Bauschkrapfen

8 Portionen
2 Glas (etwa 400 ml) Mehl
3 Eier
2 Glas (etwa 400 ml) Milch
1 Prise Salz
Pflanzenöl
*warénje**1 (oder süße Soße)
Puderzucker

---

1 *Warénje*, vgl. hierzu S. 14, Anm. 2.

1. Die Eier mit Salz verquirlen, einen Teil der Milch dazugießen, das Mehl unter stetem Verquirlen mit dem Schneebesen der Masse hinzufügen, damit sich keine Klümpchen bilden.
2. In den zubereiteten Teig die restliche Milch gießen und umrühren.
3. Die Spezialpfanne für Bauschkrapfen [mit halbkugelförmigen Einbuchtungen] erhitzen und mit Pflanzenöl einfetten. Jede Einbuchtung der Pfanne zu zwei Dritteln mit Teig füllen.
4. Die Krapfen im Backofen bei 200 °C 40 Minuten backen.
5. Die Krapfen mit einer süßen Soße servieren. Man kann die Krapfen auch mit Creme füllen und mit Puderzucker bestreuen.

Piróg sso swjókloj i kljúkwoj – Kuchen mit Roter Bete und Moosbeeren

8 Portionen

Für den Teig:
3 ½ Glas (etwa 700 ml) Weizenmehl
50 g Hefe
50 g Margarine
1 Glas (etwa 200 ml) Milch
½ Glas (etwa 100 ml) Zucker
1 Ei
Salz

Für die Füllung:
1 gekochte Rote Bete
250 g Moosbeeren
1/2 Glas (etwa 100 ml) Zucker
1 Ei
1 Esslöffel Speisestärke
1 Zitrone

1. In warmer Milch den Zucker und die Hefe auflösen. Salz, das Ei, die weich geschlagene Margarine und das Mehl hinzugeben. Daraus einen Teig kneten und aufgehen lassen.
2. Die Moosbeeren mit Zucker klein stampfen.
3. Die Rote Bete mit der Raspel klein reiben, die Zitronenschale fein abreiben und beides mit den Moosbeeren vermengen.
4. Den Teig kreisrund ausrollen (einen Teil des Teiges für die Verzierung zurückbehalten) und in eine mit Margarine eingefettete Form legen. Den Teig mit Speisestärke bestreuen und die Füllung darauf ausbreiten.
5. Den Kuchen oben mit Teigsträngen in Form eines [von einem gedrehten Kranz umgebenen] Gitternetzes verzieren und dieses mit verquirltem Ei bestreichen. Den Kuchen im Backofen bei 220 °C 20–25 Minuten backen.

Bába rómowaja – Punschnapfkuchen

8 Portionen

Teig:
370 g Weizenmehl
100 g Zucker
100 g Tafelbutter
2 Eier
1 g Salz
20 g Hefe
50 g Rosinen
120 g Wasser
1 Messerspitze Vanillin

Für den Sirup:
2 Esslöffel Zucker
1 Teelöffel Weinbrand
5–6 Tropfen Rumaroma

Für die Glasur:
160 g Zucker
3 Esslöffel Wasser
1 Messerspitze Zitronensäure

1. Aus den Zutaten einen Hefeteig (siehe Seite 157) zubereiten. Beim ersten Kneten die weich geschlagene Butter und die Rosinen hinzugeben. Danach den Teig erneut aufgehen lassen.
2. Die kleinen Napfformen mit Butter einfetten, die zu Kugeln geformten Teigstücke mit der „Naht" nach oben hineinlegen; dabei die Formen zu zwei Dritteln ausfüllen. Die Formen mit dem Teig zum Aufgehen an einen warmen Ort stellen.
3. Die Napfkuchen im Backofen bei 200–220 °C 40–50 Minuten – abhängig von der Größe der Formen – backen. Mit einem Holzspieß überprüfen, ob die Kuchen durch sind (es darf kein Teig am Holzspieß kleben bleiben).
4. Die fertigen Napfkuchen aus den Napfformen stürzen (auf ein Holzbrett), mit einem Geschirrtuch abdecken und 4–8 Stunden ausreifen lassen.
5. Für den Sirup den Zucker in Wasser zum Kochen bringen und den Schaum abschöpfen. 2–3 Minuten kochen, dann bis auf 40 °C abkühlen lassen und den Weinbrand sowie das Rumaroma dazugießen.
6. Die Napfkuchen an mehreren Stellen mit einer Holznadel bis zur Mitte durchstechen und 12 Sekunden lang (mit der Oberseite) in den warmen Sirup tauchen; dabei von oben leichten Druck ausüben. Dann die Napfkuchen umdrehen und auf ein Backblech stellen, damit der Sirup allmählich in alle Poren eindringen kann.
7. Nach 20 Minuten die Napfkuchen mit der Oberseite in die warme Glasur (siehe Punkt 8) tauchen und sie darin langsam drehend glasieren. Die Napfkuchen von unten mit gekräuseltem Pergamentpapier versehen, damit der Sirup nicht ausläuft, und so auf eine Servierplatte legen.
8. Zubereitung der Glasur: In heißes Wasser den Zucker geben und bis zu seiner Auflösung umrühren. Dann bei schwacher Hitze kochen, von Zeit zu Zeit den Schaum abschöpfen. Nach dem Entfernen des Schaums die inneren Gefäßwände mittels eines Pinsels oder Mull mit kaltem Wasser abwaschen, damit sich an ihnen keine Zuckerkristalle bilden. Die Zuckerglasur nur so lange kochen, dass an ihrer Oberfläche keine großen Blasen entstehen; danach kann man die Konsistenz überprüfen. Dazu entnimmt man mit einem mit Wasser befeuchteten Teelöffel Glasur und taucht ihn schnell in kaltes Wasser. Das Glasurklümpchen mit dem Finger vom Löffel streifen: Wenn es in Form eines Kügelchens herunterrollt, dann ist die Glasur fertig, wenn nicht, muss der Kochvorgang fortgesetzt werden.

In die Zuckerglasur die Zitronensäure geben. Die gekochte Glasur schnell abkühlen, indem man das Gefäß in ein kaltes Wasserbad stellt. Beim Erreichen einer Temperatur von 40 °C die Zuckerglasur aufschlagen. Während des Schlagens wird sie dick und nimmt eine weiße Farbe an. Danach wird sie zu einer festen Masse.

Die fertige Glasur in ein Gefäß umfüllen und 12–24 Stunden ausreifen lassen. Diese Masse vor dem Glasieren im warmen Wasserbad schmelzen, bis sie die Konsistenz von dickflüssiger Sahne annimmt, und die Backwaren damit glasieren.

Der Glasur kann man mit Wein, Säften oder Essenzen ein eigenes Aroma verleihen und sie auch mit Lebensmittelfarben einfärben.

Piróg sso schtschawéljem – Sauerampferkuchen

8 Portionen

Für den Teig:
2 ½ Glas (etwa 500 ml) Weizenmehl
250 g Tafelbutter
½ Glas (etwa 100 ml) Zucker
1 Teelöffel Soda [Natriumkarbonat]
3 Eigelb

Für die Füllung:
1 kg Sauerampfer
2 Esslöffel Zucker

Für die Verzierung:
3 Eiweiß
1 Glas (etwa 200 ml) Zucker

1. Das Mehl mit dem Soda mischen und durchsieben. Die in Stücke geschnittene gekühlte Tafelbutter, Zucker und Eigelb dazugeben und einen Teig kneten. Den Teig in eine Folie einrollen und für 2 Stunden in den Kühlschrank legen.
2. Den Sauerampfer in Streifen schneiden und mit Zucker vermengen.
3. Den Teig auf einem mit Mehl bestreuten Brett ausrollen, auf ein Backblech [mit Pergamentpapier] legen und an einigen Stellen mit der Gabel durchstechen.
4. Auf den Teig gleichmäßig den Sauerampfer verteilen. Den Kuchen im Backofen bei 200 °C 30 Minuten backen.
5. Das Eiweiß mit dem Zucker zu steifem Schnee schlagen, damit eine Spritztüte mit rundem Aufsatz füllen und den Eischnee auf den leicht abgekühlten Kuchen in Form eines Gitternetzes spritzen. Dann den Kuchen wieder in den Ofen stellen und kurz weiterbacken (das Eiweiß darf nicht braun werden!).

Piróg „Drúschnaja sjemjéjka" – Kuchen „Einträchtige Familie"

8 Portionen
500 g Hefeteig
50 g getrocknete Aprikosen
50 g Backpflaumen (gedörrte Pflaumen)
80 g Sauerkirschen
50 g Zucker
1 Esslöffel Speisestärke
100 g Margarine
Tafelbutter, Puderzucker

1. Die getrockneten Aprikosen und die Backpflaumen waschen, getrennt in kaltem Wasser einweichen und dann im jeweiligen Einweichwasser kochen. Das Kochwasser auffangen, die getrockneten Früchte zerkleinern, zuckern, wieder in den jeweiligen Sud geben und bis zum Dickwerden kochen.
2. Die Sauerkirschen entkernen, Zucker und Speisestärke hinzugeben und zum Kochen bringen.
3. Den Teig zerteilen, zu Strängen formen, diese in Stücke schneiden und daraus Kugeln formen. Die Teigkugeln 5–6 Minuten gehen lassen, dann zu kreisrunden Plätzchen ausrollen und in die Mitte je eine Sorte Obstfüllung legen. Die Teigränder über der Füllung zusammenkneifen und ihm dabei die Form von Kugeln verleihen.

4. Die gefüllten Teigkugeln je nach Füllung abwechselnd dicht nebeneinander in eine mit Butter eingefettete Backform legen. Den Teig wieder gehen lassen, kleine Stückchen Margarine darauflegen und im Backofen bei 230 °C 20 Minuten lang backen.
5. Den fertigen Kuchen abkühlen lassen und mit Puderzucker bestreuen.

Jáblotschnyj piróg – Apfelkuchen

8 Portionen
5–6 Äpfel
200 g Margarine
2 Eier
1 Glas (etwa 200 ml) Crème fraîche
1 Glas Zucker
1 Esslöffel Puderzucker
½ Teelöffel Speisesoda
1 Teelöffel 3%iger Essig
½ Teelöffel gemahlener Zimt
etwas Weizenmehl (je nach Konsistenz des Teiges), Tafelbutter, Semmelbrösel

1. Die Margarine mit Zucker schaumig schlagen, die Crème fraîche, die Eier und das mit Essig gelöschte Speisesoda hinzugeben. Die Masse umrühren und nur so viel Mehl hineinrühren, dass ein geschmeidiger dickflüssiger Teig entsteht.
2. Die Äpfel entkernen, schälen und in Würfel schneiden. Den Zimt hinzufügen und mit dem Teig vermengen.
3. Den Teig mit den Apfelstücken in eine mit Butter eingefettete und mit Semmelbröseln bestreute Form geben und im Backofen bei 200 °C 20–25 Minuten backen.
4. Den fertigen Kuchen abkühlen lassen und mit Puderzucker bestreuen.

Traditionelle Gerichte der russischen Küche 165

Piróg klubnítschnyj – Walderdbeerkuchen

12 Portionen
300 g Weizenmehl
1 Teelöffel Backpulver
2 Esslöffel Zucker
100 g Tafelbutter

¾ Glas (etwa 150 ml) Milch
Kidneybohnen, Puderzucker

Für die Füllung:
4 Glas (etwa 800 ml) Walderdbeeren

1 Glas (etwa 200 ml) Zucker
1 Esslöffel Kartoffelstärke
2 Esslöffel Tafelbutter
2 Esslöffel Zitronensaft
1 Ei

1. Die Walderdbeeren mit Zucker, Kartoffelstärke, Butter und Zitronensaft vermengen und 20 Minuten ziehen lassen.
2. Das Mehl mit dem Backpulver, dem Zucker, der weich geschlagenen Butter und der Milch vermengen, einen Teig kneten und diesen für 1 Stunde in den Kühlschrank stellen. Den Teig dann in 2 Teile teilen: einen Teil ½ cm dick ausrollen und in eine runde, mit Butter eingefettete Form legen. Den Teig mit Pergamentpapier abdecken, Kidneybohnen darauf verteilen und das Ganze im Backofen bei 180 °C 15 Minuten lang backen. Die Kidneybohnen entfernen und den gebackenen Teig kalt werden lassen.
3. Auf diese Backgrundlage die Walderdbeerfüllung legen.
4. Den restlichen Teig ½ cm dick ausrollen und mit dem Messer in lange Streifen von 2 ½ cm Breite schneiden. Die Teigstreifen in einem Flechtnetzmuster auf den Kuchen legen und mit einer aufgelegten Teigrandborte zusammenfügen. Den Teig mit verquirltem Ei bestreichen. Den Kuchen dann nochmals im Backofen bei 180 °C 20–30 Minuten lang backen.
5. Vor dem Servieren den Kuchen mit Puderzucker bestreuen.

Piroschkí s malínoj – Himbeerpastetchen

6 Portionen
3 Glas (etwa 600 ml) Weizenmehl
2 Glas (etwa 400 ml) Himbeeren
1 Glas (etwa 200 ml) Wasser
1 Esslöffel Pflanzenöl
3 Esslöffel Zucker
1 Esslöffel Speisestärke
1 Glas (etwa 200 ml) Pflanzenöl zum Frittieren
Salz, Puderzucker

1. Aus Mehl, Wasser, Pflanzenöl und Salz einen festen Teig kneten.
2. Die Himbeeren mit dem Zucker vermengen und die Speisestärke untermischen.
3. Den fertigen Teig dünn ausrollen, kreisrunde Plätzchen ausschneiden und in die Mitte je einen Esslöffel Himbeeren setzen. Die Plätzchen einmal (zu einer Halbmondform) falten und die Teigränder zusammenkneifen.
4. Die kleinen Pasteten in heißem Fett backen.
5. Vor dem Servieren mit Puderzucker bestreuen.

Watrúschki s warénjem – Teilchen mit Marmelade

4 Portionen
400 g Weizenmehl
50 g Tafelbutter
200 g saure Sahne
5 Eier
100 g Zucker
½ Glas (etwa 100 ml) Apfel-*warénje**1
[bzw. -Marmelade]
½ Glas (etwa 100 ml) Schwarze Johannisbeer-*warénje** [bzw. -Marmelade]

1 *Warénje*, vgl. hierzu S. 14, Anm. 2.

1. Einen Teig aus Mehl, 4 Eiern, Tafelbutter, saurer Sahne und Zucker kneten, mit Folie abdecken und für 30 Minuten kalt stellen.
2. Aus dem fertigen Teig Stränge formen, diese in Stücke schneiden und daraus Kugeln formen. Die Teigkugeln zu Plätzchen ausrollen und auf ein mit Butter eingefettetes Pergamentpapier legen.
3. Die Ränder der Teigplätzchen umbiegen und zu einer Borte formen, anschließend mit verquirltem Ei bestreichen. Die Teigplätzchen im vorgeheizten Backofen leicht anbräunen.
4. In die Mitte der Vertiefung jedes Teilchens die Apfelmarmelade und außen herum die Schwarze Johannisbeermarmelade füllen, danach die Teilchen fertig backen.

Tort „Malínowyj" – Himbeertorte

8 Portionen

Für den Teig:
100 g Weizenmehl
100 g Zucker
50 g Mohn
4 Eier
Tafelbutter

Für die Creme:
1 Glas (etwa 200 ml) Sahne
½ Glas (etwa 100 ml) Puderzucker

Für die Füllung:
2 Glas (etwa 400 ml) Himbeeren
200 g Himbeer-*dschem**[1] [bzw. -Marmelade]
1 Esslöffel Puderzucker

---
[1] Dschem, vgl. hierzu S. 22, Anm. 8.

1. Für den Teig die Eier mit Zucker schaumig schlagen, das mit Mohn vermischte Mehl hinzugeben und mixen.
2. Den Teig in eine mit Butter eingefettete und mit Pergamentpapier ausgelegte Form füllen und im Backofen bei 200 °C backen (ein fertig gegarter Biskuitteig muss beim Draufdrücken federn).
3. Die fertig gebackene Grundlage aus der Form nehmen, kalt werden lassen und horizontal in 3 Scheiben schneiden. Diese Tortenböden mit Himbeer-*dschem** [bzw. -Marmelade] bestreichen.
4. Für die Creme die Sahne mit Puderzucker sehr steif schlagen.
5. Auf zwei der Tortenböden mit der Spritztüte einen äußeren und einen inneren Ring Sahne spritzen, die Zwischenräume zwischen den Sahneringen jeweils mit Himbeeren auslegen. Das Ganze mit Puderzucker bestreuen.
6. Den einen Tortenboden mit Sahne- und Himbeerringen sorgfältig über den anderen legen und mit dem verbliebenen Tortenboden abdecken. Diesen obersten Tortenboden ebenfalls mit gespritzten Sahneringen und Himbeeren verzieren.

Himbeere

Die Himbeere war als Nahrungsmittel und Heilpflanze bereits im Altertum bekannt, kultiviert wurde sie allerdings erst im Mittelalter. In Russland fand die Himbeere weitaus mehr Verbreitung als die Brombeere. Die Früchte der Himbeere enthalten Apfel-, Zitronen-, Ameisen- und die heilwirksame Salicylsäure sowie Zucker, Pektine, Stickstoffverbindungen und Gerbstoffe, ätherisches Öl, Kalium- und Kupfersalz, die Vitamine C, E, P [Flavonoide], PP [Nikotinsäure], Vitamine der Gruppe B, Karotin und Folsäure [Vitamin B9].

Verwendung in der Kochkunst

Himbeeren weisen bemerkenswerte Eigenschaften auf, die sie vor allem für Desserts prädestinieren: Sie sind saftig, süß und aromatisch. Sie werden frisch mit Schlagsahne, Milch, saurer Sahne und Eis kombiniert.

Aus den Beeren kocht man Kompotte, Kissel, Schaumspeisen, *warénje*[1], *dschem* und Gelees. Ebenso werden aus Himbeeren Piroggenfüllungen, *pastilá*[2] und Marmeladen[3] zubereitet.

Himbeeren werden auch für die Zubereitung von Fruchtlikör, Himbeerbrand, Obstwein verwendet, oder sie werden in Wodka eingelegt.

Sie werden jedoch nicht nur in frischem, sondern auch in getrocknetem Zustand verwendet – dann vor allem für die Zubereitung von Kompotten.

---
[1] *Warénje*, vgl. S. 14, Anm. 2.
[2] *Pastilá*, vgl. S. 15, Anm. 4.
[3] Marmelade, vgl. S. 22, Anm. 9.

Vorbereitung

Die Beeren werden nach Qualität und Größe sortiert (die teilweise oder ganz verdorbenen Beeren wegwerfen!). Anschließend werden die Beeren – allerdings sehr behutsam – gewaschen, denn sie sind sehr zart.

Aufbewahrung

Himbeeren kann man bis zu 3 Tagen im Kühlschrank aufbewahren, am besten in einer Schicht auf einem flachen Teller und mit einem Tuch bedeckt. Man sollte sie nicht im Glas oder in einer Plastikverpackung belassen.

Eingefrorene Beeren können bis zu 9 Monaten aufbewahrt werden. Aufgetaute Himbeeren darf man nicht erneut einfrieren, weil sie beim Auftauen einen Teil ihres Saftes verlieren und damit auch wertvolle Nährstoffe.

Sawarnýje piróschnyje s wischnjówym krjémom – Windbeutel mit Kirschcreme

12 Portionen

1 ½ Glas (etwa 300 ml) Weizenmehl
120 g Tafelbutter
5 Eier
1 Glas (etwa 200 ml) Wasser
⅓ Teelöffel Salz

Für die Füllung:
600 g eingelegte entkernte Sauerkirschen
½ Glas (etwa 100 ml) Sirup von eingelegten Sauerkirschen
½ Glas (etwa 100 ml) Zucker
200 g Quark
1 Glas (etwa 200 ml) Sahne
1 Eiweiß
1 Glas (etwa 200 ml) Puderzucker
2 Esslöffel Zitronensaft
1 Esslöffel bunte Zuckerstreusel

1. Das Wasser zum Kochen bringen, Butter und Salz dazugeben. Das Mehl [allmählich] hineinschütten und 2–3 Minuten unter stetem Umrühren kochen. Den entstandenen Teig bis auf 60 °C abkühlen lassen, dann nach und nach die Eier hinzugeben und den Teig zu einer einheitlichen Masse mixen.
2. Den Teig mit der Spritztüte [in kleinen Häufchen] auf ein mit Pergamentpapier ausgelegtes Backblech spritzen und im Backofen bei 220 °C 25–30 Minuten backen.
3. Die noch warmen Windbeutel horizontal in Hälften schneiden.
4. Für die Creme die Sauerkirschen mit der Hälfte des Zuckers und mit dem Sirup vermischen und zum Kochen bringen, anschließend abkühlen lassen. Den Quark durch ein Sieb passieren, mit dem restlichen Zucker, den im Sirup gekochten Sauerkirschen und mit der sehr steif geschlagenen Sahne vermengen.
5. Auf die jeweils untere Hälfte der Windbeutel mit der Spritztüte die so vorbereitete Creme spritzen und mit der oberen Hälfte abdecken.
6. Das Eiweiß mit Puderzucker und Zitronensaft steif schlagen, den oberen Teil der Windbeutel damit besprritzen und mit bunten Zuckerstreuseln bestreuen.

Jábloki w tworóschnom tjéstje – Äpfel in Quarkteig

6 Portionen
6 Äpfel
300 g Weizenmehl
300 g Quark
300 g Margarine
1 Esslöffel Zitronensaft
6 Teelöffel Zucker
1 Esslöffel Puderzucker
Salz, gemahlener Zimt

1. Das Mehl sieben, zu einem Hügel formen und eine Mulde machen. Den passierten Quark, Salz und die in Stücke zerkleinerte Margarine hinzugeben und zu einem festen einheitlichen Teig kneten.
2. Den fertigen Teig in ein Rechteck ausrollen und so große Quadrate ausschneiden, dass man später die Äpfel damit umwickeln kann.
3. Die Äpfel schälen, das Kerngehäuse ausstechen und für 5 Minuten unter Zugabe von Zitronensaft oder Zitronensäure blanchieren.
4. Die Äpfel aus dem Sud herausnehmen, abtrocknen und in die Mitte der Teigquadrate legen. In die ausgehöhlte Apfelmitte Zucker vermischt mit Zimt streuen.
5. Die gegenüberliegenden Ecken der Teigquadrate über den Äpfeln zusammendrücken, mit verquirltem Ei bestreichen und im Backofen bei 230 °C backen.
6. Vor dem Servieren abkühlen lassen und mit Puderzucker bestreuen.

2

4

5

Piróschnyje ss oréchami i ssuchofrúktami – Kuchen mit Nüssen und getrocknetem Obst

6 Portionen
2 Glas (etwa 400 ml) Weizenmehl
200 g Tafelbutter
2 Eier
¾ Glas (etwa 150 ml) Zucker
150 g Trockenobstmischung
150 g klein gehackte Nüsse (Walnüsse, Mandeln)
200 g *powídlo*[1] [Fruchtmus]

---

[1] *Powídlo*, vgl. hierzu S. 22, Anm. 7.

1. Die Tafelbutter in kleine Stücke schneiden und mit dem Mehl vermengen, 100 g Zucker sowie die Eigelb hinzufügen und zu einem geschmeidigen Teig kneten. Den Teig in eine Folie einwickeln und 30 Minuten lang kalt stellen. Den fertigen Teig ausrollen und auf ein mit Butter eingefettetes Backblech legen.
2. Den Teig mit *powídlo* [eingekochtem Fruchtmus] bestreichen und halb fertig backen.
3. Die Eiweiß mit dem restlichen Zucker steif schlagen. Den mit Fruchtmus bestrichenen Teig leicht abkühlen lassen und dann eine Schicht Eischnee auftragen.
4. Das getrocknete Obst einweichen, überbrühen, abtrocknen und klein schneiden.
5. Die Nüsse und das klein geschnittene Trockenobst auf der Eiweißschicht verteilen und den Kuchen im Backofen bei 200 °C fertig backen; das Eiweiß soll nicht braun werden.
6. Vor dem Servieren den Kuchen in Stücke schneiden.

1

2

5

Prjániki mjedówyje – Honiglebkuchen

12 Portionen
600 g Weizen- oder Roggenmehl
270 g Honig
100 g Milch
2 Eier
3 Esslöffel Tafelbutter
1 Teelöffel gemahlener Zimt
½ Teelöffel gemahlene Gewürznelke
½ Teelöffel Speisesoda
150 g Mandelsplitter
Ei zum Bestreichen

1. Die Milch und die Butter aufwärmen, ohne sie zum Kochen zu bringen, von der Herdplatte nehmen, den Honig hinzugeben und zu einer einheitlichen Masse verrühren.
2. In diese Masse die Eier, die Gewürze (Zimt und Gewürznelke), das Speisesoda und das Mehl dazugeben und zu einem geschmeidigen Teig kneten.
3. Den Teig ausrollen, mit Plätzchenformen Figuren ausstechen und diese auf ein mit Butter eingefettetes Backblech legen.
4. Die Honigplätzchen mit verquirltem Ei bestreichen, mit Mandelsplittern bestreuen und im Backofen bei 200–210 °C backen.

Gerichte der orthodoxen Küche

Die orthodoxe Küche

Die Besonderheiten des orthodoxen Tisches waren stets eng mit dem Kirchenkalender verbunden. Durch Festlegung der Russisch-orthodoxen Kirche waren im Laufe eines Jahres mehr als 220 Fasttage vorgesehen. Vor allem sind dies die Wochenfasttage Mittwoch und Freitag, die zum Gedächtnis an den Verrat und das Leiden und Sterben des Erlösers das ganze Jahr über gehalten werden – mit Ausnahme der „fastenfreien" Fastnachts- [másljeniza – „Butterwoche"], der Oster- (Swjétlaja sjedmíza), der Pfingst- (Tróizkaja sjedmíza) und der „Christwoche" (Swjátki)[1]. Daneben gibt es vier große Fastenzeiten. Die „Große Fastenzeit" (Welíkij post) dauert 40 Tage, an sie schließt sich die „Leidens-" [oder Kar-]woche (Strastnája sjedmíza) an. Es folgen das „Petersfasten" [Petrów post – auch „Apostelfasten" genannt], welches schon bald nach Pfingsten beginnt und am Fest des hl. Petrus (Petrów djenj) endet, dann das zweiwöchige Fasten zu „Mariä Entschlafen" [Uspjénskij post – auch „Gottesmutterfasten" genannt][2] und das „Weihnachts-" [oder Advents]-fasten (Roschdjéstwenskij post), welches auf Christi Geburt vorbereiten soll.

Diese Fastenzeiten stellen nicht so sehr Kräfte zehrendes Hungern dar als vielmehr bewusste Selbstbeschränkung, die die Seele kräftigt und den Körper abhärtet. Fasten – das ist die Vorbereitung auf den Festtag, der ein Symbol, ein Vorausbild der paradiesischen Glückseligkeit ist, die die Christen im künftigen Leben erwartet.

Das am längsten dauernde „Große Fasten" wird durch den Festtag der Auferstehung des Herrn abgelöst. Ostern ist der größte Festtag im orthodoxen Kirchenjahr. Den Festtagstisch begann man bereits am „Großen" [oder Grün-] Donnerstag (Welíkij Tschetwérg) vorzubereiten: Es wurden Eier gefärbt, Kulítsch [„Osterkuchen"] gebacken und Pás'cha [„Osterquarktorte"] zubereitet. Die Osterspeisen wurden nur zu Ostern gekocht und im Ablauf des Jahres nicht wiederholt – mit einer Ausnahme: Zu Pfingsten wurden ebenfalls Eier gefärbt, allerdings in grüner [statt in roter] Farbe.

Während des „Großen Fastens" wird das Gedächtnis der „Vierzig Märtyrer von Sebaste"[3] begangen. An diesem Tag begrüßte man den Frühling – man glaubte, die Lerchen bringen ihn auf ihren Flügeln – und buk Gebäck aus „Fastenteig"[4] in Form von „Lerchen". Am Festtag selbst verteilte man die gebackenen Vögel an die Kinder. Die Kinder liefen unter Gesang und Lachen an einen erhöhten Ort, um die Lerchen herbeizurufen, und sammelten sich dann wieder, um ihr Vogelgebäck zu essen.

Das auch „Dreifaltigkeitsfest" (Tróiza) genannte Pfingstfest (Pjatidjesjátniza) wird fünfzig Tage nach Ostern[5] gefeiert und gilt als Geburtstag der Kirche[6]. Eine Woche danach beginnt das „Petersfasten" (Petrów post), welches mit dem „Fest der Apostelfürsten Petrus und Paulus" abschließt. Während dieses Fastens kamen Pilze, Beeren und junge Kartoffeln auf den Tisch. Vom Petersfest an begann die intensive Arbeitsphase für die Bauern.

Während des Fastens zu „Mariä Entschlafen" (Uspjénskij post), wurden drei Festtage begangen, die dem Allbarmherzigen Erlöser Jesus Christus gewidmet sind: am 14. August der „Umzug mit dem kostbaren Holz des lebensspendenden Kreuzes des Herrn" [Prozessionsfest des hl. Kreuzes in Konstantinopel][7] – im Volk wurde dieser Festtag auch „Honig-Erlöserfest" (Mjedówyj Spas) genannt –, am 19. August das Fest Christi Verklärung, auch „Apfel-Erlöserfest" (Jáblotschnyj Spas) genannt, und am 29. August das Fest „Entschlafen der allerheiligsten Gottesgebärerin" [Mariä Himmelfahrt], auch „Nuss-Erlöserfest" (Oréchowyj Spas) genannt. Diese drei Kirchenfeste prägten das ganze Gottesmutterfasten: Am 14. August segnete die Kirche den Honig, am 19. August die Äpfel, und von da an – so meinte man – konnte man die Äpfel essen. Der 14. August ist außerdem der Gedächtnistag des Martyriums der sieben Makkabäer-Brüder des Alten Testaments und verschmolz im Volksbewusstsein auf wunderliche Weise mit dem alten Brauch des „Verabschiedens des Sommers" (prówody ljéta). In den Speisen, die an diesem Tag gereicht wurden, durfte der Mohn auf keinen Fall fehlen, obwohl der Bezug des Wortes mak [„Mohn"] auf die Makkabäer rein klanglicher Natur war. An diesem Tag buk man in Butter getauchten Mohnkuchen (makánjez), Mohnkuchen mit Honig (mátschnik) und Fasten-Piroggen mit Mohn.

Das Fest „Mariä Schutz und Fürbitte" (Pokrów Preswjátoj Bogoródizy)[8], in der Rus am 14. Oktober begangen, wurde aus Byzanz übernommen. An diesem Tag sah der selige Andreas [Narr um Christi Willen († 10. Jh.)] in der Balachernen-Kirche zu Wlachern in Konstantinopel die allerseligste Jungfrau Maria in einer Vision, wie sie ihren Schutzmantel (pokrów) über die Betenden ausbreitete zum Zeichen ihrer Schirmherrschaft und Fürsprache. In der Rus fällt mit diesem Festtag gewöhnlich der erste Schneefall zusammen – eine Schneedecke (snjésehnyj pokrów)[9] bedeckte dann das Land. Für den Bauern bedeutete diese Zeit das Ende der „schweren und mühevollen Feldarbeit" (stradá), das Ende der „Sommerreigen" (chorowód) und den Beginn der „abendlichen Versammlungen in den Bauernhäusern zu gemeinschaftlicher Handarbeit und Unterhaltung" (possidjélka). „Mariä Schutz" war auch die übliche Zeit für Trauungen.

Die wesentlichen Speisen des Hochzeitstisches waren kalte Imbisse, Gans mit Äpfeln oder gebratenes Spanferkel, die Hochzeitspastete – eine Hühnerpas-

---

1 Die Bezeichnung „Christwoche" für Swjátki ist eigentlich ungenau, denn es handelte sich nach dem orthodoxen Kalender um ganze 12 Tage von Christi Geburt (Roschdjestwó – 7. Januar) bis zu seiner Taufe (Kreschtschénie – 19. Januar).
2 In der kath. Kirche wird dieses Fest mit „Mariä Himmelfahrt" (15. August) bezeichnet.
3 Die Vierzig Märtyrer von Sebaste waren Soldaten, die an einem 9. März zwischen 320 und 323 in Sebaste in Armenien (heute Sivas in der Türkei) unter Kaiser Licinius wegen ihres Bekenntnisses zum Christentum verurteilt und hingerichtet wurden, indem man sie nackt auf einem zugefrorenen See erfrieren ließ.
4 D. h. ohne Verwendung tierischer Produkte.
5 Pjatidjesjátniza kommt von pjatjdjesjáti [fünfzig], vgl. auch „Pfingsten" [von griech. Pentekoste – „50. Tag" nach Ostern] in der kath. Kirche.
6 In der kath. Kirche werden diese Feste getrennt begangen: das Dreifaltigkeitsfest eine Woche nach Pfingsten, dem Fest der Herabkunft des Hl. Geistes. Gleichwohl sieht auch die kath. Kirche das Pfingstereignis als Geburtsstunde der Kirche an.

7 Dieses Fest ist nicht mit dem Fest „Kreuzerhöhung" zu verwechseln, welches in der orthodoxen wie auch in der kath. Kirche im September begangen wird.
8 Nach orthodoxer Terminologie wäre Pokrów Preswjátoj Bogoródizy mit „Schutz der allerheiligsten Gottesgebärerin" wiederzugeben.
9 Die Anspielung besteht hier darin, dass das russische Wort pokrów sowohl „Schutz" und „Schirm" als auch „Decke" und „Hülle" bedeutet.

Gerichte der orthodoxen Küche

tete (kúrnik) –, aber ebenso vielfältige oben offene (rasstjegáj), mehrschichtige Fischpasteten aus Blätterteig (kulebjáka) und Piroggen. Und natürlich durfte auch das traditionelle Attribut der Hochzeitsfeierlichkeiten nicht fehlen – eine Art Brotkuchen [karawáj – ein „rundes Hefeweizenbrot mit Milch, Eiern und Butter"].

Brot war in Russland schon immer ein Symbol der Fruchtbarkeit, des Reichtums und der Freigebigkeit von „Mütterchen Erde". Und der Brotkuchen stand im Zentrum aller Festtagsbräuche. In einigen russischen Mundarten bezeichnete man mit karawáj sogar die Hochzeit selbst: „Sein karawáj ist noch nicht gebacken" – so sagte man, wenn man ausdrücken wollte, dass es für jemanden noch zu früh sei, zu heiraten. Auch die runde Form des Brotkuchens ist kein Zufall – sie bildet die Sonne nach. Mit dem Hochzeitsritual verbunden ist auch die Pirogge für den Schwiegersohn bzw. Schwager – der kossowík [eine „Pirogge mit Grütze"]. Der Name dieser Pirogge erklärt sich durch ihre halbrunde Form, eine Halbmondform, denn der Schwiegersohn als Haupt der jungen Familie wurde dem Brauchtum nach mit dem zunehmenden Mond (kossowitschók) verglichen.

Das Weihnachts- oder „Philippsfasten" (Filíppow post)[10] beginnt Ende November und dauert bis Weihnachten an, welches die orthodoxen Christen am 7. Januar[11] feiern.

Der 6. Januar, die Vigil von Weihnachten (Roschdjéstwenskij ssotschélnik), ist ein Tag besonders strengen Fastens. An diesem Tag wird nichts gegessen, bis der erste Stern am Himmel erscheint, welcher den Stern von Bethlehem symbolisiert. Am Heiligen Abend dann wird bei Tisch ssótschiwo, eine Speise aus Weizenkorn, Honig, Mohn und Nüssen gereicht. Mit ssótschiwo begann nicht nur der Weihnachtstisch, sondern wurde auch der Vorabend des Festes der Taufe Christi (Kreschtschénskij ssotschélnik)[12] eingeleitet. Eine ähnliche Korngrütze, kutjá[13] genannt, jedoch mit etwas abweichender Zusammensetzung, wurde ebenfalls zu Anlässen von Geburt, Taufe und Beerdigung gereicht.

An Weihnachten versammelt sich die ganze Familie um den Festtagstisch, der mit Heu bedeckt wird, dessen eingedenk, dass Christus in einer Krippe geboren wurde. Bei Tisch werden ssótschiwo, Pfannkuchen (blinÿ), Fisch in Gelee und Sülze (stúdjenj) gereicht. Das Hauptgericht des Festtagstisches ist jedoch Gans mit Äpfeln oder gefülltes Spanferkel. Auf den Tisch wurden in der Regel 12 Speisen gestellt – ein Hinweis auf die Zahl der Apostel. Unverzichtbar gehörten auf den Weihnachtstisch auch Gebäckfiguren, welche Haustiere darstellten. An Weihnachten buk man auch die koljádka – ein kleines Gebäck aus ungesäuertem Roggenteig mit verschiedenen Füllungen, Güssen, Aufstrichen und Zutaten zum Bestreuen[14]. Koljádki heißen auch die Weihnachtslieder, welche die am Weihnachtsfest von Haus zu Haus ziehenden „Sternsinger" (koljádowschtschiki) singen, und ebenso das speziell für diesen Tag vorbereitete Gebäck, mit welchem die Sänger bewirtet werden.

---

10 Dieses Adventsfasten dauert wie die vorösterliche Fastenzeit 40 Tage, vom 28. November bis einschließlich 6. Januar. „Philippsfasten" wird es auch genannt, weil es einen Tag nach der Gedächtnisfeier des hl. Apostel Philippus beginnt.
11 Der Zeitunterschied von jeweils 13 Tagen zu den entsprechenden Festen der lateinischen Kirche des Westens kommt durch den traditionellen Gebrauch des Julianischen Kalenders (benannt nach Julius Caesar) im Gegensatz zum Gregorianischen Kalender zustande, der im Westen von Papst Gregor XIII. 1582 als verbindlich vorgeschrieben wurde.
12 In der kath. Kirche entspricht diesem Festtag das „Fest der Erscheinung des Herrn" (Epiphanie).

13 Nach Pawlowskij, I. J.: Russisch-Deutsches Wörterbuch. Riga/Leipzig (3. vollst. überarbeitete, verbesserte und ergänzte Auflage) 1911: „ein Gericht aus Graupen od. Reis mit Honig u. Rosinen, welches bei einer Todtenfeier zum Einsegnen in die Kirche gebracht wird; in Süd- und Westrußland wird es auch am Weihnachtsabend [póstnaja kutjá – „Fasten-Kutja"], am Silvesterabend [bogátaja kutjá – „reiche Kutja"] u. am Vorabend der heil. 3 Könige [gólodnaja kutjá – „hungrige Kutja"] gegessen".
14 Z. B. Mohn oder Grieß.

Honig

Die Herkunft des russischen Wortes für Honig, mjod, geht auf eine alte Sanskrit-Wortwurzel medhu zurück und war ursprünglich ein Eigenschaftswort mit der Bedeutung „süß".

Einst war der Honig der hauptsächliche Süßstoff bei den Ostslawen, und das Sammeln von wildem Honig – das Waldbienenzüchten – war ein wichtiger Gewerbezweig ihrer Wirtschaftsstruktur. Später erlernten sie, Bäume künstlich für Waldbienenstöcke auszuhöhlen, dann Bienenkörbe bzw. Bienenstöcke zu bauen, und so eigneten sie sich nach und nach die Imkerei an. Der Domostrój[1] zählt den Honig zu den wichtigsten Vorräten eines Vorsorge treffenden Stadtbürgers. Erst später kamen Malz und Melasse als Süßungsmittel auf, und auf den Tisch des Zaren gelangten sogar Zucker und Fruchtbonbons. Trotzdem blieb der Honig bis ins 16. Jh. fast das einzige Süßungsmittel und drückte seinen Stempel allen Süßspeisen nicht nur in Russland, sondern in ganz Europa bis in die Mitte des 17. Jh. auf. Honig wurde in seinem natürlichen Zustand ebenso wie als Zutat häufig verwendet.

1 Domostrój, vgl. S. 24, Anm. 1 und 2.

Aber nach dem Aufkommen des Zuckers als massenweise gebrauchtes Süßungsmittel am Ende des 18. Jh. nahm die Verwendung von Honig für Kochrezepte und Konditoreiwaren merklich ab.

Verwendung in der Kochkunst

Honig ist ein Naturprodukt von besonderer Konsistenz mit einer reichen Aroma- und Geschmackspalette. Der Honig, der von den Bienen aus verschiedenen Pflanzen gesammelt wird, heißt Sammelhonig, der Honig von nur einer Pflanzenart dagegen Blütenhonig. Zu den wertvollsten Blütenhonigsorten zählen der Lindenblüten-, der Akazien- und der Weißkleehonig. Die dunklen Honigsorten, wie der Buchweizenblüten-, der Kornblumen- und der Heidekrauthonig, haben einen bitteren Beigeschmack und einen schärferen Geruch.

Honig wird hauptsächlich für die Herstellung von Konditoreiwaren verwendet, auch für Getränke, seltener jedoch auch für die Zubereitung von Geflügel und Fleisch.

Aufbewahrung

Unter günstigen Bedingungen hält sich Honig länger als ein Jahr. Am besten bewahrt man ihn an einem trockenen, gut durchlüfteten Raum bei einer Temperatur von 5–10 °C auf. Am besten geeignet für die Aufbewahrung sind Gläser. Honig in Gefäßen aus Eisen oder verzinktem Blech aufzubewahren ist gefährlich, denn Eisen geht eine Reaktion mit den Zuckern des Honigs ein, und Zink bildet giftige Verbindungen mit organischen Säuren.

Ssalát s marinówannymi gribámi – Salat mit marinierten Pilzen

4 Portionen
300 g marinierte Pilze
1 Zwiebel
1 Apfel
3 Esslöffel Pflanzenöl
Salz, gemahlener schwarzer Pfeffer
Petersilie, klein gehackte Küchenkräuter

1. Die Pilze in Würfel schneiden, die Zwiebel in Halbringe.
2. Den Apfel mit der Raspel grob reiben.
3. Die so vorbereiteten Zutaten mit Pflanzenöl anmachen, salzen und pfeffern, umrühren und in eine Salatschüssel füllen.
4. Den Salat mit Zwiebelringen und Petersilie garnieren und mit klein gehackten Küchenkräutern bestreuen.

Gerichte der orthodoxen Küche 179

Ówoschtschnaja ikrá – „Gemüsekaviar"

4 Portionen
1 Paprikaschote
100 g Zucchini (Gurkenkürbis)
100 g Karotte
100 g Weißkohl
1 Zwiebel
1 Esslöffel passierte Tomaten
2 Knoblauchzehen
1 Esslöffel Pflanzenöl
1 Esslöffel 3%iger Essig
Salz, Paprikapulver
Petersilie

1. Die Paprikaschote und die Zucchini grob schneiden, kurz anbraten, abkühlen lassen und dann in kleine Würfel schneiden.
2. Die Karotte, den Weißkohl und die Zwiebel in Würfel schneiden, im heißen Pflanzenöl ebenfalls kurz anbraten und die passierten Tomaten dazugeben.
3. Das so vorbereitete Gemüse zusammenmengen und 10–15 Minuten lang dünsten, dabei von Zeit zu Zeit umrühren.
4. Den so erhaltenen „Gemüsekaviar" mit Essig, Paprikapulver und dem mit Salz zerriebenen Knoblauch anmachen und abkühlen lassen.
5. Vor dem Servieren mit klein gehackter Petersilie garnieren.

~~Schelé~~ owoschtschnóje – Gemüse in Gelee

6 Portionen
4 Tomaten
1 Gurke
1 Esslöffel klein gehackter Dill
2 Esslöffel 3%iger Essig
2 Glas (etwa 400 ml) Gemüsebrühe
20 g Gelatine
Salz, gemahlener schwarzer Pfeffer

1. Die Gelatine zum Aufquellen in abgekochtes kaltes Wasser im Verhältnis 1 zu 6 einweichen.
2. Die Tomaten und die Gurke in Würfel schneiden, [getrennt] salzen und pfeffern. Die Tomaten mit dem Dill vermischen.
3. Den Essig zur Gemüsebrühe gießen, die Gelatine dazugeben und zum Kochen bringen.
4. Ein Drittel der angedickten Gemüsebrühe zu den in Würfel geschnittenen Tomaten geben, den Rest zur gewürfelten Gurke.
5. In tiefe kleine Formen zunächst die Hälfte des Gelees mit den Gurken füllen und zum Gelieren abkühlen lassen. Anschließend das Gelee mit den Tomaten einfüllen und ebenfalls abkühlen lassen. Dann das restliche Gurkengelee darübergießen und wieder abkühlen lassen.
6. Die Geleetörtchen aus den Formen stürzen und dekorativ anrichten.

Kúriza pikántnaja – Hähnchen, pikant

4 Portionen
1 Hähnchen
300 g Steinpilze
1 Glas (etwa 200 ml) Walnüsse
4 Esslöffel Tafelbutter
½ Teelöffel gemahlene Gewürznelke
Salz, gemahlener schwarzer Pfeffer
frisches Gemüse

1. Die Pilze in Scheiben schneiden und in der heißen Butter braten.
2. Die Nüsse mit den Pilzen vermischen und durch den Fleischwolf drehen. Mit gemahlener Gewürznelke würzen, salzen, pfeffern und umrühren.
3. Die Haut des Hähnchens auf der Bauchseite einschneiden, die Haut anheben, die Pilz-Nuss-Mischung einfüllen und sorgfältig unter der Hähnchenhaut verteilen.
4. Das Hähnchen außen und innen mit Salz und Pfeffer einreiben, auf ein mit Butter eingefettetes Blech legen und im Backofen bei 250 °C braten. Dann die Temperatur auf 170 °C reduzieren und fertig garen.
5. Das fertige Hähnchen abkühlen lassen und in Portionen schneiden. Mit frischem Gemüse servieren.

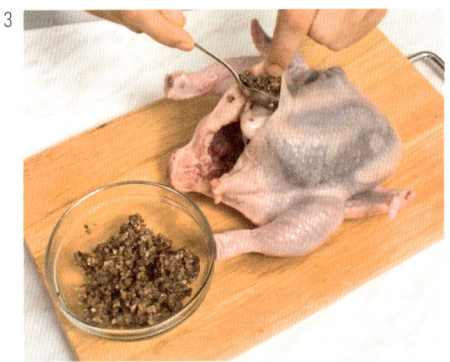

Gorbúscha ss ikórnym ssóussom – Buckellachs mit Kaviarsoße

6 Portionen
900 g Buckellachsfilet
300 g eingelegter Lachs*
1 ½ Glas (etwa 300 ml) Sahne (30 % Fett)
3 Esslöffel Lachskaviar
1 Lorbeerblatt
4 schwarze Pfefferkörner
Salz, gemahlener schwarzer Pfeffer
Petersilie

* Lachsfilet (ganz oder in Scheiben geschnitten) selbst einlegen: Mit Salz, Pfeffer, Limettensaft und Dille einreiben, gut verpacken und 2 Tage im Kühlschrank ziehen lassen.

1. Das Buckellachsfilet mit etwas heißem Wasser übergießen, salzen und 20 Minuten lang dämpfen.
2. 5 Minuten vor dem Garende die Pfefferkörner und das Lorbeerblatt hinzufügen. Den Fisch im Sud abkühlen lassen und dann herausnehmen.

3. Für die Soße den eingelegten Lachs mit dem Stabmixer zu einer einheitlichen Masse pürieren, mit dem Lachskaviar und der Sahne vermischen, salzen und pfeffern.
4. Vor dem Servieren den Fisch auf Tellern anrichten, mit der Lachskaviarsoße übergießen und mit Petersilie garnieren.

Lachskaviar

Der (rote) Lachskaviar ist ein russlandweit beliebtes Lebensmittel, welches seine Geschichte von den Festmählern der Zaren bis hin zum modernen Empfang durchlaufen hat. Sein Erscheinen im russischen Alltag verdankt der rote Kaviar der Erschließung Sibiriens und des Fernen Ostens. Doch im Unterschied zum Störkaviar, der als „ganzer roher Rogen" (jastýtschnaja), als „gepresster" (pájusnaja) und als „körniger" (sernístaja) gehandelt wird, gibt es den roten Kaviar nur in der körnigen Form.

Der Lachskaviar ist ein hochwertiges Naturprodukt. Er ist außerordentlich reich an Eiweißen, Aminosäuren, den Vitaminen A, D, E, PP (Nikotinsäure) sowie Vitaminen der Gruppe B. Der Geschmack des roten Kaviars ist würzig, sein Geruch angenehm – nach Kaviar. Er wird aus Lachsfischen gewonnen, wie dem Keta- oder Hundslachs, dem Buckellachs, dem Rotlachs, dem Königslachs, dem Silberlachs und dem Sjomga*-Lachs [Salmo salar var. nobilis], mit Kochsalzlösung verarbeitet, unter anschließender Zugabe von Konservierungsstoffen. Kaviar ohne Konservierungsmittel wird nur auf Spezialbestellung zubereitet. Der beste körnige Kaviar wird in Dosen abgepackt und daher „Dosenkaviar" genannt.

Beim Kauf dieser Delikatesse sollte man sehr aufmerksam auf folgende wichtige Details achten:

- Die Dose darf auf keinen Fall aufgebläht sein.
- An der Deckelinnenseite muss eine Warenauszeichnung eingeprägt sein.
- Wenn die Ziffern und Buchstaben nach innen eingedrückt sind (statt nach außen) – dann hat man es mit einem Surrogat zu tun.

Verwendung in der Kochkunst

Roter Kaviar wird hauptsächlich als Brotaufstrich – am häufigsten in Kombination mit Tafelbutter – verwendet, manchmal auch als Beilage oder als Pastetenfüllung. Meist ist er stärker gesalzen als der schwarze Störkaviar.

Aufbewahrung

In geschlossener Dose kann der Lachskaviar 6–12 Monate bei einer Temperatur von 2–5 °C gelagert werden. Eine geöffnete Dose mit Kaviar sollte man jedoch nicht länger als 5 Tage aufbewahren, andernfalls entwickeln sich im Kaviar Mikroorganismen, er nimmt einen unangenehmen Fäulnisgeruch an, er trocknet aus und erhält einen eigenartigen Geschmack.

Uchá – Fischsuppe

8 Portionen
400 g kleine Fische (Kaulbarsch, Barsch usw.)
850 g Wels oder Quappe
680 g Zander
2,2 l Wasser
800 g Kartoffeln
120 g Zwiebeln
40 g Tafelbutter
26 g Petersilienwurzel
Salz, Pfeffer, Lorbeerblatt
Schnittlauchröllchen

1. Die kleinen Fische mit kaltem Wasser (so, dass sie gerade mit Wasser bedeckt sind) auf den Herd stellen und 20–30 Minuten kochen. Die Gräten und Köpfe von Quappe und Zander dazugeben. Die fertige Fischbrühe durchseihen.
2. Bei der Quappe oder dem Wels die Haut rund um den Fischkopf einschneiden und „wie einen Strumpf" abziehen. Die Flossen, die Innereien und den Kopf entfernen. Beim Zander die Flossen,

die Schuppen, die Innereien und den Kopf entfernen, die Wirbelsäule herausschneiden. Das zurückbleibende Filet mit der Haut und den Rippengräten in Portionen schneiden.
3. Die Kartoffeln in Spalten schneiden.
4. In die kochende Fischbrühe die in Spalten geschnittenen Kartoffeln, die ganze Zwiebel und die ganze Petersilienwurzel geben und 15 Minuten kochen lassen. Dann die vorbereiteten Zander- sowie Wels- oder Quappenfilets, Salz, Pfeffer und das Lorbeerblatt dazugeben und nochmals 15–20 Minuten kochen lassen. Die fertige uchá mit Tafelbutter verfeinern.
5. Vor dem Servieren die uchá mit Schnittlauchröllchen bestreuen.

Swjókla farschirówannaja – Gefüllte Rote Bete

4 Portionen
4 gekochte Rote Bete
2 Esslöffel Tafelbutter
⅔ Glas (etwa 130 ml) geriebener Hartkäse
Petersiliengrün

Für die Füllung:
3 Karotten
2 Petersilienwurzeln
1 Steckrübe
2 Zwiebeln
2 Esslöffel Tafelbutter
2 gekochte Eier
2 Esslöffel saure Sahne
Salz

1. Die Rote Bete schälen und mit dem Löffel jeweils aushöhlen.
2. Für die Füllung die Karotten, die Petersilienwurzeln, die Zwiebeln und die Steckrübe mit der Raspel klein reiben, in der heißen Tafelbutter anbraten, mit den klein gehackten Eiern und der sauren Sahne vermengen, salzen und umrühren.
3. Dieses Gemisch in die ausgehöhlte Rote Bete füllen, mit geriebenem Käse bestreuen, mit zerlassener Butter beträufeln und im Backofen bei 200 °C 20–25 Minuten backen.
4. Vor dem Servieren die Rote Bete mit Petersiliengrün garnieren.

Kartófelnaja sapjekánka – Kartoffelauflauf

6 Portionen
5 Kartoffeln
300 g Steinpilze
3 Esslöffel Pflanzenöl
1 Knoblauchzehe
1 Esslöffel Semmelbrösel
Salz, Petersilie

1. Die Auflaufform mit einer zerschnittenen Knoblauchzehe einreiben und mit Pflanzenöl einfetten.
2. Die Kartoffeln schälen und in dünne Scheiben schneiden. Die Auflaufform mit dünnen Kartoffelscheiben auslegen.
3. Auf die Kartoffeln eine Schicht in Scheiben geschnittener Pilze legen, salzen und mit Pflanzenöl beträufeln. Darauf noch eine Schicht Kartoffelscheiben legen und wiederum mit Pflanzenöl beträufeln.

4. Den Auflauf mit Semmelbröseln bestreuen und im Backofen bei 180 °C 40–50 Minuten backen.
5. Vor dem Servieren den Auflauf mit Petersilie garnieren.

Pelméni s kapústoj i gribámi – Pelmeni mit Kohl und Pilzen

8 Portionen
1 ½ Glas (etwa 300 ml) Weizenmehl
½ Glas (etwa 100 ml) Wasser
1 Ei
5 Zwiebeln
400 g Weißkohl
400 g gekochte Steinpilze
2 Glas (etwa 400 ml) Pflanzenöl
Salz
saure Sahne

1. Aus dem Mehl, dem Wasser, dem Ei und Salz einen Teig kneten, diesen [mit einem Tuch] bedecken und 30 Minuten ruhen lassen.
2. Den Kohl klein hacken, mit kochendem Wasser überbrühen, abkühlen lassen und das Wasser auspressen. Die Zwiebeln und die Pilze klein hacken, mit dem Kohl vermengen und salzen.
3. Den Teig dünn ausrollen und mit einer runden Form Scheiben von etwa 6 cm Durchmesser ausstechen. In die Mitte der Teigplätzchen jeweils einen Teelöffel der vorbereiteten Füllung legen. Die Ränder der Teigplätzchen in Halbmondform fest zusammenkneifen [und die Enden des Halbmondes zusammenfügen].
4. Diese *Pelméni* in der Friteuse goldgelb frittieren.
5. Die *Pelméni* mit saurer Sahne servieren.

Rýba po-sjéwernomu – Fisch nach nordrussischer Art

4 Portionen
700 g Fischfilet
1 Zwiebel
4 Kartoffeln
4 Tomaten
2 Esslöffel Pflanzenöl
1 Glas (etwa 200 ml) Fischbrühe
2 Knoblauchzehen
Salz, schwarze Pfefferkörner
Dill oder Petersilie

1. Die Zwiebel in halbe Ringe schneiden und im heißen Pflanzenöl kurz glasig braten. Die Kartoffeln und Tomaten in Spalten, die Fischfilets quer in Streifen schneiden.
2. In kleine Portionstontöpfe die zerkleinerten Zwiebeln, Kartoffeln und Tomaten legen.
3. Auf das Gemüse die Fischfiletstücke legen.
4. Das Gemüse und den Fisch mit Fischbrühe auffüllen, salzen und die Pfefferkörner dazugeben. Das Ganze im Backofen 30–40 Minuten schmoren. 5 Minuten vor dem Garende den klein geschnittenen Knoblauch hinzugeben.
5. Vor dem Servieren das Fischgericht mit klein gehacktem Dill oder Petersilie bestreuen.

Gerichte der orthodoxen Küche 189

Ókorok baránij – Hammelkeule

8 Portionen
2–2 ½ kg Hammelfleisch (Keule)
1 Esslöffel Speisestärke
Schnittlauchröllchen

Für die Marinade:
6 Knoblauchzehen
2 Zwiebeln
½ Teelöffel Fleischgewürz
(Pulvermischung aus 5 Gewürzen)
2 Esslöffel Zucker
300 g Rotwein
1,2 l Hühnerbrühe

1. Den Knoblauch pressen, die Zwiebeln in dünne Scheiben schneiden. Die Zutaten der Marinade miteinander vermengen und bei schwacher Hitze 5 Minuten kochen, dann abkühlen lassen.
2. Das Hammelfleisch in die vorbereitete Marinade legen und an einem kühlen Ort für 3 Stunden oder über Nacht ziehen lassen.
3. Das Fleisch aus der Marinade wieder herausnehmen, abtrocknen und im Backofen bei 270 °C bis zur Bildung einer Kruste braten, dann bei 170 °C fertig garen.
4. Für die Soße die Marinade durchseihen, zum Kochen bringen, die in einer geringen Menge Wasser aufgelöste Speisestärke hineingießen und erneut zum Kochen bringen.
5. Vor dem Servieren das Hammelfleisch in dünne Scheiben schneiden, mit der vorbereiteten Soße begießen und mit Schnittlauchröllchen bestreuen.

Ruljét is gowjádiny s gribámi – Rinderroulade mit Pilzen

6 Portionen
1 kg Rindfleisch (Fehlrippe, Hochrippe)
2 Esslöffel Butterschmalz
1 Karotte
1 Stange Lauch
¼ Selleriewurzel
1 Esslöffel Crème fraîche
1 Zitronensaft aus einer Zitrone
Salz, gemahlener schwarzer Pfeffer
Petersilie

Für die Füllung:
50 g getrocknete Steinpilze
3 Glas (etwa 600 ml) Wasser
50 g geräuchertes Bruststück
2 Zwiebeln
1 Esslöffel Tafelbutter
1 Esslöffel Semmelbrösel
1 Ei
1 Esslöffel klein gehackte Petersilie
Salz, Pfeffer

1. Das Rindfleisch längs einschneiden, wie ein Buch aufschlagen und klopfen, ihm dabei eine rechteckige Form verleihen, salzen und pfeffern.
2. Die Pilze 2 Stunden in kaltem Wasser einweichen, im selben Wasser kochen und in einem Durchschlag abtropfen lassen; den Sud aufbewahren. Die Zwiebeln klein hacken und in der heißen Tafelbutter glasig braten.
3. Die Pilze zusammen mit dem geräucherten Bruststück durch den Fleischwolf drehen, mit den klein gehackten und glasig gebratenen Zwiebeln vermengen, das Ei, die Semmelbrösel sowie die klein gehackte Petersilie dazugeben, salzen, pfeffern und umrühren.
4. Diese Füllung auf dem Rindfleisch verteilen, es dann zu einer Roulade zusammenrollen und mit einem Bindfaden umwickeln. Die Roulade im heißen Butterschmalz bis zur Bildung einer rotbraunen Kruste braten.
5. Karotte, Selleriewurzel und Lauch in Streifen schneiden, in einen Brattopf geben, darauf die Roulade legen, diese mit Zitronensaft und 1 Glas (etwa 200 ml) Pilzsud übergießen und im Backofen schmoren lassen, bis sie durch ist. Von der gegarten Roulade den Bindfaden entfernen und sie in Scheiben schneiden.
6. Für die Soße das Gemüse mit dem Pilzsud durch ein Sieb passieren, die Crème fraîche hinzugeben und zum Kochen bringen.
7. Vor dem Servieren die Roulade mit der Soße übergießen und mit Petersilie garnieren.

Piróg „Rýbka" – „Fisch"-Pastete

6 Portionen
500 g Zanderfilet
500 g Buckellachsfilet
500 g Blätterteig
5 Zwiebeln
3 Esslöffel Pflanzenöl
2 Esslöffel klein gehackte Petersilie
2 Esslöffel klein gehackter Dill
1 Ei
Salz, gemahlener schwarzer Pfeffer

1. Den Blätterteig in zwei Lagen teilen und dünn ausrollen. Eine Schicht auf ein mit Pflanzenöl eingefettetes und mit Pergamentpapier ausgelegtes Backblech legen. Auf den Teig zwei Buckellachsfiletstücke in Form eines Fisches legen: dazu ein Filetstück zerschneiden und in Form von Kopf, Flosse und Schwanz an den Rumpf anlegen.
2. Die Zwiebeln klein schneiden und in heißem Pflanzenöl goldgelb glasig braten, dann mit der klein gehackten Petersilie und dem Dill vermengen.
3. Auf dem ausgelegten Buckellachs die Zwiebelmischung verteilen, darauf anschließend die Zanderfiletstücke legen; das Ganze salzen und pfeffern.
4. Diese Fisch-Zwiebel-Füllung mit der zweiten Lage Blätterteig bedecken, den Teig nach den Fischkonturen beschneiden, so dass von der Fischform ein Rand von 1 cm bleibt. Die Teigränder zusammenkneifen, überstehende Reste wegschneiden. Von dem übrigen Teig Auge und Kiemen formen sowie Flossen und Schwanz mit Teigstreifen verzieren. Die Pastete mit verquirltem Ei bestreichen und im Backofen bei 180 °C 30 Minuten lang backen.
5. Vor dem Servieren die Pastete in Portionen schneiden.

Blíntschatyj piróg – Pfannkuchenpastete

6 Portionen

Für den Teig:
2 Glas (etwa 400 ml) Weizenmehl
3 Glas (etwa 600 ml) Milch oder Wasser
1 Teelöffel Salz
2 Eier
1 Prise Zucker
½ Glas (etwa 100 ml) Pflanzenöl

Für die Füllung:
200 g Tafelbutter
300 g Rinder- oder Schweinefleisch ohne Knochen
100 g Reis
1 Glas (etwa 200 ml) Milch
6 gekochte Eier
1 Eigelb
2 Esslöffel klein gehackte Küchenkräuter
1 Glas (etwa 200 ml) Semmelbrösel
Salz, gemahlener schwarzer Pfeffer

1. Für den Teig Zucker, Salz und Eier in der Milch verrühren, das Mehl hinzugeben und zu einem einheitlichen Teig vermengen. Von dem so vorbereiteten Teig in heißem Pflanzenöl (etwa 30) Pfannkuchen backen.
2. Drei Sorten von Füllungen zubereiten:
   - Für die Fleischfüllung das Fleisch klein schneiden und in einem Teil des heißen Pflanzenöls braten, salzen und pfeffern.
   - Für die Reisfüllung den Reis in 600 g Salzwasser halb gar kochen, das Wasser dann abgießen, den Reis mit heißer Milch auffüllen und fertig kochen. Den Reis mit einem Teil der Tafelbutter gut vermischen.
   - Für die Eierfüllung die gekochten Eier klein hacken, salzen und pfeffern. Die klein gehackten Küchenkräuter und etwas zerlassene Butter hinzugeben.

3. Eine mit Butter eingefettete und mit Semmelbröseln bestreute rechteckige Auflaufform mit Pfannkuchen auslegen, sodass Boden und Ränder der Form bedeckt sind. Dann abwechselnd Füllungen und Pfannkuchen in Schichten aufeinanderlegen, zuerst die Reisfüllung, dann die Fleischfüllung und zuletzt die Eierfüllung. Die oberste Füllung mit einer Pfannkuchenschicht abdecken, mit [zerlassener] Butter beträufeln, mit Eigelb bestreichen und mit Semmelbröseln bestreuen.
4. Die Pfannkuchenpastete im Backofen bis zur Bildung einer rotbraunen Kruste backen.

Póstnyj piróg s mákom – Fastenkuchen mit Mohn

6 Portionen
10–12 Esslöffel Mohn
6 Esslöffel Honig
1,2 kg Weizenmehl
2 Glas (etwa 400 ml) Wasser
50 g Hefe
1 Glas (etwa 200 ml) Pflanzenöl
1 Esslöffel süßer [Schwarz-]Tee
Salz, gemahlener Koriander, Vanillin

1. Für den Teig die Hefe im warmen Wasser auflösen, 2 Glas (etwa 400 ml) Mehl hinzugeben, vermengen und zum Gären an einen warmen Ort stellen. Wenn der Teig aufgeht, ihn kneten, Salz, Pflanzenöl, das restliche Mehl, Vanillin und Koriander dazugeben und nochmals durchkneten. Zum Aufgehen wieder an einen warmen Ort stellen, währenddessen noch 1–2-mal durchkneten.
2. Für die Füllung den Mohn in den Honig rühren und unter stetem Umrühren 5–8 Minuten kochen, dann abkühlen lassen.
3. Den Teig 1 cm dick ausrollen und – zu einem Rechteck geschnitten – auf ein mit Pflanzenöl eingefettetes und mit Pergamentpapier ausgelegtes Backblech legen. Die Mohnfüllung auf dem Teig ausbreiten und aus dem restlichen Teig eine kunstvolle Verzierung aus Pflanzenmotiven für die Kuchenoberfläche formen und auf die Mohnfüllung legen.
4. Den Teigrand zu einer schönen Borte formen und die Teigoberfläche mit süßem Schwarztee bestreichen. Den Kuchen im Backofen bei 230 °C backen.

Koljádki – Gefülltes Weihnachtsgebäck

6 Portionen
1 Glas (etwa 200 ml) Roggenmehl
1 Glas (etwa 200 ml) Weizenmehl
1 Glas (etwa 200 ml) Milch oder Sauermilch
Salz, Tafelbutter

Für die Füllung:
1 Glas (etwa 200 ml) Beeren (Walderdbeeren, Heidelbeeren oder Himbeeren)
2 Esslöffel Zucker
1 Teelöffel Kartoffelstärke

1. Aus den angegebenen Zutaten einen Teig kneten und 30 Minuten ruhen lassen. Aus dem Teig Stränge formen, diese in gleichmäßige Stücke schneiden, daraus Kugeln formen und diese in dünne Plätzchen ausrollen.
2. Für die Füllung die Beeren mit Zucker vermischen und die Kartoffelstärke untermengen.
3. Auf die Teigplätzchen die Füllung legen und den Teig an den Rändern zusammenkneifen, aber so, dass durch eine deutliche Öffnung die Füllung gut sichtbar bleibt.
4. Diese *koljádki* im Backofen bei 220 °C goldgelb backen und anschließend in noch heißem Zustand mit Butter bestreichen.

Karawáj swádjebnyj – Hochzeitsbrotkuchen

Mit der Zubereitung des Hochzeitsbrotkuchens (*karawáj*) begann die Hochzeit. Die *Karawáj*-Bäckerinnen kneteten den Teig und buken den *karawáj* unter Befolgung der hier üblichen Gebräuche und sangen dabei die sogenannten *Karawáj*-Hochzeitslieder. Die älteste *Karawáj*-Bäckerin (*karawájniza*) durfte nur eine Frau im Familienstand sein, d. h. eine in Eintracht mit ihrem Mann lebende verheiratete Frau, die gute Kinder aufgezogen hat. Man glaubte, dass der Familienstand der *Karawáj*-Bäckerin durch den Brotkuchen selbst an die Jüngeren weitergegeben würde: je größer der *karawáj*, desto glücklicher und wohlhabender auch die junge Familie. Deshalb war man sehr bemüht, nicht nur einen schönen und wohlschmeckenden Brotkuchen zu backen, sondern auch einen bemerkenswert großen *karawáj*. An einigen Orten war es sogar üblich, einen *karawáj* von der Größe eines ganzen Tisches zu backen. Manchmal aber geschah es, dass unter dem Gesang der *Karawáj*-Hochzeitslieder der Brotkuchen „dicker als der Ziegelofen" geriet und man, um ihn aus dem Ofen zu bekommen, einzelne Ziegel aus dem Ofenschlund herausbrechen musste. Solche Brotkuchen buk man auf Bauernhochzeiten, während auf den Fürsten- und Zarenhochzeiten gleich vier *Karawáj*-Träger den Brotkuchen auf mit Samt beschlagenen Sänften zu Tisch beförderten.

Der *karawáj* – ein Symbol für Wohlstand und Glück im Haus – ist einerseits Weizenbrot, welches mit symbolträchtigen Verzierungen geschmückt wird; ebenso wird damit aber auch rundes schwarzes Roggenbrot bezeichnet. Verzierung und äußere Form des *karawáj* hingen vielfach von dem Ereignis ab, für das er vorgesehen war. Es gab nämlich nicht nur den Hochzeits-*Karawáj*, solche Brotkuchen wurden auch für andere Lebensfälle gebacken: Beim Empfang der Gäste mit „Brot und Salz" war das „Brot" ein *karawáj*. Zum Namenstag buk man einen *karawáj* und sang dazu den Reigen: *Karawáj, karawáj, kowó ljúbisch wybiráj!* – „Karawáj, karawáj, wähle, wer dein/e Liebste/r sei!" Einen *karawáj* buk man auch am Vorabend der Hochzeit, wenn die Braut ihre Freundinnen zum Polterabend (*djewítschnik*) einlud – nicht umsonst nannte man den *karawáj* deshalb in einigen Gegenden Russlands *djewítschnik*.

10 Portionen

Für den Teig:
1 kg Mehl
50 g Hefe
250 g Tafelbutter
1 Glas (etwa 200 ml) Zucker
½ l Milch
2 Eier
1 Prise Salz

Für die Verzierung:
1 Ei
1 Eigelb
1 Eiweiß

1. Aus den angegebenen Zutaten einen festen Teig kneten, diesen mit Mehl bestauben, mit einem Geschirrtuch bedecken und an einen warmen Ort zum Aufgehen stellen. Den Teig danach noch einmal durchkneten und wieder für 1–1 ½ Stunden gehen lassen.
2. Den Teig nach dem zweiten Aufgehen auf den Tisch legen und gut durchkneten. Einen Teil des Teiges zum Verzieren zunächst abtrennen, den restlichen Teig zu einer Kugel formen. Die Teigkugel auf ein mit Pergamentpapier ausgelegtes und mit Butter eingefettetes Backblech legen.
3. Von dem abgetrennten Teil wieder etwas beiseite lassen, einen langen Strang formen, diesen zur Hälfte durchtrennen und eine Kordel aus beiden Strängen drehen.
4. Den Rand der Teigkugel mit verquirltem Ei bestreichen und mit der Teigkordel umwinden. Letztere dann ebenso mit verquirltem Ei bestreichen.
5. Für die Verzierung des *karawáj* eine Art „geriebenen" Teig zubereiten: dazu etwas Mehl auf den Tisch streuen und es so lange in den restlichen abgetrennten Teigklumpen einreiben, bis er geschmeidig wird. Den Teig dann dünn ausrollen und aus ihm Blumen und Figuren ausschneiden. Die „Kuppel" des *karawáj* mit Eigelb bestreichen und die ausgeschnittenen Zierelemente aufkleben, die selbst mit Eiweiß oder Wasser bestrichen werden müssen, damit sie sich in heller Tönung vom übrigen Backwerk abheben.
6. Den *karawáj* im Backofen bei 230–240 °C annähernd 1 Stunde und 15 Minuten backen.

Kjeks „Roschdjéstwjenskij" – Weihnachtskuchen

6 Portionen
600 g Weizenmehl
250 g Honig
1 Glas (etwa 200 ml) Zucker
6 Eier
250 g Tafelbutter
500 g saure Sahne
100 g klein gehackte Nüsse
1 Teelöffel Zimt
1 Teelöffel Soda
1 Prise Salz
1 Esslöffel Puderzucker

1. Die Eier in Eigelb und Eiweiß trennen. Den Zucker, die Tafelbutter, die Eigelb und Salz sorgfältig mixen, bis sich die Zuckerkristalle vollständig auflösen. Dann den Honig mit dem Zimt vermischen, die saure Sahne sowie die klein gehackten Nüsse dazugeben und das mit dem Soda vermischte Mehl hineinsieben. Alles zu einem Teig rühren.
2. Die steif geschlagenen Eiweiß unter den Teig heben und die Masse in eine mit Butter eingefettete oder mit Pergamentpapier ausgelegte Form füllen.
3. Entlang des gesamten Durchmessers der Teigoberfläche mit einer vorher in Öl getauchten Schaufel eine Kerbe ziehen, sodass beim Backen ein Spalt quer über den Kuchen entsteht.
4. Den Weihnachtskuchen 1 Stunde lang im Backofen bei 180 °C backen, dann abkühlen lassen, den Kuchen aus der Form stürzen und mit Puderzucker bestreuen.

Gerichte der orthodoxen Küche 199

Kossowikí – pirogí dlja sjátja – Piroggen für den Schwiegersohn

6 Portionen
2 Glas (etwa 400 ml) Mehl
1 Ei
2 Esslöffel Sauerrahm
2 Esslöffel Sahne oder Milch
1 Esslöffel Zucker
1 Prise Salz
10 Esslöffel Zucker für die Füllung
2 Glas (etwa 400 ml) Pflanzenöl zum Frittieren

1. Aus den angegebenen Zutaten einen festen Teig kneten, zu einer Kugel formen, mit einem Tuch abdecken und ruhen lassen.
2. Den fertigen Teig zu einem Strang formen, diesen in 24 Stücke teilen und aus ihnen dünne Plätzchen ausrollen. Die Teigplätzchen mit Mehl bestreuen und in einem Stoß [leicht versetzt] aufeinanderlegen.
3. Die Hälfte jedes Teigplätzchens mit Zucker bestreuen und die jeweils andere Hälfte daraufklappen; die Teigränder zusammenkneifen.
4. Diese *kossowikí* in heißem Pflanzenöl goldgelb frittieren.

Bemerkung:
Nach alter Tradition buk man die *kossowikí*, wenn die Brautwerber (*swáty*) ins Haus kamen – deshalb hat der *kossowík* auch noch einen anderen Namen, nämlich *swátjelnyj piróg* [„Brautwerber-Pirogge"]. Die Braut musste aus dem Teig ein Plätzchen, so dünn wie ein Pfannkuchen ausrollen, während der Bräutigam oder die Brautwerber sie auf jede erdenkliche Weise daran zu hindern suchten. Es existierte der Volksglaube, dass das Freien nur dann erfolgreich sein könne. Der Teig für diese Pirogge kann sowohl ungesäuert als auch ein Hefeteig sein. Die Füllung kann auch je nach Geschmack variieren (z. B. Quark, Kohl, Beeren, Äpfel, Zucker, Pilze oder Fleisch). *Kossowikí* werden auch in der Pfanne in heißem Öl oder Schmalz gebraten. Deshalb nennt man solche Piroggen auch *smáschenjez* oder *prjáschenjez* [Synonyme für: „Bratpastete"].

200 Gerichte der orthodoxen Küche

Scháworonki – Hefeteig-„Lerchen"

10 Portionen
1 kg Weizenmehl
30 g Hefe
130 g Tafelbutter
½ Glas (etwa 100 ml) Zucker
1 Glas (etwa 200 ml) Milch oder Wasser
1 Ei
⅓ Glas (etwa 70 ml) Rosinen für die Augen
Salz, verquirltes Ei zum Bestreichen

1. Aus den angegebenen Zutaten (mit Ausnahme der Rosinen) einen Hefeteig kneten und an einem warmen Ort aufgehen lassen; währenddessen noch 2–3-mal durchkneten.
2. Aus dem fertigen Teig einen Strang formen und diesen in Stücke von jeweils etwa 50 g schneiden. Aus diesen Stücken wiederum kleine Rollen formen und in diese jeweils einen Knoten machen. Die geknoteten Teigstücke zu Vögeln formen und in die Köpfe jeweils 2 Rosinen für die Augen drücken.
3. Die „Vögel" leicht flach drücken und an den Knotenenden für die Vogelschwänze jeweils mit dem Messer Einschnitte vornehmen. Die fertigen „Lerchen" auf ein mit Butter eingefettetes Backblech legen und an einem warmen Ort gehen lassen.
4. Die „Lerchen" mit verquirltem Ei bestreichen und im Backofen bei 230 °C goldgelb backen.

Kulítsch – Osterkuchen

10 Portionen

1 kg Weizenmehl
380 g Milch
6 Eier
300 g Tafelbutter
270 g Zucker
50 g Hefe
¾ Teelöffel Salz
150 g Rosinen
150 g Sukkade (kandierte Fruchtschalen)
50 g klein gehackte Nüsse
7–8 Tropfen Vanillinlösung
2 Eiweiß
1 ½ Glas (etwa 300 ml) Zucker
verquirltes Ei zum Bestreichen
bunte Zuckerstreusel

1. Die Hefe in warmer Milch auflösen, die Hälfte des Mehls hinzugeben und umrühren. Den Hefeteig mit einem Geschirrtuch abdecken und an einem warmen Ort aufgehen lassen.
Die Eier in Eigelb und Eiweiß trennen. Wenn der Umfang des Hefeteigs sich verdoppelt hat, Salz, das mit Zucker verquirlte Eigelb, das in etwas heißem Wasser aufgelöste Vanillin, die leicht zerlaufene Butter und das restliche Mehl dazugeben. Den Teig gut durchkneten, erneut an einen warmen Ort stellen und ihn nochmals zum doppelten Umfang aufgehen lassen.
2. In den fertigen Teig die (gewaschenen und dann) abgetrockneten Rosinen, die klein geschnittene Sukkade sowie die klein gehackten Nüsse hinzugeben und

umrühren. Vorsichtig die steif geschlagenen Eiweiß unterheben.
3. Kleine (verschieden hohe) Backformen gut mit Butter einfetten, den Boden mit von beiden Seiten eingefettetem Pergamentpapier bedecken und die Wände mit Mehl bestreuen. Die Formen jeweils zu einem Drittel mit Teig füllen, für einen größeren *kulítsch* zur Hälfte. Die Backformen an einen warmen Ort stellen und mit einem Geschirrtuch bedecken.
4. Wenn der aufgegangene Teig die Formen zu drei Vierteln füllt, die Teigoberfläche mit verquirltem Ei bestreichen und die *kulitschí* im Backofen bei 210 °C 50–60 Minuten backen.
5. Die fertigen Osterkuchen mit unter Zugabe von Zucker steif geschlagenem Eiweiß bestreichen (eventuell danach nochmals zum Trocknen des Eiweißes kurz in den Ofen stellen) und mit bunten Zuckerstreuseln bestreuen.

Pás'cha – Osterquarktorte

Der gedeckte Ostertisch hob sich von anderen festlichen Anlässen durch seine besonders feierliche Pracht ab: Die Speisen waren nicht nur schmackhaft und reichhaltig, sondern auch ungewöhnlich schön aufbereitet. Den Ostertisch zierten nicht nur bemalte Ostereier und Osterkuchen (*kulitschí*), sondern auch bunte Papierblumen, frische, speziell zum Festtag gezogene Küchenkräuter, Figuren von Hähnen, Lerchen und Tauben, aber auch ein Lamm aus Zucker, welches an das sühnende Opfer Christi erinnerte. Heiße Speisen sowie Fischspeisen zu reichen, war am Ostertag nicht üblich. Einen besonderen Platz nahmen beim Ostertisch der *kulítsch* und die *pás'cha*[1] genannte Osterquarktorte ein – neben den gefärbten Ostereiern, die ein Symbol des Osterfests schlechthin geworden sind.

Der Oster-*Kulítsch* ist eine kirchlich-rituelle Speise. In der Nacht von Gründonnerstag auf Karfreitag setzte man den Teig für den *kulítsch* an, am Karfreitag buk man ihn und am Karsamstag wurde er gesegnet. Kosten konnte man den *kulítsch* dann am Ostersonntag beim Festtagstisch, wo sich die ganze Familie nach dem feierlichen Osterhochamt versammelte.

[1] Der Name *Pás'cha* leitet sich vom jüdischen Pessachfest [hebr. *pessach* – „Lamm"] ab und ist auch die russische Bezeichnung für „Ostern".

Eine weitere rituelle Speise war die *pás'cha*. Die *pás'cha* – oder *mljéko ogustjéwscheje* [„dick gewordene Milch"], wie sie auf Kirchenslawisch auch genannt wurde – ist ein Symbol für das Grab des Herrn. An den Seiten der Ostertorte sind das Kreuz und die [kyrillischen] Buchstaben „ХВ" [mittels einer Form] eingepresst, welche abgekürzt die Worte *Christós Woskrés* [„Christus ist auferstanden"] bedeuten.

Auf dem Ostertisch ersetzt also die *pás'cha* das alttestamentarische Pessach-Lamm. So erinnert diese Osterquarktorte an die Großtat des Erlösers, an Seinen Tod und Seine Auferstehung.

10 Portionen
1 kg fetter Quark
5 Eigelb
200 g Tafelbutter
250 g Sahne
300 g Zucker
100 g Rosinen
100 g Mandeln
1 Messerspitze Vanillin

1. Den Quark durch ein Sieb passieren. Die Rosinen mit kochendem Wasser überbrühen und dann abtrocknen. Die Mandeln ebenfalls überbrühen, schälen, abtrocknen und mit einer Nussmühle klein reiben.
2. Die Eigelb mit Zucker so lange verquirlen, bis sie fast weiß sind, die Sahne hineingießen und unter stetem Umrühren aufwärmen, bis sich der Zucker auflöst – aber nicht zum Kochen bringen.
3. In die heiße Masse aus Eigelb und Sahne die Butter dazugeben und so lange umrühren, bis die Masse wieder eine einheitliche Konsistenz annimmt. Dann den Quark, die Mandeln, die Rosinen und das in heißem Wasser aufgelöste Vanillin hinzugeben und sorgfältig umrühren. In die *Pás'cha*-Quarkmasse kann man auch geriebene Schokolade oder Kakaopulver hinzufügen.
4. Die vorbereitete Quarkmasse in eine spezielle *Pás'cha*-Form geben, die mit einem Leinentuch ausgelegt ist. Die Masse von oben leicht beschweren und so für 6–8 Stunden in den Kühlschrank stellen, um die Molke auszupressen.
5. Die *pás'cha* aus der Form stürzen und auf einer Kuchenplatte servieren.

Kowrischka – Lebkuchen

6 Portionen
2 Glas (etwa 400 ml) Weizenmehl
½ Glas (etwa 100 ml) Zucker
½ Glas (etwa 200 ml) Honig
1 Ei
¼ Teelöffel Soda
50 g klein gehackte Mandeln (oder beliebige andere Nüsse)
1 Glas (etwa 200 ml) *powídlo*[1] [eingekochtes Obstmus]
30 g Puderzucker
gemahlene Gewürznelke oder Zimt
Tafelbutter zum Einfetten

[1] *Powídlo*, vgl. hierzu S. 22, Anm. 7.

1. Das Ei mit Zucker verquirlen, den Honig, gemahlene Gewürznelke oder Zimt dazugeben und gut umrühren. Das mit Soda vermischte Mehl hinzugeben (etwas Mehl für das Bestreuen des Pergamentpapiers zurücklassen) und daraus rasch einen Teig mixen.
2. Den Teig in eine mit Butter eingefettete und mit Mehl bestreute Backform geben und glatt streichen.
3. Auf den Teig die klein gehackten Nüsse streuen und im Backofen bei 200–210 °C 15–20 Minuten backen.
4. Den fertigen Lebkuchen abkühlen lassen und horizontal in zwei Hälften schneiden. Auf die untere Schicht *powídlo* [eingekochtes Obstmus] streichen und mit der oberen Hälfte abdecken.
5. Vor dem Servieren den Lebkuchen in Quadrate oder Rechtecke schneiden und mit Puderzucker bestreuen.

Gerichte der orthodoxen Küche 205

Muss morkównyj – Karottenschaumspeise

8 Portionen
1 kg Karotten
4 Esslöffel Zucker
20 g Gelatine
2 Glas (etwa 400 ml) Wasser

1. Die Gelatine für 40 Minuten in etwa 100 ml abgekochtem, kaltem Wasser einweichen. Die aufgequollene Gelatine dann in einem Wasserbad auflösen.
2. Die Karotten [waschen und schälen], mit der Raspel klein reiben und den Saft auspressen.
3. Die geriebenen Karotten mit dem restlichen Wasser (etwa 300 ml) auffüllen und 15 Minuten lang kochen. Den Sud durchseihen.
4. Den vorbereiteten Sud mit dem ausgepressten Karottensaft und Zucker mischen, zum Kochen bringen, die aufgelöste Gelatine hinzugeben und erneut zum Kochen bringen.
5. Die vorbereitete Masse bis zum Beginn des Dickwerdens abkühlen lassen und zu einem steifen Schaum schlagen. Diesen in Formen geben und darin bis zum Festwerden abkühlen lassen.
6. Vor dem Servieren die Formen für einige Sekunden in heißes Wasser tauchen und die Schaumspeise auf Teller stürzen.

Rezept- und Sachregister

Deutsch – Russisch

A
Altrussische Pfefferkuchen –
   Prjániki starorússkije 60
Apfel 22
Äpfel, Brat-, mit getrocknetem
   Obst – *Jábloki, sapetschónnyje s
   suchofrúktami* 151
Äpfel in Quarkteig –
   Jábloki w tworóschnom tjéstje. . . 171
Apfelessig 70
Apfelkrapfen – *Oládji* 156
Apfelkuchen – *Jáblotschnyj piróg*. . . 164
Apfelstrudel, geflochtener –
   Jáblotschnaja pletjónka 63
Aprikosen, getrocknete – *Kuragá* . . . 146
Aprikosenpudding mit Karamell –
   Dessért s karamélju. 138
Auflauf, Eier, mit Zutaten –
   Dratschóna s dobáwkami 137
Auflauf, Grieß-, mit Beeren –
   Sapjekánka mánnaja s jágodami . 150
Auflauf, Kartoffel- –
   Kartófelnaja sapjekánka 186
Auflauf, Kartoffel-, nach Bauernart –
   *Kartófelnaja sapjekánka
   po-derewjénski* 104
Auflauf, Quark- –
   Sapjekánka tworóschnaja. 136

B
Bratäpfel mit getrocknetem Obst –
   *Jábloki, sapetschónnyje s
   suchofrúktami* 151
Bauschkrapfen – *Oládji dútyje* 158
Beeren 22
Beeren mit Schlagsahne –
   Jágody sso slíwkami 140
Birne. 22
Brachse 31
Brotkwass – *Chlébnyj kwas* 10
Brotsorten 9
Buchweizengrütze. 13
Buchweizenschichtkuchen –
   Grétschnik slojónyj 110
Buckellachs mit Kaviarsoße – *Gorbúscha
   ss ikórnym ssóussom* 182
Butterschmalz 92

D
Dessert aus Beeren –
   Dessért jágodnyj 143
Dill. 98

E
Eier, gefüllt mit Leberpaste – *Jájza,
   farschirówannyje paschtjétom* 85
Eierauflauf mit gerösteten Brotwürfeln –
   Dratschóna s grenkámi 137
Erbsensuppe mit Räucherfleisch – *Ssup
   goróchowyj s koptschónostjami*. . . 91

Erdbeere. 23

F
Fastenkuchen mit Mohn –
   Póstnyj piróg s mákom 194
Fisch. 30
Fisch, gedünstet mit Gemüse – *Rýba,
   tuschónnaja ss owotschtschámi*. . 114
Fisch in Gurkensalzlake –
   Rýba w rassólje 113
Fisch in Senfsoße – *Rýba
   w gortschítschnom ssóusje*. 112
Fisch nach nordrussischer Art –
   Rýba po-sjéwernomu. 188
"Fisch"-Pastete – *Piróg "Rýbka"*. . . . 192
Fischfrikadellen, gefüllte – *Tjelnóje* . 118
Fischsuppe – *Uchá* 184
Fleisch, geschmortes –
   Mjásso duchowóje 128
Fleisch und Innereien 32
Fleischbouillon mit kleinen Pasteten –
   Buljón mjasnój s piroschkámi 96
Frikadellen aus Geflügelfleisch –
   Kotljéty is ptízy. 131
Frikadellen, Fisch-, gefüllte – *Tjelnóje*118
Frikadellen, Rinder- –
   Gowjádina rubljónaja 122
Früchte. 22

G
Gans, gebacken mit Äpfeln – *Gusj,
   sapjetschónnyj s jáblokami*. 52
Gebäck, Kraus- – *Chwórost*. 62
Gebäck, Weihnachts- – *Koljádki*. . . . 195
Geflügelfleisch, Frikadellen aus –
   Kotljéty is ptízy. 131
Gemüse in Gelee –
   Schelé owoschtschnóje 180
"Gemüsekaviar" –
   Owoschtschnája ikrá. 179
Gemüsesalat mit Hering –
   Winegrjét s séldju. 72
Gemüsesuppe, grüne, mit Brennnessel –
   Schtschi seljónyje s krapíwoj 88
Getreide. 9
Gewürznelke 116
Grießauflauf mit Beeren – *Sapjekánka
   mánnaja s jágodami* 150
Grießbrei, Gurjew- – *Gurjew-Kascha* . 58
Grüne Gemüsesuppe mit Brennnessel
   – *Schtschi seljónyje s krapíwoj*. . . . 88
Grüner Salat mit Ei –
   Ssalát seljónyj s jajzóm. 69
Grütze, Buchweizen- 13
Grütze, Hafer- 13
Grütze, Perlgraupen- 13
Gurke. 19
Gurken, mit Fleisch gefüllt – *Ogurzý,
   farschirówannyje mjássom* 102

H
Hafergrütze 13
Hagebutten-Kissel –
   Kissélj is schipównika 141
Hähnchen, gefüllt –
   Kúriza farschirówannaja 84
Hähnchen im Topf –
   Kúriza w gorschótschkje 130
Hähnchen, pikant –
   Kúriza pikántnaja 181
Hammelfleisch. 33
Hammelkeule – *Ókorok baránij*. 189
Hecht. 31
Hecht, gefüllter –
   Schtschúka farschirówannaja. 48
Hefeteig-"Lerchen" – *Scháworonki* . 200
Heidelbeersuppe –
   Ssup is tscherníki 100
Gebratenes Gemüse und Fleisch im Topf
   – *Schárkoje w
   gorschótschkje*. 126
Hering. 31
Himbeere 168
Himbeerpastetchen –
   Piroschkí s malínoj. 166
Himbeertorte – *Tort "Malínowyj"*. 168
Hirsekuchen – *Pschónnyj karawáj*. . . 111
Hochzeitsbrotkuchen –
   Karawáj swádjebnyj 196
Honig. 177
Honiglebkuchen –
   Prjániki mjedówyje 173
Hühnerei 26
Hühnerfleisch. 33
Hühnerpastete – *Kúrnik* 54

I
Innereien 26

J
Johannisbeere. 23

K
Kaninchen in Weißwein mit Gemüse –
   *Królik w bjélom winjé ss
   owoschtschámi* 132
Karotte. 17
Karottenpüreesuppe –
   Ssup-pjuré is morkówi. 95
Karottenschaumspeise –
   Muss morkównyj 205
Karpfen 31
Karpfen, überbackener –
   Karp sapetschónnyj. 115
Kartoffel. 14
Kartoffel, gefüllte "Bastschühchen" –
   *Kartófelj farschirówannyj
   "Lapotótschki"*. 44
Kartoffelauflauf –
   Kartófelnaja sapjekánka 186
Kartoffelauflauf nach Bauernart –
   *Kartófelnaja sapjekánka po-
   derewjénski*. 104

Kaviar, Lachs- 182
Kaviar, Stör- 29
Kirschsuppe mit Nudelteigtaschen –
   Ssup is wíschen s waréniknami. . . 101
Kissel 56, 141
Knoblauch 102
Kochschinken, hausgemachter –
   Buschenína domáschnjaja 82
Kohl 17
Kohlrouladen mit Fleisch und Reis –
   Golubzý s mjássom i ríssom 46
Kohlsuppe, "Reiche" – *Schtschi
   "bogátyje"*. 86
Kompott aus getrocknetem Obst –
   Kompót is suchofrúktow 142
Krapfen, Apfel- – *Oládji* 156
Krapfen, Bausch- – *Oládji dútyje* . . . 158
Krausgebäck – *Chwórost* 62
Kräutertee – *Tschaj trawjanój* 64
Krebs 28
Kuchen, Altrussische Pfeffer- –
   Prjániki starorússkije 60
Kuchen, Apfel- – *Jáblotschnyj piróg* 164
Kuchen "Einträchtige Familie" –
   Piróg "Drúschnaja sjemjéjka". . . . 163
Kuchen, Fasten-, mit Mohn –
   Póstnyj piróg s mákom 194
Kuchen, Hirse- – *Pschónnyj karawáj*. 111
Kuchen, Honig- – *Prjániki mjedówyje*173
Kuchen mit Nüssen und getrocknetem
   Obst – *Piróschnyje ss oréchami
   i ssuchofrúktami* 172
Kuchen mit Roter Bete und Moos-
   beeren – *Piróg sso
   swjókloj i kljúkwoj*. 159
Kuchen, Oster- – *Kulítsch* 201
Kuchen, Sauerampfer- –
   Piróg sso schtschaweljóm. 162
Kuchen, Walderdbeer- –
   Piróg klubnítschnyj. 165
Kuchen, Weihnachts- –
   Kjeks "Roschdjéstwjenskij" 198
Kürbis. 152
Kürbiskringel – *Búbliki týkwjennyj*. 152
Kürbiskuchen – *Sapjekánka is týkwy* 105
Kwass. 65
Kwasssuppe, kalte, mit Fleisch –
   Okróschka mjasnája 43
Kwasssuppe, kalte, mit Gemüse und
   Fisch – *Botwínja* 96

L
Lachs 30
Lachskaviar 182
Leberrolle mit Petersilie –
   *Petschónotschnyj ruljét s
   petrúschkoj*. 83
Lebkuchen – *Kowríschka*. 204
Lorbeerblatt. 80

M
Meerrettichsoße. 122
Meerrettichwurzel 122

Mehl 9
Mehrschichtiger Kissel –
    Kissélj mnogoslójnyj 56
Milch 10
Milchcreme, gekochte –
    Krjém sawarnój 148
Milchling 25
Milchsuppe mit Gemüse – Ssup
    molótschnyj ss owoschtschámi ... 92
Mohndessert – Dessért mákowyj ... 146
Moosbeeren-Kwass –
    Kwas kljúkwennyj 65
Moosbeerenschaumspeise –
    Muss kljúkwennyj 145
Moskauer Teigtaschen –
    Pelméni Moskówskije 50

N
Niere 33
Nudelsuppe, hausgemachte mit
    Hühnerfleisch und Pilzen –
    Ssup-lapschá domáschnjaja ss
    kúrizej i gribámi 94
Nudelteigtaschen mit Kartoffeln und
    Pilzen – Waréniki s
    kartófeljem i gribámi 43

O
Obst 22
Osterkuchen – Kulítsch 201
Osterquarktorte – Pás'cha 202

P
Pastetchen, Himbeer- –
    Piroschkí s malínoj 166
Pastete, „Fisch"- – Piróg „Rýbka" .. 192
Pastete mit Innereien –
    Piróg s líwerom 155
Pastete mit Sjomga*-Lachs und Reis –
    Kulebjáka s sjómgoj i ríssom 154
Pastete, Pfannkuchen- –
    Blíntschatyj piróg 193
Pelmeni mit Kohl und Pilzen –
    Pelméni s kapústoj i gribámi 187
Perlgraupen-Grütze 13
Petersilie 108
Pfannkuchen mit Beeren –
    Blíntschiki s jágodami 57
Pfannkuchen mit Ossetra* und Kaviar –
    Bliný ss ossetrínoj i ikrój 36
Pfannkuchenpastete –
    Blíntschatyj piróg 193
Pfannkuchensäckchen mit Äpfeln und
    Rosinen – Meschótschki s
    jáblokami i isjúmom 149
Pfefferkörner, schwarze 86
Pfefferkuchen, Altrussische –
    Prjániki starorússkije 60
Pflaume 22
Pilze 25
„Pilzkaviar" – Ikrá gribnája 73
Pilzknödel mit Sahnesoße –
    Kljócki gribnýje sso smjetánnym
    ssóussom 108
Pilzsuppe – Pochljóbka gribnája .. 90
Piroggen für den Schwiegersohn –
    Kossowikí – pirogí dlja sjátja 199

Punschnapfkuchen – Bába rómowaja 50

Q
Quark 11
Quarkauflauf – Sapjekánka
    tworóschnaja 136
Quarkcreme mit Erdbeeren –
    Krjem tworóschnyj s klubníkoj 144

R
Rahmpilze – Gribý w smjetánje 107
Rebhuhn, mit Gewürzen gebraten –
    Kuropátka, schárennaja s
    prjánostjami 53
Regenbogenrolle – Ruljét „Ráduga" 135
Rettich 15
Rhabarber 21
Rinderfrikadellen –
    Gowjádina rubljónaja 122
Rinderroulade mit Pilzen –
    Ruljét is gowjádiny s gribámi 190
Rindfleisch 32
Rindfleisch, gefüllt mit Pilzen
    und Nüssen – Gowjádina,
    farschírowannaja gribámi i
    oréchami 121
Rindfleisch, gebratenes im Pott –
    Scharkóje w gorschótschkje 126
Rindfleisch mit Salzgurken,
    Tafelvorspeise –
    Sakúska „Sastólnaja" 79
Rindfleisch mit Sauerkraut –
    Gowjádina s kapústoj 125
Rindschmorfleisch nach russischer Art –
    Gowjádina tuschónaja po-rússki . 124
Rote Bete 17
Rote Bete, gefüllte –
    Swjókla farschírowannaja 185
Rote-Bete-Suppe – Borschtsch 42
Rote-Bete-Suppe – Swjekólnik 98
Rübe 15

S
Sahne, saure 11
Sahneteilchen – Schanjéschki 157
Salat, Gemüse mit Hering –
    Winegrjét s séldju 72
Salat, grüner mit Ei –
    Ssalát seljónyj s jajzóm 69
Salat mit marinierten Pilzen –
    Ssalát s marinówannymi gribámi . 178
Salat, Schicht- mit Hühnerfleisch –
    Ssalát slojónyj s kúrizej 74
Salat „Schöner Sommer" –
    Ssalát „Ljéto krásnoje" 70
Salat, Weißkohl- –
    Ssalát is bjelokotschánnoj kapústy 68
Salm 30
Salz 132
Sanddorn 23
Sauerampfer 21
Sauerampferkuchen –
    Piróg sso schtschaweljóm 162
Sauerkraut 17
Sauerkraut-Tagessuppe mit kleinen
    offenen Pasteten – Schtschi
    ssútotschnyje s

    rasstjegájtschikami 38
Sauermilch 10
Schichtsalat mit Hühnerfleisch –
    Ssalát slojónyj s kúrizej 74
Schmorfleisch – Mjásso duchowóje 128
Schweinefleisch 32
Schweinefleisch auf Kartoffelpuffern –
    Swinína na dránikach 120
Schweinefleisch, gefülltes –
    Swinína farschírowannaja 119
Schweinefleisch, glasiertes –
    Swinína glasírowannaja 116
Sellerie 21
Soljanka, gemischte, mit verschiedenen
    Fleischsorten – Ssoljánka sbórnaja
    mjasnája 40
Steinpilz 25
Sterlet* 30
Sterlet* in Gelee –
    Stérljadj saliwnája 34
Störkaviar 29
Sülze – Stúdjenj 80
Suppe, Erbsen- mit Räucherfleisch –
    Ssup goróchowyj
    s koptschónostjami 91
Suppe, Fisch- – Uchá 184
Suppe, Heidelbeer- –
    Ssup is tscherníki 100
Suppe, Karottenpüree- –
    Ssup-pjuré is morkówi 95
Suppe, Kirsch- mit Nudelteigtaschen –
    Ssup is wíschen s warénikami ... 101
Suppe, Kohl-, „Reiche" –
    Schtschi „bogátyje" 86
Suppe, Kwass-, kalte mit Fleisch –
    Okróschka mjasnája 43
Suppe, Kwass-, kalte mit Gemüse und
    Fisch – Botwínja 96
Suppe, Milch-, mit Gemüse – Ssup
    molótschnyj ss owoschtschámi ... 92
Suppe, Nudel-, hausgemachte mit
    Hühnerfleisch und Pilzen – Ssup-
    lapschá domáschnjaja ss kúrizej i
    gribámi 94
Suppe, Rote-Bete- – Swjekólnik 98
Suppe, Sauerkraut-Tages-, mit kleinen
    offenen Pasteten – Schtschi
    ssútotschnyje mit kleinen
    rasstjegájtschikami 40

T
Tafelbutter 92
Teig 9
Teilchen mit Marmelade –
    Watrúschki s warénjem 167
Tomate 18

V
Vorspeise mit Hering –
    Sakúska is séldji 76
Vorspeise mit Krebsen –
    Sakúska is rákow 78
Vorspeise, „Tafel-" (Rindfleisch
    mit Salzgurken) –
    Sakúska „Sastólnaja" 79

W
Wachtelei 27

Wachteln in Sahnesoße mit
    Käseknödeln – Perepjelá w
    smjetánje s ssýrnymi knjéljami .. 134
Walderdbeerkuchen –
    Piróg klubnítschnyj 165
Walnuss 74
Weihnachtsgebäck, gefülltes –
    Koljádki 195
Weihnachtskuchen –
    Kjeks „Roschdjéstwjenskij" 198
Weißkohl, gefüllter – Kotschán
    farschírowannyj 106
Weißkohlsalat – Ssalát is
    bjelokotschánnoj kapústy 68
Windbeutel mit Kirschcreme –
    Sawarnýje piróschnyje s wischnjówym
    krjémom 170

Z
Zander 31
Zucker 138
Zunge 33
Zunge mit Pilzsoße –
    Jasýk pod gribným ssóussom ... 127
Zwiebel 128

Russisch – Deutsch

B
Bába rómowaja – Punschnapfkuchen 50
Blíntschatyj piróg –
    Pfannkuchenpastete 193
Blíntschiki s jágodami –
    Pfannkuchen mit Beeren 57
Bliný ss ossetrínoj i ikrój – Pfannkuchen
    mit Ossetra* und Kaviar 36
Borschtsch – Rote-Beete-Suppe 42
Botwínja – Kalte Kwasssuppe
    mit Gemüse und Fisch 97
Búbliki týkwjennyje – Kürbiskringel . 152
Buljón mjasnój s piroschkámi –
    Fleischbouillon mit kleinen
    Pasteten 96
Buschenína domáschnjaja –
    Hausgemachter Kochschinken ... 82

C
Chwórost – Krausgebäck 62
Chlébnyj kwas – Brotkwass 10

D
Dessért jágodnyj – Dessert aus
    Beeren 143
Dessért mákowyj – Mohndessert ... 146
Dessért s karaméljou – Aprikosenpudding
    mit Karamell 138
Dratschóna s grenkámi – Eierauflauf mit
    gerösteten Brotwürfeln 137

G
Golubzý s mjássom i ríssom –
    Kohlrouladen mit Fleisch
    und Reis 46
Gorbúscha ss ikórnym ssóussom –
    Buckellachs mit Kaviarsoße 182

Gowjádina rubljónaja – Rinderfrikadellen 122
Gowjádina s kapústoj – Rindfleisch mit Sauerkraut.................. 125
Gowjádina tuschónaja po-rússki – Rindschmorfleisch nach russischer Art 124
Gowjádina, farschirówannaja gribámi i oréchami – Rindfleisch, gefüllt mit Pilzen und Nüssen............. 121
Grétschnik slojónyj – Buchweizenschichtkuchen...... 110
Gribý w smjetánje – Rahmpilze..... 107
Gurjew-Kascha – Gurjew-Grießbrei .. 58
Gusj, sapjetschónnyj s jáblokami – Gans, gebacken mit Äpfeln............ 52

I

Ikrá gribnája – „Pilzkaviar" 73

J

Jábloki, sapetschónnyje s suchofrúktami – Bratäpfel mit getrocknetem Obst............ 151
Jábloki w tworóschnom tjéstje – Äpfel in Quarkteig.............. 171
Jáblotschnaja pletjónka – Geflochtener Apfelstrudel 63
Jáblotschnyj piróg – Apfelkuchen... 164
Jágody sso slíwkami – Beeren mit Schlagsahne 140
Jájza, farschirówannyje paschtjétom – Eier, gefüllt mit Leberpaste 85
Jasýk pod gribným ssóussom – Zunge mit Pilzsoße 127

K

Karawáj swádjebnyj – Hochzeitsbrotkuchen 196
Karp sapetschónnyj – Überbackener Karpfen 115
Kartófelj farschirówannyj „Lapotótschki" – Gefüllte Kartoffel „Bastschühchen"............ 44
Kartófelnaja sapjekánka – Kartoffelauflauf 186
Kartófelnaja sapjekánka po-derewjénski – Kartoffelauflauf nach Bauernart................ 104
Káscha gúrjewskaja – Gurjew-Grießbrei 58
Kissélj is schipównika – Hagebutten-Kissel 141
Kissélj mnogoslójnyj – Mehrschichtiger Kissel.......... 56
Kjeks „Roschdjéstwjenskij" – Weihnachtskuchen............. 198
Kljócki gribnýje sso smjetánnym ssóussom – Pilzknödel mit Sahnesoße................. 108
Koljádki – Gefülltes Weihnachtsgebäck............. 195
Kompót is suchofrúktow – Kompott aus getrocknetem Obst 142
Kotljéty is ptízy – Frikadellen aus Geflügelfleisch 131
Kotschán farschirówannyj – Gefüllter Weißkohl.................. 106
Kossowikí – pirogí dlja sjátja – Piroggen für den Schwiegersohn 199
Kowríschka – Lebkuchen.......... 204
Krjem sawarnój – Gekochte Milchcreme.......... 148
Krjem tworóschnyj s klubníkoj – Quarkcreme mit Erdbeeren 144
Królik w bjélom winjé ss owoschtschámi – Kaninchen in Weißwein mit Gemüse....... 132
Kulebjáka s sjómgoj i ríssom – Pastete mit Sjomga-Lachs und Reis 154
Kulítsch – Osterkuchen 201
Kuragá – Aprikosen, getrocknete .. 146
Kúriza farschirówannaja – Gefülltes Hähnchen 84
Kúriza pikántnaja – Hähnchen, pikant 181
Kúriza w gorschótschkje – Hähnchen im Topf............. 130
Kúrnik – Hühnerpastete 54
Kuropátka, schárennaja s prjánostjami – Rebhuhn, mit Gewürzen gebraten 53
Kwas kljúkwennyj – Moosbeeren-Kwass 65

M

Meschótschki s jáblokami i isjúmom – Pfannkuchensäckchen mit Äpfeln und Rosinen 149
Mjásso duchowóje – Geschmortes Fleisch 128
Muss kljúkwennyj – Moosbeerenschaumspeise 145
Muss morkównyj – Karottenschaumspeise......... 205

O

Ogurzý, farschirówannyje mjássom – Gurken, mit Fleisch gefüllt 102
Ókorok baránij – Hammelkeule..... 189
Okróschka mjasnája – Kalte Kwassuppe mit Fleisch 41
Oládji – Apfelkrapfen 156
Oládji dútyje – Bauschkrapfen 158
Owoschtschnája ikrá – „Gemüsekaviar" 179

P

Pás'cha – Osterquarktorte 202
Pelméni Moskówskije – Moskauer Teigtaschen................. 50
Pelméni s kapústoj i gribámi – Pelmeni mit Kohl und Pilzen 187
Perepjelá w smjetánje s ssýrnymi knjéljami – Wachteln in Sahnesoße mit Käseknödeln............. 134
Petschónotschnyj ruljét s petrúschkoj – Leberrolle mit Petersilie.........83
Piróg blíntschatyj – Pfannkuchenpastete............. 193
Piróg „Drúschnaja sjemjéjka" – Kuchen „Einträchtige Familie" .. 163
Piróg jáblotschnyj – Apfelkuchen... 164
Piróg klubnítschnyj – Walderdbeerkuchen 165
Piróg póstnyj s mákom – Fastenkuchen mit Mohn........ 194
Piróg „Rýbka" – „Fisch"-Pastete.... 192
Piróg s líwerom – Pastete mit Innereien 155
Piróg sso schtschaweljóm – Sauerampferkuchen 162
Piróg sso swjókloj i kljúkwoj – Kuchen mit Roter Bete und Moosbeeren 159
Piroschkí s malínoj – Himbeerpastetchen 166
Piróschnyje sawarnýje s wischnjówym krjémom – Windbeutel mit Kirschcreme 170
Piróschnyje ss oréchami i ssuchofrúktami – Kuchen mit Nüssen und getrocknetem Obst 172
Pochljóbka gribnája – Pilzsuppe 90
Póstnyj piróg s mákom – Fastenkuchen mit Mohn................. 194
Prjániki mjedówyje – Honiglebkuchen173
Prjániki staroorússkije – Altrussische Pfefferkuchen 60
Pschónnyj karawáj – Hirsekuchen... 111

R

Rassólnik domáschnij – Hausgemachter Rassólnik 89
Ruljét is gowjádiny s gribámi – Rinderroulade mit Pilzen......... 190
Ruljét „Ráduga" – Regenbogenrolle 135
Rýba po-sjéwernomu – Fisch nach nordrussischer Art 188
Rýba, tuschónnaja ss owoschtschámi – Fisch, gedünstet mit Gemüse.... 114
Rýba w gortschítschnom ssóusje – Fisch in Senfsoße 112
Rýba w rassólje – Fisch in Gurkensalzlake 113

S

Sakúska is rákow – Vorspeise mit Krebsen.................. 78
Sakúska is séldji – Vorspeise mit Hering 76
Sakúska „Sastólnaja" – Tafelvorspeise (Rindfleisch mit Salzgurken)...... 79
Sapjekánka is týkwy – Kürbiskuchen 105
Sapjekánka mánnaja s jágodami – Grießauflauf mit Beeren........ 150
Sapjekánka tworóschnaja – Quarkauflauf 136
Sawarnýje piróschnyje s wischnjówym krjémom – Windbeutel mit Kirschcreme 170
Schanjéschki – Sahneteilchen 157
Scharkóje w gorschótschkje – Gebratenes Gemüse und Fleisch im Topf 126
Scháworonki – Hefeteig-„Lerchen" .. 200
Schelé owoschtschnóje – Gemüse in Gelee 180
Schtschi „bogátyje" – „Reiche" Kohlsuppe 86
Schtschi seljónyje s krapíwoj – Grüne Gemüsesuppe mit Brennnessel ... 88
Schtschi ssútotschnyje s rasstjegájtschikami – Sauerkraut-Tagessuppe mit kleinen offenen Pasteten 38
Schtschúka farschirówannaja – Gefüllter Hecht 48
Sjómga-Lachs................... 30
Sjómga-Lachs, gekochter mit Beilagen – *Sjómga otwarnája s garnírom*................... 77
Sjómga otwarnája s garnírom – Gekochter Sjomga*-Lachs mit Beilagen 77
Ssalát is bjelokotschánnoj kapústy – Weißkohlsalat................ 68
Ssalát „Ljéto krásnoje" – Salat „Schöner Sommer" 70
Ssalát s marinówannymi gribámi – Salat mit marinierten Pilzen.... 178
Ssalát seljónyj s jajzóm – Grüner Salat mit Ei 69
Ssalát slojónyj s kúrizej – Schichtsalat mit Hühnerfleisch ... 74
Ssoljánka sbórnaja mjasnája – Gemischte Soljanka mit verschiedenen Fleischsorten 40
Ssup goróchowyj s koptschónostjami – Erbsensuppe mit Räucherfleisch .. 91
Ssup is tscherníki – Heidelbeersuppe100
Ssup is wíschen s waréníkami – Kirschsuppe mit Nudelteigtaschen101
Ssup-lapschá domáschnjaja ss kúrizej i gribámi – Hausgemachte Nudelsuppe mit Hühnerfleisch und Pilzen 94
Ssup molótschnyj ss owoschtschámi – Milchsuppe mit Gemüse......... 92
Ssup-pjuré is morkówi – Karottenpüreesuppe............ 95
Stérljadj saliwnája – Sterlet* in Gelee................ 34
Stúdjenj – Sülze................. 80
Swiníná farschirówannaja – Gefülltes Schweinefleisch 119
Swiníná glasirówannaja – Glasiertes Schweinefleisch 116
Swiníná na dránikach – Schweinefleisch auf Kartoffelpuffern........... 120
Swjekólnik – Rote-Bete-Suppe...... 98
Swjókla farschirówannaja – Gefüllte Rote Bete 185

T

Tjelnóje – Gefüllte Fischfrikadellen . 118
Tort „Malínowyj" – Himbeertorte... 168
Tschaj trawjanój – Kräutertee 64

U

Uchá – Fischsuppe 184

W

Waréniki s kartófeljem i gribámi – Nudelteigtaschen mit Kartoffeln und Pilzen 43
Watrúschki s warénjem – Teilchen mit Marmelade........ 167
Winegrjét s séldju – Gemüsesalat mit Hering 72